民國歷史與文化研究

五 編

第 **3** 冊

晚清民國時期廣東的留學教育

牛麗玲 著

花木蘭文化出版社

國家圖書館出版品預行編目資料

晚清民國時期廣東的留學教育／牛麗玲 著—初版—新北市：
花木蘭文化出版社，2017〔民106〕
目 4+208 面；19×26 公分
（民國歷史與文化研究 五編；第 3 冊）
ISBN 978-986-404-887-8（精裝）
1. 留學教育 2. 廣東省
628.08　　　　　　　　　　　　　　　　106000598

民國歷史與文化研究
五 編 第 三 冊　　　　　　　ISBN：978-986-404-887-8

晚清民國時期廣東的留學教育

作　　　者	牛麗玲
總 編 輯	杜潔祥
副總編輯	楊嘉樂
編　　輯	許郁翎、王筑　美術編輯　陳逸婷
出　　版	花木蘭文化出版社
社　　長	高小娟
聯絡地址	235 新北市中和區中安街七二號十三樓
	電話：02-2923-1455／傳眞：02-2923-1452
網　　址	http://www.huamulan.tw 信箱 hml810518@gmail.com
印　　刷	普羅文化出版廣告事業
初　　版	2017 年 3 月
全書字數	182257 字
定　　價	五編 6 冊（精裝）台幣 10,000 元

晚清民國時期廣東的留學教育

牛麗玲 著

作者簡介

牛麗玲，女，1981 年 12 月，山西高平人，華南師範大學教育史博士，現在西安石油大學高教研究與評估中心工作，講師，主要從事近現代教育史、中外教育交流史及高等教育管理方面的研究。

提　　要

　　留學教育史是中國教育史的一個重要組成部份，留學生促進了中外文化的交流，對現代中國社會的變革產生了深刻的影響。廣東地處中國最南端，對外貿易頻繁，受西方文明的影響較大，留學教育較早步入了全國的先進行列。

　　開風氣之先的政治變革也爲廣東的留學教育添上了獨特的色彩。辛亥革命爆發，政權更疊，中華民國建立。廣東是革命的策源地，1917 年的護法運動更增強了對中央政府的離心力，促使其與北方政權分庭抗衡。以孫中山爲首的護法軍政府在廣州成立，形成了一個國家、兩個國會、兩個政府的特殊局面。在這種社會環境下，廣東地方政府在留學生選派及管理上有很大的自主性。南京國民政府成立後，廣東的留學教育逐漸規範化。自 1929 年至 1936 年，陳濟棠統治廣東的時間長達七年以上，對三十年代廣東的政治、經濟、軍事、教育、文化等方面均產生過重大影響。陳濟棠主粵時期，他利用國內軍閥混戰的局面，使南京國民政府對廣東鞭長莫及。正是在這樣一個相對獨立、穩定的環境下，廣東的經濟和教育各方面都開始穩步發展。陳濟棠主張以「三民主義」訓育學生，提倡教育職業化，要求「悉力擴張農、礦、工、商等科」，影響著廣東留學教育發展的方向。

　　抗日戰爭爆發後，廣東的留學教育陷入停滯時期。廣東留學生多數選擇了回國，少數繼續在國外學習。抗日戰爭後期，全國留學教育開始恢復，中央教育部控制了所有留學生的考選和派遣，廣東省作爲一個地方政權喪失了派遣留學生的權力。

目次

緒　論……………………………………………………… 1

　一、選題緣起與研究意義……………………………… 1

　二、關於留學、留學生、留學教育概念的界定
　　　………………………………………………………… 3

　三、研究現狀的綜述…………………………………… 4

　四、研究的基本思路及需要克服的困難…………… 8

　五、研究方法與主要資料……………………………… 8

第一章　清末廣東留學教育概況……………………… 11

　第一節　清末廣東學生留學美國…………………… 12

　一、容閎與清末廣東留美幼童……………………… 12

　二、清末廣東其它留美學生………………………… 17

　第二節　清末廣東學生留學歐洲…………………… 19

　第三節　清末廣東學生留學日本…………………… 22

　一、清末各省留日概況……………………………… 22

　二、清末廣東學生留日狀況………………………… 27

　小　結………………………………………………… 29

第二章　北洋政府時期廣東的留學教育…………… 31

　第一節　北洋政府時期廣東留學教育概況……… 31

一、北洋政府時期廣東公費留學生 ⋯⋯⋯⋯⋯ 32

二、北洋政府時期廣東自費留學生 ⋯⋯⋯⋯⋯ 38

三、北洋政府時期廣東留學教育經費 ⋯⋯⋯⋯ 39

第二節　北洋政府時期廣東學生留美 ⋯⋯⋯⋯⋯ 40

一、北洋政府時期廣東學生留美概況 ⋯⋯⋯⋯ 40

二、廣東留美學生與庚款留學 ⋯⋯⋯⋯⋯⋯⋯ 46

第三節　北洋政府時期廣東學生留日 ⋯⋯⋯⋯⋯ 54

一、北洋政府初期廣東留日學生管理 ⋯⋯⋯⋯ 54

二、二十年代廣東留日學生狀況 ⋯⋯⋯⋯⋯⋯ 63

第四節　北洋政府時期廣東學生留歐 ⋯⋯⋯⋯⋯ 66

一、北洋政府時期廣東學生留歐概況 ⋯⋯⋯⋯ 66

二、廣東留法勤工儉學生 ⋯⋯⋯⋯⋯⋯⋯⋯⋯ 69

三、廣東留俄學生──莫斯科中山大學與廣東

⋯⋯⋯⋯⋯⋯⋯⋯⋯⋯⋯⋯⋯⋯⋯⋯⋯⋯⋯⋯ 72

四、留學歐洲其它國家的廣東學生 ⋯⋯⋯⋯⋯ 87

小　結 ⋯⋯⋯⋯⋯⋯⋯⋯⋯⋯⋯⋯⋯⋯⋯⋯⋯⋯ 91

第三章　南京國民政府時期廣東的留學教育 ⋯⋯⋯ 93

第一節　南京國民政府時期廣東留學教育狀況 ⋯⋯ 93

一、1927～1932 年，整頓時期 ⋯⋯⋯⋯⋯⋯⋯ 95

二、1933～1937 年，發展時期 ⋯⋯⋯⋯⋯⋯⋯ 99

三、1938～1942 年，停滯時期 ⋯⋯⋯⋯⋯⋯ 122

四、1943～1949 年，恢復及終結時期 ⋯⋯⋯ 123

第二節　南京國民政府時期廣東學生留美 ⋯⋯⋯ 126

一、抗戰前廣東留美學生 ⋯⋯⋯⋯⋯⋯⋯⋯⋯ 126

二、戰時及戰後廣東留美學生 ⋯⋯⋯⋯⋯⋯⋯ 131

第三節　南京國民政府時期廣東學生留日 ⋯⋯⋯ 137

一、南京國民政府時期廣東留日法規 ⋯⋯⋯⋯ 137

二、南京國民政府時期廣東留日學生狀況 ⋯⋯ 140

第四節　南京國民政府時期廣東學生留歐 ⋯⋯⋯ 150

一、里昂中法大學與廣東留法學生 ⋯⋯⋯⋯⋯ 152

二、南京國民政府時期廣東留德學生 ⋯⋯⋯⋯ 169

三、南京國民政府時期廣東留英學生 ⋯⋯⋯⋯ 173

小　結 ⋯⋯⋯⋯⋯⋯⋯⋯⋯⋯⋯⋯⋯⋯⋯⋯⋯ 175

結　語………………………………………177

　一、留學生對廣東近代教育、文化發展的影響

　　　…………………………………………178

　二、廣東留學教育的特點………………185

　三、廣東留學各國學生的特點…………186

參考文獻………………………………………191

附　錄………………………………………199

　附錄一：1872～1875 年赴美幼童名單………199

　附錄二：里昂中法大學的廣東學生………202

　附錄三：1939 年 4 月廣東留學生陳伯齊購買外匯
　　　　　申請書…………………………207

　附錄四：民國期間廣東省政府歷任教育行政長官表
　　　　　…………………………………207

表　次

　表 1.1 ：留美幼童的籍貫分佈………………16

　表 1.2 ：留美幼童回國後的職業……………16

　表 1.3 ：清末廣東留美學生表………………18

　表 1.4 ：1910 年廣東籍留英公費生表………20

　表 1.5 ：1910 年廣東籍留英畢（肄）業生表…20

　表 2.1 ：各省報教育部留學公費生數額及存記生
　　　　　人數表…………………………34

　表 2.2 ：1919 年至 1925 年教育部核准的自費
　　　　　留學生人數統計表………………38

　表 2.3 ：1912 年至 1921 年廣東省教育經費預算
　　　　　決算表（單位：萬元）………39

　表 2.4 ：1916 年廣東留美畢業生人數表……43

　表 2.5 ：1917 年廣東留美畢業生人數表……44

　表 2.6 ：1919 年廣東留美畢業生人數表……44

　表 2.7 ：1920 年廣東留美畢業生人數表……45

　表 2.8 ：1909～1927 年，清華學校廣東學生畢業
　　　　　生人數統計表……………………52

　表 2.9 ：1909～1930 年，清華學校各省畢業學生
　　　　　人數統計表……………………53

　表 2.10：1913 年至 1921 年廣東投考及考入日本
　　　　　四校及明治學校人數表…………62

表 2.11：1913 年廣東留德學生表·······················88

表 3.1 ：第一屆公費留學生和第二屆自費留學生
　　　　派遣考試報名人數統計表··················125

表 3.2 ：廣東留日公費生各校補費次序表··········139

表 3.3 ：1930 年廣東留日學生狀況表···············143

表 3.4 ：1938 年廣東省留學歐美公費生一覽表···151

表 3.5 ：1922～1926 年里昂中法大學學生歸國
　　　　人數表····································161

表 3.6 ：1926 年統計廣東里昂中法大學歸國學生
　　　　工作狀況··································161

表 3.7 ：1926 年里昂中法大學新入校學生一覽表·162

表 3.8 ：1927 年里昂中法大學人數統計表··········162

表 3.9 ：1929 年里昂中法大學人數統計表··········162

表 3.10：1930 年里昂中法大學人數統計表··········162

表 3.11：1930 年里昂中法大學費別表···············163

表 3.12：1931 年里昂中法大學人數統計表··········163

表 3.13：1931 年里昂中法大學費別表···············163

表 3.14：1932 年里昂中法大學分省統計表··········164

表 3.15：1932 年里昂中法大學費別表···············164

表 3.16：1933 年里昂中法大學人數統計表··········164

表 3.17：1933 年里昂中法大學費別表···············164

表 3.18：1921 年至 1926 年里昂中法大學常年
　　　　經費表····································165

緒　論

一、選題緣起與研究意義

在中國現代教育史的研究中，留學教育史是一個重要的組成部份。留學生不僅促進了中外文化的交流，而且還對中國近現代社會的變革產生了深刻的影響。留學教育研究逐漸受到重視，湧現出許多優秀的著作和論文。然而，現有的留學教育研究成果，大多以全國性的研究爲主，其中有的以時間爲研究線索，有的以留學國別爲研究線索。而地區性質的留學教育研究，目前尚缺乏系統的研究成果，這是筆者選擇以晚清民國時期廣東的留學教育爲博士論文選題的最初想法。

在選題確定的最初時期，首先要考慮的問題是該選題研究的可行性。例如，相關資料是否充足、研究的基本線索是否清晰以及地域性留學教育的特點是否突出等問題。這些問題在我寫碩士論文《里昂中法大學（1921～1946）與近代廣東留學教育》時就有所涉及。在民國廣東留學教育史上，廣東大學（後來改名爲中山大學）在相當長的一段時期裏連續選派優秀畢業生到里昂中法大學留學。作爲與廣東有著密切關係的一所海外大學，里昂中法大學是一個能體現廣東留學教育群體特性的典型案例。廣東大學及後來的中山大學制定了專門的海外大學章程，每年撥充留法經費，嚴格限定留學生資格，派遣了一批優秀的學子赴法國里昂中法大學留學，培養了許多高級專門人才。里昂中法大學廣東籍留學生是民國廣東留學教育的一個典型群體，對這一群體的研究是對整個民國時期廣東留學教育研究的一個縮影，同時也表明了民國時期廣東留學教育研究有進一步深入和拓展的可能性。讀博士期間，筆者

搜集到的關於晚清民國時期廣東留學教育研究的資料也逐漸豐富。除了已經整理的留學教育史料中包含的關於廣東留學教育的史料外，還有一些比較獨特的資料，這些增強了筆者研究晚清民國時期廣東留學教育這一選題的信心。

晚清民國時期廣東留學教育的線索比較清晰。晚清時期，以留美幼童爲標誌的廣東留學教育已經啓動。進入民國，留學生人數不斷增長，奔赴各國的廣東留學生歷年皆有，前赴後繼，有一定的脈絡可循。但是在各種教育史的著作中，還沒有以廣東這個地區爲視角來研究留學教育史的著作。本書盡可能將晚清民國時期廣東留學教育的線索勾勒清楚，進而展現這一時期廣東留學教育的面貌。鑒於晚清民國時期廣東留學教育史的研究尚未形成系統，論文將把重點放在基本史實的廓清上，在翔實的史料基礎上，儘量將零散的、無系統的資料構架起來，展現晚清民國時期廣東留學教育的面貌，從而形成這一時期較完整、較系統的廣東留學教育研究。

該選題的研究意義有以下幾點：

第一，有助於認識晚清民國時期廣東留學教育的本來面目。由於缺乏系統研究，民國時期廣東留學教育給人的印象是零散的、片段的，里昂中法大學廣東籍學生及莫斯科中山大學的廣東留蘇學生是目前僅有的廣東留學生群體代表。而事實上，民國廣東留學生中對中國變革產生影響的人物很多，他們的留學背景、留學期間的學習、生活及歸國後對中國社會的影響，這些都需要研究者把看似淩亂的資料串聯起來，從源頭到發展不斷溯清民國時期廣東留學教育發展的整個脈絡。這是一個複雜、繁瑣的研究題目，因爲需要找到可靠、詳盡的資料，再根據這些資料盡可能還原歷史。在該項研究中，研究者須澄清以下問題：民國時期廣東留學教育的歷史演變過程、廣東留學教育群體狀況及廣東留學生的特點等。從微觀的角度出發，又包括每年的留學人數、畢業學校、所習專業、留學情況、留學經費、留學歸國及影響等問題。晚清民國時期廣東留學教育的研究，最首要的任務是恢復廣東留學教育的全貌，幫助人們對廣東留學生有更多的瞭解。這也是晚清民國時期廣東留學教育研究最突出的意義。

第二，有助於探討晚清民國時期廣東留學生與近代中國社會的關係。在基本留學史實敘述的基礎上，對留學生與中國社會關係的研究需要進一步深入。留學生與中國社會的關係包括：他們受中國傳統文化的影響、他們在留學前的情況、他們在留學歸國後對中國社會的影響及貢獻等。探討作爲一個

留學生群體的廣東留學生與中國社會的關係，有助於對留學生與中國社會關係的整體把握。

　　第三，有助於推動中外文化交流的研究。留學生遠涉重洋到國外學習，在掌握專業知識、技能的同時，也耳聞目睹了西洋的現代文明。他們吸納留學國的文化精髓，並在回國後將他們所理解和掌握的國外文化傳播於國內。同時，也必然促進了外國人對中國的瞭解。晚清民國時期廣東留學生在推動中外文化交流中的作用如何，具體表現在哪些方面，在研究過程中，必然會對這些問題有所涉及。

二、關於留學、留學生、留學教育概念的界定

　　留學、留學生　「留學」、「留學生」的詞源產生於隋唐時期，當時日本派遣使臣來華，隨同這些使節來的還有不少學生和僧人，其中短期訪問的進修者被稱為「還學生」，長期留居中國的學習者則被稱為「留學生」。清末民國時期，「留學」在漢語中的使用逐漸泛化，指離開家鄉前往異地上學就讀的行為，其涵義大致與「遊學」相似。當時一些省份的學生前往別的省份求學的行為也被稱為「留學」。

　　對「留學」一詞，當今教育參考工具書有著不同的解釋。李誠忠主編的《教育詞典》（哈爾濱：黑龍江科學技術出版社，1989 年）和王煥勳主編的《實用教育大詞典》（北京：北京師範大學出版社，1995 年）均認為留學是指留居外（他）國學習。留學生則指留居外（他）國學習或研究的學生。張煥庭主編的《教育辭典》（南京：江蘇教育出版社，1989 年）則僅把留學生定義為「留居別國學習深造的大學生」。杭州大學教育系編的《教育辭典》（南昌：江西教育出版社，1987 年）認為留學指「留居國外學習和研究，主要有兩類（1）在國外本科高等學校學習；（2）在研究生院學習、研究或進修」。以上「留學」定義相同之處在於，都是指在他國學習或研究。不同之處在於，前二者並沒有限定留學的學校程度，而後二者則認為須在大學或研究院學習、研究。

　　依據研究對象和當今的一般理解，本書將「留學」定義為：居留國外學校學習。「留學生」則指居留國外學校學習的學生。

　　留學教育　廣義的留學教育包含兩個方面，既指本國學生前往他國留學的輸出，又指外國學生到本國留學的輸入。狹義的留學教育則只指本國學生

前往他國留學的輸出。由於晚清民國時期，留學教育呈現單向輸出的失衡狀態，本書談到的留學教育指的是中國學子負笈海外的輸出狀態。

三、研究現狀的綜述

晚清民國時期廣東留學教育研究目前沒有一項系統、完整的研究成果，但是全國性的留學教育研究卻是逐漸深入。留學教育基本史料的梳理及留學教育理論研究的豐富，爲晚清民國時期廣東留學教育研究打下了良好的基礎。下面分著作和論文兩部份對留學教育研究現狀進行簡述。

（一）著作

舒新城的《近代中國留學史》（北京：中華書局，1929 年）是中國留學教育研究最早的專著，有重要的史料價值。除了對留學各國基本情況的研究之外，該書還專章研究了留學資格與經費、留學管理、留學獎勵及留學生思想的變遷，分析了留學教育中存在的問題。其中對省費留學生有所涉及，爲廣東留學教育研究提供了資料。

林子勳的《中國留學教育史（1874～1975 年）》（臺北：臺北華剛印刷廠，1976 年），以時間爲序，將留學教育分爲清末、1912～1926 年，1927～1949 年，1949～1975 年（中國臺灣留學教育）四個部份，最後一章對留學教育的缺失加以檢討。該書雖然僅用一節的內容簡略地對各省派遣留學生概況做了介紹，但是從全書中仍然能提煉出許多與各省留學教育相關的信息，也爲廣東留學教育的研究提供了信息。

劉眞、王煥琛的《留學教育》（臺北：國立編譯館出版，1980 年），分上、下兩編：清代留學教育和民國留學教育，分國別對各個時期的留學教育史料進行分類，最後還增加了留學教育統計及留學教育大事記兩部份內容。該書中收錄了不少與各省有關的留學教育史料，爲研究晚清民國時期的廣東留學教育研究提供了平臺。

陳瓊瑩的《清季留學政策初探》（臺北：臺北文史哲出版社，1989 年），對晚清留學政策的探討很詳細，包括了晚清留學的背景、朝野對留學教育的態度及晚清留學生的派遣與管理三個部份，並討論了晚清留學生派遣的成效與缺失。該書還附錄了晚清中央、地方派遣留學生表和派遣留學生的有關章程，有助於對晚清民國時期中央與地方留學教育政策的研究。

　　汪一駒、梅寅生的《中國知識分子與西方──留學生與近代中國（1872
～1949）》（臺北：臺北久大文化股份有限公司，1991 年），著重討論留學生與
西方的關係，以及留學生對中國社會各方面的影響。

　　林清芬的《抗戰時期我國留學教育史料──各省考選留學生》（臺北：臺
北國史館，1994 年），是對臺灣國史館中關於各省考選留學生檔案的歸納，內
容大致涵蓋了留學政策與留學規程、留學考試與出國事宜、公費留學生留學
學務、留學經費與留學預算以及留學救濟與彙撥川資等方面史料，是研究抗
戰時期各省留學教育的重要資料。

　　田正平的《中外教育交流史》（廣州：廣東教育出版社，2004 年），全書
分明末清初、晚清、民國和中華人民共和國四編，著重介紹教育交流與教育
現代化的關係，其中包括了留學教育對中國教育現代過程的影響。

　　李喜所的《近代留學生與中外文化》（天津：天津教育出版社，2006 年），
從中外文化交流的角度研究留學教育，把留學生的思想文化演進與整個近代
中國「西學東漸」和新文化運動的產生、發展結合起來，並對各個時期的留
學生進行了群體分析和個體解剖。

　　陳學恂、田正平的《留學教育》（上海：上海教育出版社，2007 年），注
重留學教育對中外教育交流的影響和對中國教育現代化的作用，著重收錄了
有關留學教育運動三次高潮的資料，即同治時期最早留學美國、歐洲運動，
光緒年間的留學日本運動和五四前後的留法勤工儉學運動的相關史料。

　　李喜所的《中國留學史論稿》（北京：中華書局，2007 年），收錄了作者
33 篇關於留學教育的論文，涉及面廣，有助於瞭解留學生現代知識的文化特
徵及社會角色的客觀定位。

　　此外，還有一些專門研究不同國家的留學教育專著，如，關於留學美國：
李喜所、劉集林的《近代中國的留美教育》（天津：天津古籍出版社，2000 年）；
關於留學英國：劉曉琴的《中國留英教育史》（天津：南開大學出版社，2005
年）；關於留學德國：葉雋的《另一種西學──中國現代留德學人及其對德國
文化的接受》（北京：北京大學出版社，2005 年）；關於留學日本：實藤惠秀
的《中國人留學日本史》（北京：三聯書店，1983 年），沈殿成的《中國人留
學日本百年史：1896～1996》（瀋陽：遼寧教育出版社，1997 年），周一川的
《近代中國女性日本留學史（1872～1945 年）》（北京：社會科學文獻出版社，
2007 年）；關於留學法國：清華大學中共黨史教研組的《赴法勤工儉學運動史

料》（北京：北京出版社，1980 年），陳三井的《勤工儉學運動》（臺北：臺北正中書局出版，1981 年）；關於留學蘇聯：盛岳的《莫斯科中山大學和中國革命》（北京：東方出版社，2004 年）；等等。

上述有關研究留學教育的著作，無論是從史料上，還是從研究方法上，都對晚清民國廣東留學教育的研究提供了幫助。

（二）論文

除了上述已出版的著作，近年來的博士、碩士論文中關於留學教育的研究也逐漸深入。

杭州大學謝長法 1998 年的博士論文《留美學生與抗戰前的中國教育》，分別介紹了甲午戰爭後至抗戰前留美教育的嬗變、留美學生與 20 年代初的中美教育交流、留美學生與 20 年代的學制改革運動、留美學生與大學教育的改革和發展、留美學生與中華教育文化基金董事會及留美學生與近代中國留學教育的關係，對留美學生在抗戰前的教育活動做了研究。

中國人民大學張寧 1998 年的博士論文《留學與中國現代化進程關係研究》，從社會學的角度，把留學作爲一種社會現象，分析它與其它社會現象如政治、經濟、文化、科技、教育及軍事等的關係，從中探討留學與中國現代化進程的關係。

南京大學王運來 1998 年的博士論文《江蘇高等教育近代化研究》，涉及了區域留學教育以及留學對本區域的影響，對區域留學教育研究有一定啓示。

南開大學劉曉琴 2002 年的博士論文《中國近代留英教育研究》，將留英教育分爲晚清時期、北洋政府時期、南京國民政府時期三個時期進行研究，對這三個時期的留英教育概況、政策及留英學生分別進行分析，對瞭解近代留英教育的面貌有很大幫助。

北京大學葉雋 2003 年博士論文《另一種西學——中國現代留德學人及其對德國文化的接受》，選擇馬君武、宗白華、陳銓、馮至四個個案作爲研究的重要基礎，體現出 20 世紀上半期留德學人的某些共同特點，反映了中德思想文化關係研究的基本狀況。

華中師範大學冉春 2007 年的博士論文《南京國民政府留學教育管理研究》，分析了南京國民政府時期留學教育政策的流變，並分別論述了南京國民政府時期中央留學選派，南京國民政府對地方、團體、學校留學選派的管理

及駐外留學生監督與日常管理等問題，使人們對南京國民政府時期的留學基本狀況有了一個較清晰的認識。

浙江大學呂順長 2007 年的博士論文《清末中日教育交流之研究——以教育考察記等相關史料爲中心》，在利用相關史料的基礎上，通過考證和論述、宏觀和微觀兼顧的方式，著重對清末中國人的對日教育考察、留日學生、日本人的對華教育認識等中日教育關係問題進行了研究。其中，論文有三個章節論述了浙江省早期的留日學生，對早期浙江留日學生的派遣、人數及歸國活動等做了研究。

廣州大學孫豔紅 2003 年的碩士論文《晚清廣東的留學教育》，著重介紹了晚清廣東留學教育的發端、過程及影響。

蘇州大學楊思 2006 年的碩士學位論文《近代蘇州留學生研究》，以《蘇州文史資料選輯》中姚永新的《蘇州留學生名錄》及周棉的《中國留學生大辭典》爲主要研究材料，對蘇州留學生的基本情況進行分析，得出蘇州留學生的幾個特徵。該論文材料雖然略顯單薄，但仍不失爲地方留學教育研究的一個個案。

山東大學王愛華 2007 年的碩士論文《近代山東國外留學教育研究》，分別介紹了山東留學美國、歐洲與日本的留學生及其社會影響。

西南大學劉偉 2008 年的碩士論文《清末四川留日學生和四川教育近代化》，介紹了清末四川留日學生產生的歷史背景、發展階段、特點及對四川教育近代化的貢獻。

華中師範大學喬金霞 2008 年的碩士論文《近代湖北留學教育綜述》，分四個部份介紹了近代湖北留學教育方針政策的變化、湖北留學途徑的開闢、湖北留學教育的特點及評價。

除了上述學位論文外，還有一批與全國或地方留學教育相關的文章。如，淩麗珍的《民國時期地方政府的助學貸款——1919～1939 年四川自費留學貸款政策探析》（《社會科學研究》，2005 年第 4 期）一文，通過對 1919～1939 年四川自費留學貸款政策變遷、運行情況及其影響的研究，揭示了抗戰前助學貸款與教育及社會變遷的關係。孔繁嶺的《南京政府時期的留德教育》（《歷史檔案》，2006 年第 2 期），評述了南京國民政府時期中國的留德教育情況。元青的《民國時期的留學學生與中美文化交流》（《南開學報》（哲學社會科學版），2000 年第 5 期），將民國時期的留美教育劃分爲北洋軍閥統治時期和南

京國民政府時期兩個階段並分析了二者的特徵，指出留美學生回國後對現代自然科學和人文社會科學的引進、傳播、研究、教育工作的重要貢獻。林輝的《我國近代留美學生群體研究》(《華東師範大學學報》(教育科學版)，第22卷第2期)，對留美學生的籍貫、性別、年齡、文化背景、留學概況、歸國情況做了群體性的歸納研究。這些論文從不同的角度，分析論述留學教育的相關情況，爲廣東留學教育的研究提供了基礎和借鑒。此外，還有許多相關文章，不一一列舉。

四、研究的基本思路及需要克服的困難

留學教育至今方興未艾，總結過去留學教育的經驗與教訓能使今天有所借鑒。留學教育的深入發展要求我們對中國區域留學教育這一課題作深入的研究和總結。

由於目前對晚清民國時期廣東留學教育的研究缺乏一個系統的研究成果，且相關資料零散，因此研究這一選題的基本思路是：首先將晚清民國時期廣東各階段留學教育的歷史脈絡闡述清楚，根據所掌握的資料盡可能地還原這一時期廣東留學教育史的原貌，並在對基本史料的敘述基礎上分析廣東留學生各方面的情況，採取述論結合、以述爲主的方法。考慮到晚清民國時期廣東不同時期留學教育的差距，論文將廣東留學教育研究分爲四個部份，分別是清末廣東留學教育概況、北洋政府時期廣東的留學教育、南京國民政府時期廣東的留學教育及結論部份對晚清民國時期廣東留學教育的評析。

本書研究的關鍵是溯清晚清民國時期廣東的留學教育脈絡，並對此進行分析。關於晚清民國廣東留學教育的資料都是非常零散且不完整的，如何把這些零散的材料有效利用起來，將是一個辛苦的過程。此外，缺乏廣闊的留學背景知識和開闊的留學教育研究視野，也很難把握晚清民國時期廣東留學教育的進程。這些都是在寫作過程中需要克服的一些困難。

五、研究方法與主要資料

晚清民國時期廣東留學教育史的研究，相對於整個中國留學教育史來講，屬於區域性研究。但從其本身來講，又是一個內容豐富的宏觀研究。爲了把晚清民國廣東留學教育的歷史脈絡闡述清楚，需要採用各種適宜的研究方法。

　　在研究方法上，首先是宏觀研究與微觀研究相結合。宏觀上把握當時的歷史背景、留學教育思想及留學政策的變化，微觀上則需把握時人特別是留學生的個人心態，包括他們對留學教育的認識、對社會的責任感等。同時，還應注意晚清民國時期廣東留學教育本身具有的階段性和持續性，分階段對留學教育脈絡作出研究。

　　對廣東留學教育的研究將採取群體分析和個案解剖相結合的方法。對留學教育的典型群體及個人，論文中將會以一定的篇幅加以闡述，以此來反映廣東民國留學教育的面貌。論文在研究過程中將會把整體性群體論述與典型個體研究有效結合起來。

　　論文在研究過程中，必定會使用計量統計的方法。由於留學教育首先涉及留學生的人數、畢業學校、留學學習情況等一系列零散的材料，論文中將會儘量使用整理後的數量材料，而避免舉例性的材料。在材料不足時，則會用舉例子的辦法來說明個別性的問題。

　　為了說明廣東留學生的特點，論文中將在有限的範圍內使用與其它省留學生相比較的方法，以說明其異同點。

　　晚清民國時期留學教育研究的方法與所掌握的資料有很大關係，對其資料的說明中，也包括著對研究方法的認識。

　　晚清民國時期廣東留學教育研究的資料來源主要包括以下幾種：檔案資料、政府公報、教育統計、報告資料、史料彙編、文集、民國報刊、留學生同學錄、留學指南叢書、傳記資料、校史資料、年鑒及各類著作等相關資料。

第一章　清末廣東留學教育概況

　　中國是四大文明古國之一，有著燦爛的民族傳統文化，爲世界文明的發展做出了巨大貢獻。在很長一段歷史時期裏，中國人走出國門，更多的是基於宗教往來和傳播本土文化，如張騫通西域、鑒眞東渡日本及鄭和下西洋。還有一些走出國門的中國人是爲了研習教義及神學知識，如明清時期歐洲的耶穌會士在中國傳播教義，吸引了一些中國教徒赴國外學習。乾隆年間，清政府實施嚴格的閉關鎖國政策，關閉了中西交往的大門。在西方各國完成產業革命後飛躍發展的同時，封閉的清王朝卻正經歷著由「康乾盛世」轉向衰敗的歷程。

　　1840 年，鴉片戰爭的爆發，驚醒了沉睡中的「天朝上國」，在強大的「泰西」文明面前，林則徐、魏源等少數先進的中國人開始睜眼看世界，主張「師夷長技以制夷」，而清政府的主要統治者仍在混沌狀態中固步自封。1856 年，第二次鴉片戰爭爆發，清政府遇到了「數千年來未有之強敵」，被迫與列強簽訂了一系列不平等條約，自強以禦侮成爲朝野上下的共識。19世紀 60 年代，以「自強」、「求富」爲目標的洋務運動，致力於變革傳統教育、培養新式人才。相繼成立京師同文館、福建船政學堂，不僅開設了西方文化課程和科技課程，還開始聘用外國教師。19 世紀 70、80 年代，容閎倡導的幼童留美計劃順利實施，福建船政學堂也開始分批派遣學生赴英、法兩國學習海軍製造。中國的留學教育逐漸興起，救亡圖存成爲中國留學教育的重要目標。

第一節　清末廣東學生留學美國

　　廣東近海，對外貿易頻繁，因獨特的地理位置而得風氣之先，較早受西方文明的影響。廣東省留學教育發展的步伐相對較早，中國第一位留學美國大學的畢業生容閎便是廣東人，正如他自傳中所言：「以中國人而畢業於美國第一等之大學校，實自予始」。〔註1〕同時，容閎還是中國留學教育的重要推動者，他促成了近代中國最早的公費留學生。舒新城曾這樣形容他說：「無容閎，雖不能一定說中國無留學生，即有也不會如斯之早，而且派遣的方式也許是另一個樣子，故欲述留學之淵源，不可不先知容閎。」〔註2〕以下談談容閎本人的留學經歷及他對廣東留學教育的推動作用。

一、容閎與清末廣東留美幼童

　　容閎（1828～1912），字達萌，號純甫，出生在廣東省香山縣南屏鎮一個貧苦的農民家庭。7歲時被父母送到了離南屏鎮不遠的西方傳教士興辦的澳門馬禮遜學堂讀書。在馬禮遜學堂學習的五六年間，容閎開始接觸西學。他19歲時隨校長布朗赴美留學，先入馬薩諸塞州的孟松學校學習，之後於1850年在美國佐治州一個亞洲婦女會的資助下考入耶魯大學。1854年，26歲的容閎學成畢業，次年歸國。容閎是第一位接受了西方系統高等教育的中國留學生。作為一個受過西方文化薰陶和美國先進教育洗禮的中國人，他希望能借西方文明改良東方文化，走教育救國的道路。回國後，他先在廣州呆了六個月，主要目的是熟悉祖國的語言文字。當時的廣東正處於太平天國之亂中，容閎對總督葉名琛屠殺鎮壓太平天國軍的行為感到憤恨，同時對太平天國運動深表同情。他曾向太平天國幹王洪仁玕提出了七條改良社會的建議，其中四條與教育有關，分別是：設立武備學校、建立海軍學校、頒定各級學校教育制度、設立各種實業學校。這些建議很有建設意義，但是在當時的戰爭環境下，太平天國的領袖根本無暇顧及教育改革。然而，容閎並沒有放棄教育救國的理想，他一直希望中國政府能夠選派優秀的學生赴歐美留學，「以西方之學術，灌輸於中國，使中國日趨於文明富強之路」。〔註3〕

〔註1〕　容閎：《西學東漸記》，鍾叔河：《走向世界叢書》，長沙：嶽麓書社出版，1985年，第61頁。

〔註2〕　舒新城：《近代中國留學史》，臺北：中國出版社，1973年，第2頁。

〔註3〕　容閎：《西學東漸記》，鍾叔河：《走向世界叢書》，長沙：嶽麓書社出版，1985年，第62頁。

　　1863 年，容閎經友人介紹結識了曾國藩，被曾國藩派赴美國爲籌建中的江南製造局購置機器。他出色地完成了這項任務，並得到了曾國藩的認可。1868 年，容閎擬定了四個改造社會的建議，得到了江蘇巡撫丁日昌的贊許和支持。這四個建議分別是：（一）建議以聯營方式組織輪船公司，不過不許有外國股東加入。（二）建議政府選送穎秀青年出國留洋，爲國家儲蓄人才。（三）建議政府設法開採礦產，以盡地利。（四）建議禁止教會干涉人民訴訟，以防外力浸入。容閎最重視其中的第二個建議，只是以第一、第三、第四項建議來陪襯，「此條陳之第一、三、四，特假以爲陪襯；眼光所注而望其必成」。第二條的內容爲：「政府宜選派穎秀青年，送之出洋留學，以爲國家儲蓄人材。派遣之法，初次可先定一百二十名學額以試行之。此百二十人中，又分四批，按年遞派，每年派送三十人。留學期限爲十五年。學生年齡，須以十二歲至十四歲爲度。視第一、第二批學生出洋留學著有成效，則以後即永定爲例，每年派出此數，派出時並須以漢文教習同往，庶幼年學生在美，仍可兼習漢文。至學生在外國膳宿入學等事，當另設留學生監督二人以充之。此項留學經費，可於上海關稅項下，提拔數成以充之」。〔註 4〕丁日昌將容閎擬定的「條陳四則」轉交軍機大臣文祥代奏朝廷，不料文祥去世，條陳被擱置。1870 年，容閎作爲翻譯協助曾國藩處理「天津教案」，趁機向曾國藩提出派遣幼童留美的計劃。1871 年 9 月，曾國藩、李鴻章上奏《選派幼童赴美肄業酌議章程摺》，力主派遣幼童出洋留學，得到了清廷的批准。選送「聰穎幼童送赴泰西各國書院，學習軍政、船政、步算、製造諸學，約計十餘年，業成而歸。使西人擅長之技，中國皆能諳悉，然後可以漸圖自強」，〔註 5〕這便是清末政府選送幼童出國留學的最初目的。

　　然而，清廷守舊派一直強烈反對往國外派遣留學生，他們認爲「天津、上海、福州等處，已設局仿造輪船、槍炮、軍火，京師同文館選滿漢子弟延西人教授，又上海廣方言館選文童肄業，似中國已有基緒，無須遠涉重洋」。

〔註 4〕　容閎：《西學東漸記》，鍾叔河：《走向世界叢書》，長沙：嶽麓書社出版，1985年，第 122 頁。

〔註 5〕　《曾國藩、李鴻章：奏選派幼童赴美肄業酌議章程摺》，陳學恂、田正平：《中國近代教育史資料彙編·留學教育》，上海：上海教育出版社，2007 年，第91 頁。

〔註6〕這些陳舊觀念的存在是導致後來清廷中途撤回留美幼童的一大原因。

由於風氣未開，中國傳統的鄉土觀念還很難准許自己的子女背井離鄉，很多人對容閎的留學教育計劃抱有懷疑態度。此外，在通過科舉考試入仕做官仍被視爲正途的時期，人們普遍對出國留學反應十分冷淡，幼童招生遇到了很大困難。顏惠慶曾回憶，他在幼年時，中國官吏下鄉催促家長送子弟公費留美，他的雙親本已心動，但有人說「美國有野人會生剝人之皮，再披上狗皮，使人變成四不像的動物！」，類似這樣的故事讓許多家長聞之生畏，不敢讓子女報名。〔註7〕而且，當時「中國尚無報紙以傳播新聞，北方人民多未知政府有此教育計劃」，容閎只好親自到家鄉附近「於英政府所設學校中，遴選少年聰穎而於東西文略有根底者數人，以足其數」，故「預備學校招考時，北人應者極少，來者皆粵人」。〔註8〕這些被選幼童的家庭有的已習慣與洋人交往，有的是有通曉洋務的親屬。〔註9〕

在容閎等人的不懈努力下，1872 年 8 月，第一批 30 名幼童在留學生監督陳蘭彬〔註10〕、容閎及漢文教習葉緒東、翻譯曾蘭生的帶領下乘船赴美。1873 年 6 月，第二批 30 名幼童由黃平甫帶領赴美。1874 年 11 月，第三批 30 名幼童由祁兆熙帶領赴美。1875 年，第四批 30 名幼童由鄺其照帶領赴美。被選的 120 名幼童年齡大都在十二歲至十六歲之間，留學期限定爲十五年。120 名兒童中有 84 名來自廣東，占總人數的百分之七十。其次是江蘇 21 人，浙江 8 人，安徽 4 人，福建 2 人，山東 1 人。廣東的 84 人中，又以容閎的家鄉香山縣最多，占 40 人，其餘南海 15 人，番禺 6 人，新寧、順德各 5 人，新會、四會各 3 人，博羅、鎮平、海陽、新安、鶴山等各 1 人。

幼童到美國後分別居住在當地居民家中。「起初，規定他們必須穿長袍和

〔註6〕　《曾國藩、李鴻章：奏選派幼童赴美肄業酌議章程摺》，陳學恂、田正平：《中國近代教育史資料彙編・留學教育》，上海：上海教育出版社，2007 年，第 92 頁。

〔註7〕　（美）勒法吉原著，高宗魯譯注：《中國幼童留美史》，珠海：珠海出版社，2006 年，第 32 頁。

〔註8〕　容閎：《西學東漸記》，鍾叔河：《走向世界叢書》，長沙：嶽麓書社出版，1985 年，第 128 頁。

〔註9〕　（美）勒法吉原著，高宗魯譯注：《中國幼童留美史》，珠海：珠海出版社，2006 年，第 32 頁。

〔註10〕陳蘭彬，字荔秋，廣東吳川人，咸豐三年（1853 年）癸丑進士。科舉出身，代表中國正統官僚，性近保守，不懂英文。

結辮子。美國同學均哄笑叫他們中國女孩！這種嘲笑，引來不少次打得鼻青眼腫的糾紛。」〔註 11〕經過了最初的磨合，留美幼童很快適應了在美國的生活方式，融入到當地社會中。在東、西方兩種不同文化價值的碰撞下，西方的社會知識、政治文化、風俗習慣乃至價值信仰對他們產生了潛移默化的影響。他們反感了繁瑣枯燥的封建禮節和封建教條，對指定要學習的傳統知產生了抗拒。他們開始穿西服、剪西式髮型，並參加各種西式的文體活動。這使監督陳蘭彬深感不安，他對這種離經叛道的做法感到恐慌。1875 年，區諤良接替陳蘭彬。1878 年，陳蘭彬推薦吳子登〔註 12〕接替區諤良赴美任留學生監督。吳子登更是十足的留學反對派，他上任不久，便對容閎展開攻擊，雙方逐漸到了水火不容的地步。「吳與容閎一開始就發生衝突，吳子登對學生的自由生活方式無法容忍，因為中學荒廢，有些學生且忘記華語，故吳認為學生完全喪失士大夫及孔教之修養」。〔註 13〕1880 年，陳蘭彬出任駐美公使，吳子登便與陳蘭彬共同商議撤回幼童的事宜，他認為「外洋風俗，流弊多端，各學生腹少儒書，德性未堅，尚未究彼技能，實易沾其惡習，即使竭力整飭，亦覺防範難周，極應將局裁撤」。〔註 14〕雖然容閎與美國教育界多人聯名致函總理衙門表示反對撤回幼童，清廷最終還是於 1881 年 6 月批准了撤回留美幼童的決議。1881 年 8 月至 9 月，除提前撤回、在外病故及執意不歸的二十餘名學生外，其餘幼童全部被撤回國。〔註 15〕中國留學教育史上的首次官派留美學生黯然歸國。

〔註11〕 高宗魯：《中國留美幼童史——現代化的初探》，臺北：華欣文化事業中心，1982 年，第 36 頁。

〔註12〕 吳嘉善，字子登，江西南豐人，咸豐二年（1852 年）進士，改翰林院庶吉士。《清史列傳》（中華書局，民國十七年）說他「博通中西，精研數理」，所著有《算數二十一種》（開方術、方程術等）均刊入《白芙堂叢書》，美國耶魯大學圖書館均有搜集。吳氏不懂英文拼音，曾用漢字注音，苦念英文，並曾任西班牙「代辦」。吳實為「洋務運動」中國士大夫在蛻變中之一典型人物也。——引自：陳學恂、田正平：《中國近代教育史資料彙編·留學教育》，119 頁。

〔註13〕 高宗魯：《中國留美幼童史——現代化的初探》，臺北：華欣文化事業中心，1982 年，第 42 頁。

〔註14〕 《奏請撤回留美肄業學生摺》，高時良、黃仁賢：《中國近代教育史資料彙編 洋務運動時期教育》，上海：上海教育出版社，2007 年，第 877 頁。

〔註15〕 高宗魯：《中國留美幼童史——現代化的初探》，臺北：華欣文化事業中心，1982 年，第 75 頁。

　　留美幼童的一個顯著特點是出國年齡太小，出國前未曾受過較多的中國傳統教育。清政府認爲他們必須要在國外繼續補習中國文化，才能成爲有用之才。而在國外對幼童進行中國傳統教育卻並非易事，這也導致留美幼童派遣不能做到善始善終。西方科技文化與東方傳統孔教格格不入的衝突是留美幼童中途被撤的主要原因。被迫回國後，他們被清政府安排在翻譯館、機器局等處，從事電報、鐵路、礦務、商業、教育等工作。

　　清末廣東留美學生以 1872 年選派的留美幼童最具規模。留美幼童被撤回國後的幾十年，中國再無大規模派遣幼童留學之舉。

表 1.1：留美幼童的籍貫分佈

籍　　　貫	人　　　數
廣東	84
江蘇	21
浙江	8
安徽	4
福建	2
山東	1

表 1.2：留美幼童回國後的職業〔註 16〕

職　業	人　數	職　業	人　數	職　業	人　數
國務總理	1	稅務司	1	電報局民員	16
外交部長	2	海關官員	2	經營商業	8
公使	2	教師	3	政界	3
外交官員	12	鐵路局長	3	醫生	3
海軍元帥	2	鐵路官員	5	律師	1
海軍軍官	14	鐵路工程師	6	報界	2
軍醫	4	冶礦技師	9	合計	99

〔註16〕　（美）勒法吉原著，高宗魯譯注：《中國幼童留美史》，珠海：珠海出版社，2006 年，第 69 頁。

二、清末廣東其它留美學生

　　除了留美幼童外，清末兩廣學務處還組織派遣了公費留美學生。1905 年，兩廣學務委員陳錦濤帶領 15 名廣東學生赴美留學。〔註 17〕除少數公費生外，其餘大部份爲自費生。而自費赴美留學生大都是家境殷實家庭的子女。1909 年，留學美國大學的學生伍汝康帶領國內 17 名青年學子赴美留學，這些學生年齡大約爲十二至十八歲，都是廣東巨紳富商之子。〔註 18〕

　　此外，清末廣東也有少數赴美的女留學生。1902 年，廣東香山籍 17 歲女子薛錦琴隨父親自費赴美入高等學校學習教育學，對中國女子留學界產生了一定影響。「香山薛女錦琴，久爲我國女學界領袖，前年來美遊學，入高等學校，爲女學開風氣之先。聞華女生長美邦，入校讀書者，頗不乏人，然能知愛國者甚罕。自薛女士來，聞風興起，頗有振興中國女學爲任者。而薛女士尤躬行實踐，不尙虛驕，與諸女士諍諍相激勵」。〔註 19〕1903 年，廣東女子李亦愛自費赴美國金山高等學校學習看護學。同年，廣東南海籍女子唐同璧自費赴美哈佛大學學習。〔註 20〕廣東宋氏三姐妹也都在美國留學，宋靄齡 1909 年畢業於衛斯理女子學院，宋慶齡與宋美齡也都於 1908 年至 1913 年間在這所學校學習。〔註 21〕1909 年，廣州女子廖奉獻赴美國大學學習普通文科，1911 年得廣東省公費，1914 年獲學士學位後入哥倫比亞大學學習教育，1916 年獲得碩士學位。1917 年回國後任嶺南女子中學代理校長。〔註 22〕

　　留美學生學習刻苦，學風優良。梁啓超 1903 年在《新大陸游記》中這樣形容在美國的留學生，「美洲遊學界，大率刻苦沉實，孜孜務學，無虛器氣，而愛國大義，日相切磋，良學風也。」〔註 23〕當時廣東留美學生有二十多名，具體情況見下表：

〔註 17〕　《各省遊學彙志》，《東方雜誌》，第 2 卷第 8 期，第 202 頁。
〔註 18〕　《記事》，《教育雜誌》，宣統二年第一期。
〔註 19〕　中國留美學生編：《美洲留學報告》，上海：開明書店，1904 年，第 34 頁。
〔註 20〕　謝長法：《中國留學教育史》，太原：山西教育出版社，2006 年，第 90 頁。
〔註 21〕　劉眞、王煥琛：《留學教育——中國留學教育史料（第一冊）》，臺北：國立編譯館出版，1980 年，第 229 頁。
〔註 22〕　謝長法：《中國留學教育史》，太原：山西教育出版社，2006 年，第 93 頁。
〔註 23〕　梁啓超：《新大陸游記及其它》，北京：社會科學文獻出版社，2007 年，第 160 ～161 頁。

表 1.3：清末廣東留美學生表〔註 24〕

姓　名	籍　貫	學　校	專　業	費　別
陳錦濤	廣東南海	耶路大學	政法數學	北洋官費生
王寵惠	廣東東莞	耶路大學	法律	北洋官費生
張煜全	廣東南海	耶路大學	政治	北洋官費生
王寵祐	廣東東莞	卜技利大學	礦務	北洋官費生
胡朝棟	廣東	卜技利大學	工程	北洋官費生
陸耀廷	廣東	卜技利大學	工程	北洋官費生
吳桂齡	廣東新安	史丹佛大學	電機	北洋官費生
嚴錦鎔	廣東東莞	哥倫比亞大學	政法	北洋官費生
譚天池	廣東	卜技利大學	農務	遊學會費
王建祖	廣東	卜技利大學	農務	遊學會費
薛頌瀛	廣東香山	卜技利大學	經濟學	自費生
徐建侯	廣東香山	私立大學	工商	自費生
程　鬥	廣東香山	私立學校		自費生
程　耀	廣東香山	私立學校		自費生
黃　旭	廣東香山	私立學校		自費生
梁容勳	廣東新會	私立學校		自費生
薛錦琴（女）	廣東香山	中學校		自費生
薛錦標	廣東香山	中學校		自費生
康同璧（女）	廣東南海	高等學校		自費生
李國波	廣東鶴山	中學校		自費生
張　謙	廣東新會	中學校		自費生
梁應麟	廣東香山			
黃日升	廣東香山			
鄭　垣	廣東香山			

〔註 24〕 梁啓超：《新大陸游記及其它》，北京：社會科學文獻出版社，2007 年，第 160
　　　　　～161 頁。

姓 名	籍 貫	學 校	專 業	費 別
蔡國藻	廣東香山			
榮 彭	廣東香山			
林 鐸	廣東香山			
梁贊圭	廣東南海			
陳耀東	廣東番禺			

第二節　清末廣東學生留學歐洲

　　近代中國最早赴歐留學者是廣東人黃寬。1849 年，黃寬與容閎一起從美國孟松學校畢業後，轉赴英國愛丁堡大學學醫。7 年後，他學成畢業，返回廣州行醫。黃寬不僅醫術高明，而且品行高尚，倍受人們讚譽。此後，廣東南海青年何啓於 1872 年自費留學英國，入阿伯丁大學學醫，1879 年轉學林肯法律學院學習法律，並取得英國高等律師資格，1882 年何啓到香港後從事律師職業。另一名廣東青年伍廷芳於 1874 年赴英留學，同樣在林肯法律學院學習法律。學成歸國後，他先在香港擔任律師職業。後來投身於政界，曾任李鴻章的幕府、南京臨時政府司法總長、段祺瑞內閣外交總長等職。這些廣東學子開啓了近代中國留學歐洲的先聲。

　　中國大批派遣學生留學歐洲源於洋務運動。清朝末年，內憂外患，一些地方大臣為求自強，積極興辦洋務，學習西方的武備和機器製造。1865 年，洋務大臣李鴻章在上海設江南機器製造局。1866 年，左宗棠於在馬尾設立福建船政局並附設船政學堂訓練水師人才。對造船、築路、開礦等實業新式人才的需求，使得新式西學人才的培養變得越來越重要。而學習西方、培養新式人才的最便捷方式就是直接派學生赴國外留學。1872 年，船政大臣沈葆楨受幼童留美的影響，提出派船政學堂學生出洋留學的設想，但因經費問題未能實現。1875 年，福建船政廠教習法國人日意格回國，5 名中國學生隨同赴法國學習製造及駕駛。1876 年，德國海防教習期滿回國，7 名中國學生隨同他到德國學習水陸軍備技術。1877 年，李鴻章、沈葆楨奏准派遣福建船政廠30 名學生及藝徒赴英、法兩國學習海軍製造。此後，自 1877 年至 1886 年，清廷分別從福州船政學堂、天津水師學堂中選派了 81 名學生赴歐學習。這便是中國早期的公費赴歐留學生。

　　1901 年 1 月，清廷下令實施「新政」，派遣留學生是其中重要內容。1902年 9 月，光緒帝令各省督撫籌款選派學生到歐美各國留學，「著各省督撫選擇明通端正之學生，籌給經費，派往西洋各國講求專門學問，務期成就眞材，以備任使。」〔註25〕1904 年 9 月，學務大臣、外務部共同奏准《遊學西洋簡明章程》，規定以後留學英、美、德、法、比五國者，應以武備、製造、農、工、商、路礦、工藝等爲專業。〔註26〕爲了加強對留歐事務的管理，1907 年12 月，清廷在英、德、法、俄、比等歐洲國家分別設立一名遊學生監督員。

　　清末廣東留學英、德、法等歐洲國家的學生總人數不多，且以公費生爲主。據留學生監督統計，1910 年廣東的留英公費生有 7 人。同年，廣東籍留英畢業（肄業）學生有 7 人。〔註27〕

表 1.4：1910 年廣東籍留英公費生表

姓　名	年齡	籍　貫	到英年月	校　名	學　科
李樹芬	24	廣東新寧	光緒三十四年八月	愛丁堡大學	醫科
王寵惠	24	廣東東莞	光緒三十二年十月	愛丁堡大學	醫科
王寵益	24	廣東東莞	光緒三十二年五月	愛丁堡大學	醫科
吳錫晉	24	廣東番禺	光緒二十年六月	愛丁堡大學	文學、理科
胡惠德	23	廣東肇慶	光緒三十一年四月	倫敦醫院	醫學
林著勳	31	廣東香山	宣統元年四月	倫敦大學	醫學
陳永漢	24	廣東新會	光緒二十八年九月	開柏列治大學	醫科

表 1.5：1910 年廣東籍留英畢（肄）業生表

姓名	年齡	籍　貫	到英年月	校　名	學科	費別
陳兆基	26	廣東順德	光緒三十年六月	愛丁堡大學	化學	廣東
劉國珍	36	廣東南海	光緒三十年六月	愛丁堡大學	工程	廣東
王家駒	26	廣東番禺	光緒三十三年八月	利茲大學	織造	廣東

〔註25〕舒新城：《近代中國留學史》，臺北：中國出版社，1973 年，第 35 頁。
〔註26〕陳學恂、田正平：《中國近代教育史資料彙編——留學教育》，上海：上海教育出版社，2007 年，第 27～28 頁。
〔註27〕陳學恂、田正平：《中國近代教育史資料彙編——留學教育》，上海：上海教育出版社，2007 年，第 622～625 頁。

姓名	年齡	籍貫	到英年月	校名	學科	費別
虞錫麟	24	廣東番禺	光緒三十年八月	愛丁堡大學	化學	廣東
李樹芬	25	廣東新寧	光緒三十四年八月	愛丁堡大學	醫科	廣東
羅文乾	22	廣東番禺	光緒三十二年四月	牛津大學	法科	自費
陳永箴	25	廣東新會	光緒二十八年三月	蒲明罕大學	鐵路	自費

　　關於留學英國，據記載，較早的五名廣東公費生分別是：沈宏，1904年赴法，1906年入巴黎大學法律科；吳匡時，1906年入法國囊西大學化學專科；周維廉，1907年入巴黎獸醫學堂。潘敬，24歲，廣東南海人，1908年赴法國法政大學學習三年；蘇曾貽，32歲，廣東高要人，赴法學習政治財政。廣東省的留學經費較充足。據駐法留學生監督呈報，1910年廣東的留法公費生有4名，除支付學生的各種留學費用外，廣東留法經費還有存款一萬一千多法郎，而其餘省份則大半欠費。〔註28〕關於留學德國的學生人數，據出使德國大臣統計，1909年廣東留德學生有16人，其中自費生10人，公費生6人。〔註29〕

　　與留英、法、德等國相比，廣東留俄學生人數相對更少。據留俄學生監督呈報，1910年中國留俄學生共21人，有廣東籍3人，其中2人為公費生，1人為自費生，他們分別是：柏山，29歲，廣州人，學部公費生，1904年到俄國入森堡大學堂學習法政科，曾在廣東同文館學習四年；唐寶書，31歲，廣東香山人，黑龍江省公費生，1906年赴俄國，入森堡大學堂學習格致科，曾在天津俄文學堂學習三年；劉澤榮，18歲，廣東肇慶人，自費生，1904年到俄國的中學學習，畢業後入森堡大學學習。〔註30〕

　　綜上，清末較早的留歐學生均為地方大臣派遣，沒有形成較大的規模，並且沒有制定統一的派遣章程，留學科目注重實用學科。而清末廣東的留歐學生派遣人數並不突出，這可能與地方大臣興辦洋務的積極性有關。

〔註28〕陳學恂、田正平：《中國近代教育史資料彙編——留學教育》，上海：上海教育出版社，2007年，第683～684頁。

〔註29〕劉眞、王煥琛：《留學教育——中國留學教育史料（第二冊）》，臺北：國立編譯館出版，1980年，第632～650頁。

〔註30〕劉眞、王煥琛：《留學教育——中國留學教育史料（第二冊）》，臺北：國立編譯館出版，1980年，第659～662頁。

第三節　清末廣東學生留學日本

一、清末各省留日概況

　　1895 年，中國在甲午戰爭中戰敗，清政府簽訂了喪權辱國的《馬關條約》，舉國震驚。人們開始重新審視鄰國日本，認爲日本富強的原因在於學習了西方的先進技術和文化制度。派遣留學生向日本學習，使中國擺脫貧弱，成爲當時人們的夢想。留學日本成爲清末政府留學政策的導向。

　　我國最早的留日學生是駐日公使裕庚在 1896 年時派理事官呂賢笙赴上海、蘇州一帶招募的 13 名學生，這些學生正式進入了日本的學校學習。這是駐日公使爲了培養使館人才而選派的，因而這些最早的赴日留學生被稱爲使館學生。〔註 31〕留日學生派遣雖然在時間上比 1872 年的幼童留美生晚了二十四年，但在人數上則後來居上。經過三十多年的發展，1906 年的留日學生達一萬多人。〔註 32〕清末赴日留學高潮的形成與清政府及各地方政府的積極倡導有很大關係。

　　1898 年，山東監察御史楊深秀奏派選送學生赴日本留學，他在奏摺中稱：「泰西各學，自政治、律例、理財、交涉、武備、農工、商務、礦務，莫不有學。日本變新之始，遣聰明學生出洋學習，於泰西諸學，粲然美備。中華欲遊學易成，必自日本始」。「近年以來，日本講求西學，大著成效，又與中國近在同洲，往來甚便」，「擬即妥訂章程，將臣衙門同文館東文學生酌派數人，並咨行南北洋大臣，以及兩廣、湖廣、閩浙各督撫，就現設學堂中遴選年幼穎悟，粗通東文諸生，開具銜名，咨報臣衙門，知照日本使臣，陸續派往」。〔註 33〕楊深秀奏派遴選學生，是清末地方大臣倡導公費留日教育的開始。

　　湖廣總督張之洞也極力倡導留學日本，他寫了著名的《勸學篇》，認爲：「出洋一年，勝於讀西書五年，此『趙營平百聞不如一見』之說也；入外國學堂一年，勝於中國三年，此孟子『置之莊嶽之說』也……日本，小國耳，

〔註 31〕劉眞、王煥琛：《留學教育——中國留學教育史料（第一冊）》，臺北：國立編譯館出版，1980 年，第 239 頁。

〔註 32〕李喜所：《清末留日學生人數小考》，李喜所：《中國留學史論稿》，北京：中華書局，2007 年，第 251 頁。

〔註 33〕《總署奏遵議遴選生徒遊學日本事宜片》，《約章成案彙覽》，乙篇卷三十二下。續修四庫全書編纂委員會：《續修四庫全書》，上海：上海古籍出版社，第 260～261 頁。

何興之暴也？伊藤、山縣、榎本、陸奧諸人，皆二十年前出洋學生也，憤其國為西洋所脅，率其徒百餘人分詣德、法、英諸國，或學政治工商，或學水陸兵法，學成而歸，用為將相，政事一變，雄視東方。……至遊學之國，西洋不如東洋：一、路近省費，可多遣；一、去華近，易考察；一、東文近於中文，易通曉；一、西書甚繁，凡西學不切要者，東人已刪節而酌改之。中東情勢風俗相近，易仿行。事半功倍，無過於此。若自欲求精求備，再赴西洋，有何不可」。〔註34〕張之洞對留學日本的論證，迅速被朝野上下接受。

1898 年 8 月，光緒皇帝頒佈了號召留學日本的上諭：「現在講求新學，風氣大開，惟百聞不如一見，自以派人出洋遊學為要。至留學之國，西洋不如東洋，誠以路近費省，文字相近，易於通曉。且一切西書均經日本擇要翻譯，刊有定本，何患不事半功倍。」〔註35〕1899 年，總理各國事務衙門「咨行南北洋大臣、兩廣、湖廣、閩浙各督撫，就現設學堂中遴選年幼穎悟性粗通東文諸生，開具銜名，咨報臣衙門，知照日本使臣陸續派往」。〔註36〕自此，留學日本風氣大開，各省紛紛派出學生赴日留學，並且分別派出留日學生監督管理本省的赴日留學生。留日學生事務由駐日使臣與各省監督共同管理。

1901 年 1 月，清廷發佈「變法上諭」，下令施行「新政」。各省地方官員紛紛提出改革建議，赴日留學是其中重要部份。7 月，湖廣總督張之洞同兩江總督劉坤一奏請獎勵遊學日本：「此時宜令各省分遣學生出洋遊學，文武兩途及農工商等專門之學，均須分門認習；但擇其志定文通者乃可派往。學成後，得有憑照回華，加以復試；如學業與憑照相符，即按其等第作為進士、舉貢，以輔各省學堂之不足，最為善策。……擬請明諭各省，士人如有自備斧資出洋遊學得有優等憑照者，回華後復試相符，亦按其等第作為進士、舉、貢，如此，則遊學者眾而經費不必盡由官籌。……若自備斧資遊學者，準按憑照優獎錄用，則經費並不必多籌，尤善之善者矣」。〔註37〕據此，自費學生與公費生回國後可享有同等待遇，這大大促進了各省學生自費留學的積極性。

〔註34〕　張之洞：《勸學篇‧遊學第二》，北京：華夏出版社，2002 年，第 77～78 頁。
〔註35〕　陳學恂、田正平：《中國近代教育史資料彙編——留學教育》，上海：上海教育出版社，2007 年，第 329 頁。
〔註36〕　陳學恂、田正平：《中國近代教育史資料彙編——留學教育》，上海：上海教育出版社，2007 年，第 337 頁。
〔註37〕　《會奏變法自強第一疏》，璩鑫圭、唐良炎：《中國近代教育史資料彙編 學制演變》，上海：上海教育出版社，第 21 頁。

　　1902 年，外務部認爲各省赴日學生人數眾多，公費、自費學生管理混亂，需要派專人管理。「查近來屢奉詔飭各省選派學生出洋肄業，並准自備斧資前往。士皆競奮於學，不憚負笈出遊。日本地近費省，趨之者尤眾。其官派學生，各省或有委派監督，或無委派監督。自費生則自保送入學後，並無拘束，情誼既難聯絡，規制亦未整齊」。〔註 38〕於是，清政府任命汪大燮爲遊學日本學生總監督，留日監督處正式成立。監督處成立後，並沒有制定具體的留日章程。自成城學校入學事件〔註 39〕發生以後，清政府才開始著手製定留學章程。

　　1903 年，張之洞與日本駐華公使商討，共同擬定了《約束遊學生章程十款》《獎勵遊學畢業生章程》及《自行酌辦立案章程七條》。這些章程不僅成爲監督處遵循的管理準則，而且也成爲以後制定各種管理留學生章程的基礎。章程要求：（一）赴日留學的各省學生必須經過出使大臣、留學生總監督的公文保送才能入日本各學校學習。（二）鼓勵學生進入日本農、工、商等實業學校，文科、理科、醫科各專業不限人數，但是限定政治、法律、武備三科的名額。（三）留學生不能干預政治。（四）各省公費留學生畢業回國後，必須在本省工作五年。這些要求加強了對留日學生的入學管理，並對他們的學習專業做出限定，還禁止他們干預政治，然而，效果似乎並不大，清末留日學生的政治革命最終動搖這個王朝的統治直至其滅亡。

　　1904 年 1 月，張百熙等人奏定學務綱要，極力提倡師範教育，要求各省城從速開辦初級師範學堂、優級師範學堂、簡易師範科及師範傳習所，「若無師範教員可請者，即速派人到外國學師範教授管理各法，分別學速成科師範若干人，學完全師範若干人。現有師範章程，刊佈通行，若有速成師範生回國，即可依仿開辦，以應急需，而立規模；俟完全師範生回國，再行轉相傳授，分派各府縣陸續更換，庶不致教法茫然，無從措手」。〔註 40〕各省派遣學生赴日學習師範的人開始增加，學校教職員大多數是留日師範畢業生，各地

〔註 38〕　《外務部奏請簡派日本遊學生監督摺》，《約章成案彙覽》，乙篇卷三十二下。續修四庫全書編纂委員會：《續修四庫全書》，上海：上海古籍出版社，第 264 頁。

〔註 39〕　1902 年，駐日公使蔡鈞拒絕送九名自費生入成城學校，引起了留日學生對駐日使館的抗議。

〔註 40〕　《籌議約束鼓勵遊學生章程摺》，陳學恂、田正平：《中國近代教育史資料彙編 留學教育》，上海：上海教育出版社，2007 年，第 55～61 頁。

諮議局人員也大多是留日法政畢業生，而這些師範生和法政生基本都是速成生。

　　1905 年，清政府廢除科舉之後，出國留學更被人們視爲日後入仕的捷徑，赴日學生驟然增加。1904 年時留日學生爲 2400 多人，1905 年激增爲 8000 多人。1906 年更增至 12000 餘人。〔註41〕而據東京高等商業學校校長寺田氏稱，「自費留學者多爲富家子弟」。〔註42〕

　　隨著留日學生人數的增加，留日學生的質量參差不齊。1906 年 3 月，學部開始通令各省限制留日學生資格，要求：（一）凡欲入高等以上學校及專門學校者，須有中學堂以上畢業程度且通日語，否則需先在國內補習。（二）學習速成科、法政科和師範科，必須中學與中文俱佳，二十五歲以上，在學界政界有實踐經驗。（三）無論公費私費學生，必須品行端正，身體強健。8 月，學部通令各省一律停派公費及私費師範、法政、速成科。12 月，學部制定《管理遊學日本學生章程》，規定（一）在出使日本大臣署內設立管理遊學日本學生監督處，由出使日本大臣兼任總監督，由學部派遣一名副監督。（二）撤銷各省留日學生監督，各省原來的留日學生監督經費，按原定數額撥給學部設立的監督處，作爲辦公費用。（三）各省公費生學費，由各省按照所派學生入學人數按期彙給監督處。〔註43〕這些規定，旨在提高留日學生資格及質量，控制了各省留日學生數量。1907 年，留日人數有所下降，約爲一萬人。〔註44〕

　　隨著清政府對赴日留學學生資格管理不斷嚴格，還有國內新式學校也逐漸創立，留學日本學生質量提高，多數以進入高等以上學校研究專門學問爲主要目的。但日本官立高等以上學校學生名額限制很嚴。1907 年，留日普通科畢業生願意入日本官立高等以上學校的共有二千人以上，而日本官立高等學校根本無法收容這麼多中國學生。爲了使中國留日學生有機會接受日本正規的高等教育，清政府與日本當局交涉，希望日本官立高等專門以上學校能增加中國學生的學習名額，解決中國留學生入學困難的情形。同年，中日兩

〔註41〕李喜所：《清末留日學生人數小考》，李喜所：《中國留學史論稿》，北京：中華書局，2007 年，第 251 頁。
〔註42〕謝長法：《中國留學教育史》，太原：山西教育出版社，2006 年，第 33 頁。
〔註43〕陳學恂、田正平：《中國近代教育史資料彙編──留學教育》，上海：上海教育出版社，2007 年，第 401～405 頁。
〔註44〕李喜所：《留日人數小考》，李喜所：《中國留學史論稿》，北京：中華書局，2007 年，253 頁。

國達成協議，議定以後的十五年內，第一高等學校每年增加中國學生名額六十五人，東京高等師範學校每年增加二十五名，東京高等工業學校每年增加四十名，山口高等商業學校每年增加二十五名，千葉醫學專門學校每年增加十人，五所學校每年共增加中國學生名額一百六十五名，增加學生所需的經費每人每年約一百九十日元，十五年內所需經費由各省分攤。「各省因本國缺少專門人才而聘用外國教員，每省少者十餘人，多者數十人。計全國所有外國教員不下三百人，以每人每年薪水貳仟元計之，已不下六十萬元。又近來各省所設中學堂，因缺少教員，程度不能及格，於是普通學問亦多出洋肄業，雖經臣部奏定章程嚴加限制，而近來遊學日本之公費學生，有普通而未入高等者尚有二千人之多。此項學費，總計須歲出百萬元以上。設中國學生誠能照此次所定之額入彼國官立高等以上學校肄業，則得兩次之畢業生，各省皆可設立極完備之中學堂，而普通學問自無待於出洋肄業矣。是現在之所費者雖巨，而將來之所省者實數倍於此也。臣等籌思再三，擬請飭下各省分任此項經費，按期解東。第一年大省任解日幣五千餘元，小省任解日幣三千餘元，按年逐增。至第八年迄今至十五年爲最多，每年大省解日幣三萬二千餘元，小省每年任解日幣二萬一千餘元，以後逐減，至第二十二年爲止。其最末一年，大省不過二千三百餘元，小省不過一千五百餘元。如此各省分任，其數尚不爲巨。」〔註45〕

按照這個協定，包括廣東在內的大省如直錄、奉天、山東、河南、江蘇等省，每省負擔每年增添 9 名學生的經費。吉林、黑龍江、陝西、山西等小省，每省負擔每年增添 6 名學生的經費。1908 年，學部要求各省選送留學生，必須以中學堂畢業程度爲標準進行考試並將試卷送至學部審核，公費生、私費生均須能直接入高等專門學校學習。在對留學生資格限制的情況下，在日本的中國學生驟然減少，1910 年僅剩二千多人。〔註46〕

在留日學生管理方面，由於各省留學日本管理辦法不相同，各省留學生監督互不聯絡，各自爲政，清末留日學生管理較爲混亂。各省公費沒有固定數額，留學生往往因爲要求補選公費名額而起紛爭。1910 年，學部改訂《管理遊學日本學生監督處章程》，限定公費生學習的專業，要求除第一高等學

〔註45〕 《日本官立高等學堂收容中國學生名額及各省按年分認經費章程》，《學部奏咨輯要》，臺北：文海出版社，1986 年。
〔註46〕 謝長法：《中國留學教育史》，太原：山西教育出版社，2006 年，第 39 頁。

校、東京高等師範學校、高等工業學校、山口高等商業學校及千葉醫學專科學校五所特定學校的學生不限制專業以外，留日公費補助學生要以高等專門學校的農、工、格致、醫四科者為限。考入日本五校外的其它官立高等專門或大學的自費生，必須限於研習農、工、格致、醫科四科者，才能補選本省公費缺額。〔註47〕

此外，清末赴日學習軍事的學生自成一派。清末新政以興學校、練新軍為重要政務。除了派遣留學生學習師範，滿足學校所需人才外，還有大量學生到日本陸軍士官學校學習，晚晴民國時期軍界人才不少由日本陸軍士官學校畢業。

二、清末廣東學生留日狀況

1902 年，兩廣總督陶模曾派遣 20 餘名學生赴日本宏文學院學習速成師範。1903 年底兩廣學務處〔註48〕成立後，制定了遊學章程，開始招選遊學生。章程規定：（一）名額：四十名，其中赴歐美二十名，赴日本二十名。（二）費用：留學生川資、學費、食宿、衣服等費用全部由公費支給。（三）招生：分兩類，一是考生自行報名，不論滿、漢、本省、外省均可報考，但選派的外省籍學生不得超過總數的十分之三。二是由官紳或本省官立、私立各學堂保送。「粵省官自現任知縣以上，紳自京職中書，外官知府以上」皆可保送遊學生。（四）考試：兩廣學務處組織考試，按成績將學生分為三等：「第一等，精通本國文學、外國文曾學三年以上、普通各學完全者；第二等，本國文理明暢，外國文曾學一年以上，普通各學粗完者；第三等，未學過外國文，普通學亦不完全，而本國文學頗憂，聰明材力足以造就者。」按成績優劣並考察品行、心術後，由兩廣學務處決定各學生的留學國家、學習專業、留學學校及留學年限。（五）回國後應為本省服務，工作年限以留學年限為準，一般為五年。〔註49〕章程公佈後，共有 200 餘人報名應考。〔註50〕經初試考試及

〔註47〕劉真、王煥琛：《留學教育──中國留學教育史料（第一冊）》，臺北：國立編譯館出版，1980 年，第 286～290 頁。

〔註48〕根據癸卯學制規定，各省分別於 1906 年前後設立了學務處主持新式學務事宜。兩廣總督岑春煊於 1903 年底設立了兩廣學務處。兩廣學務處為培養地方興學令各廳州縣創辦新式學堂，此外，為了培養學堂師資力量和管理人才，兩廣務處還有計劃地分批選派留學生和官紳赴日本、歐美留學或遊歷。

〔註49〕《兩廣學務處擬請選派學生遊學詳文》，《東方雜誌》，第 1 年第 1 期。

復試後，兩廣學務處最後確定錄取 26 人。此外，兩廣學務處還免試保送 21 名學生。這批留學生人數共錄取 47 名。經體檢後，除 1 名患肺病不合格外，其餘 46 名分別派往日本（22 名）、美國（15 名）、英國（6 名）、德國（2 名）、法國（1 名）。〔註 51〕

　　1905 年初，兩廣總督岑春煊爲了培養各學堂教師提議設立遊學預備科考選學生留學。隨後兩廣學務處開始籌辦兩廣遊學預備科。6 月，兩廣學務處擬定《兩廣遊學預備館招考章程》，計劃招收 180 名十八歲以上三十歲以下的身體無疾病、耐勞苦、文理優長、經史諸子各學均經涉獵、志趣平和純正、甘心從事教育的學生入館學習。學習兩年後，按程度高低選派 120 名左右入日本高等師範學堂本科留學。〔註 52〕兩廣遊學預備科設立的主要目的是學習日本高等師範學校預科課程。11 月，經考試後兩廣學務處錄取學生 200 名（包括正取生 172 名，備取生 28 名）。〔註 53〕

　　據參加過這次考試的廣州府中學學生黎照寰〔註 54〕回憶，1905 年夏，兩廣遊學預備科館在廣州貢院招考新生，兩廣學務處要求廣東、廣西兩省各府、州、縣轉知，不論私立、公立、國立學堂均可選送考生應試。當時科舉雖然已經定期遞減，許多考生認爲此次應試相當於選拔舉人，感到興致勃勃。考場的形式布置隆重，監考也特別嚴格，令人望而肅敬，進場散考都以鳴鼓爲號，完卷者親自向主考交卷。考試進行了三天，共考六場，考試科目分爲國文、英語、算術、史地、理化、體格（當時檢查身體並無醫生，只是按照片查對學生面貌，並問自覺有何疾病）。考場上考生不到五百人，且沒有女性考生。考完十天後，成績放榜於總督衙門前壁。這些考生「爲遊學而爭取預備，爲名利而期望遊學」，一些考中的學生自以爲「新中舉人」，慶賀相歡。被錄取的學生絕大多數來自廣東，只有 5 人來自廣西，廣東的學生則絕大多數是來自廣州府的高等學堂和中等學堂，來自學堂外的學生大約不及百分之十。學生年齡大部份爲十八歲至二十九歲。學生進館學習不交任何費用，每月考試成績平均在 75 分以上者還可領受獎金 1 至 10 元。這些學生按錄取名次分班，前 60 名在甲班，次 60 名在乙班，後 60 名在丙班。學習二年至三年後，

〔註 50〕　《報考遊學之人數》，《嶺東日報》，1904 年 4 月 14 日。
〔註 51〕　《兩廣學務處選派出洋遊學生詳文》，《嶺東日報》，1904 年 7 月 9 日。
〔註 52〕　《招考遊學預備科章程》，《嶺東日報》，1905 年 6 月 23 日。
〔註 53〕　《遊學預備科榜之揭曉》，《嶺東日報》，1905 年 11 月 13 日。
〔註 54〕　黎照寰參加了當年的遊學預備館考試，得第十七名，被錄取。

甲班生派赴日本東京高師或帝大，乙班生派赴日本西京師範或高專，丙班生派赴日本遊歷三個月至半年。回國後，經過甄別，甲班生派往廣東、廣西兩省各大學任領導或教職員，乙班生派往省、府、州的師範學堂任領導或教職員，而丙班生則在各縣學堂擔任掌管專職併兼教務。〔註55〕教師是日本人或曾經留學日本的中國人。教授日文的是一名年輕日本教師牧田先生，教授理化及圖畫的是日本年長的龜原先生，教授體操的是日本退休軍官中村先生，還有兩名翻譯陸露沙和胡敦復也都曾留學日本。1906 年初，學部調整留學政策，限制各省設立遊學預備館。兩廣遊學預備館開辦不到一年便與廣州譯學館合併改爲兩廣方言館。

此外，1904 年 8 月，廣東考送 62 名官紳赴日研習法政、師範和警察各門學科。〔註56〕1905 年初，清廷令各省地方官員自籌經費考選留學生赴日本法政速成科學習。1905 年 11 月底，廣東省首批 40 名出洋遊歷士紳赴日留學。〔註57〕

自清末新政實施以來，廣東留日學生人數逐年增加。據統計，1901 年，全國留日學生 274 人，其中廣東留日學生 23 人；1902 年，全國 570 多人，廣東 60 人；1904 年，全國 2400 多人，廣東 175 人；1906 年，全國 13,000 人，廣東 263 人。〔註58〕1908 年 9 月至 1911 年 7 月，據清政府官方統計的留學人數，廣東得留學日本證書的學生共 200 人，其中自費生 133 人，公費生 67 人。1911 年至 1913 年廣東留日畢業生約 77 人。〔註59〕

小　結

清末新式學堂的建立及師資的培養從一開始就依賴於外國，而派遣留學生是學習外國文明最有效的途徑之一。晚清留學教育基本上是培養辦理洋務及新政專門人才的高等教育。

〔註55〕 黎照寰：《兩廣遊學預備科館》，中國人民政治協商會議全國委員會文史資料委員會：《文史資料存稿選編 教育》，北京：中國文史出版社，2002 年。
〔註56〕 《法政速成科之近聞》，《嶺東日報》，1904 年 10 月 29 日。
〔註57〕 《護送紳士赴東遊歷》，《嶺東日報》，1905 年 11 月 17 日。
〔註58〕 李喜所：《清末留日學生人數小考》，李喜所：《中國留學史論稿》，北京：中華書局，2007 年，第 248～253 頁。
〔註59〕 劉眞、王煥琛：《留學教育——中國留學教育史料（第一冊）》，臺北：國立編譯館出版，1980 年，根據第 429～582 頁材料統計。

　　清末大批廣東籍幼童留學美國，是廣東留學教育史上的一大特色。總的來講，清末留學教育以日本為導向，無論中央還是地方，都大力倡導留學日本。而日本為了達到影響中國的目的，也欣然接受中國留學生。留學日本成為一種潮流。「自科舉既廢，吾國政界、軍界、學界，莫不取材於留學生。遊學一途，實為今日登仕版躋政位之終南捷徑，將來官吏，即今日之留學生」，「人莫知遊學之重要，遠涉重洋者，不覺其苦，反以為榮。」〔註60〕清末廣東留學日本也比留學其它國家更有計劃，不僅設立了專門的遊學預備館，還有目的地派遣官紳、學生赴日考察、留學，這都反映了當時中國模仿日本以求自強圖生存的急切需求。

〔註60〕　《青年會與留學生之關係》，《東方雜誌》，第 14 卷 9 號。

第二章　北洋政府時期廣東的留學教育

第一節　北洋政府時期廣東留學教育概況

　　辛亥革命爆發，中華民國建立，孫中山讓位於袁世凱，之後的近 15 年間，主宰北京中央政局的都是北洋系各實力派代表，史稱「北洋時期」。民國成立後的最初 5 年，袁世凱以其個人聲望和地位維持著國家表面上的統一。1916 年，袁世凱死後，北洋軍閥各自爲政，中央政府權力薄弱。廣東是革命的策源地，1917 年的護法運動更增強了其對中央政府的離心力，促使其與北方政權分庭抗衡。以孫中山爲首的護法軍政府在廣州成立，形成了一個國家、兩個國會、兩個政府的特殊局面。

　　縱觀全國的留學教育，民國成立之初，教育部規定，派遣留學生需經各省初試、教育部復試，並統一派遣。隨著地方勢力的增長，這種留學生派遣方式不斷遭到地方各省的反對。1920 年，全國教育聯合會第六次會議提出決議案，指出「際此地方自治潮流日趨澎湃，區區派遣遊學之事，何必集權中央，致滋疑謗。應請大部將派遣遊學全權，還之各省自理」，〔註 1〕要求教育部將留學生派遣的權力轉交給各省地方政府。地方政府在留學生選派及管理等事務上有很大的自主性，中央政府只是在形式上保留著對留學教育的審核、監督及備案等權利。由於各地軍閥之間的混戰，各省財政常常陷入困境，留學經費經常被拖欠，以至於留學生「窮困潦倒，流落海外」。留學生束手無策，甚至不得已辭職回國。受國內軍閥割據局面及第一次世界大戰的影響，

〔註 1〕 《事件》，《教育雜誌》，第 12 卷第 12 號。

留學經費短缺問題始終困繞著各省的出國留學生教育，中國留學教育在黑暗動亂中艱難發展。

一、北洋政府時期廣東公費留學生

（一）稽勳局留學生

民國成立後，孫中山、黃興等南京臨時政府領導人很重視留學生的派遣工作。針對一些革命黨青年提出出國深造的要求，臨時稽勳局局長馮自由呈請大總統派送革命有功人員赴東西洋各國留學。孫中山很快批准了這個請求。

1912 年 10 月，財政部撥款 2.5 萬元經費作爲留學生川資及治裝費，資助第一期 25 名稽勳局留學生從上海出發，奔赴各國留學。這一批學生中有廣東學生 16 人，姓名、留學國家及所習專業分別是：張競生赴法學習文科，馮偉赴英學習路礦，曾廣智赴美學習路礦，蕭友梅赴德學習教育學，饒如焚赴日學習法科，劉鞠可赴美學習路礦建築工程，黃芸蘇留美學習文學與群學，趙昱赴美學習政治學，鄺輝、余森赴美學習機械，何超、何建南、鄒卓然、彭砥、李文彬、何春田赴日學習文科。〔註2〕

1913 年 7 月，稽勳局第二期 26 名學生出國。〔註3〕針對稽勳局派遣革命青年出國留學的做法，廣東教育界有人對此提出批評，認爲這是「籍留學美名濫用公款」，指出這些留學生英文程度差且多數在美國「結匪招群、圖謀做逆」，完全不具備遊學資格，應立即停派此類公費生，而招考可直接入美國大學專科的學生補其學額，「以免將有用公款而養爲後患之逆匪」。〔註4〕11 月，財政總長、教育總長以財政經費緊缺爲由，聯合懇請大總統緩派臨時稽勳局第三期出洋留學生。他們認爲臨時稽勳局派送留學生數額不定，且這些留學經費未能列入預算，「各項費用均繫臨時追加，而此次派遣人數較多，需款較巨，值此財政支絀，實行減政之際，籌措既屬不易，追加亦覺爲難，加以各生程度參差不一，設非酌予限制，則派遣之後必至

〔註2〕 《稽勳局選派留學生》，《教育雜誌》，第 4 卷第 8 號。
〔註3〕 劉眞、王煥琛：《留學教育——中國留學教育史料》（第三冊），臺北：國立編譯館出版，1980 年，第 989 頁。
〔註4〕 《廣東民政長公函駐美外交代表請查明廣東官費留美學生情形文》，《廣東教育公報》，1913 年 10 月 17 日。

曠日持久，成效難期」。〔註5〕在各方輿論的壓力下，稽勳局選送的第三期 66 名留學生未能成行。

稽勳局留學生是民國建立後最早的官派留學生，其中廣東省人數較多。此後的幾年時間裏，中央教育部重在對以往留學教育的整頓，廣東省也相應加強了對本省留學生的管理。

（二）公費生整頓

中華民國成立後，新政府在短期內制訂了各種政策。在留學教育方面，教育部加強了對原有留學制度的修訂。1913 年 10 月，教育部令各省暫停派遣東西洋各國留學生，停派原因是各留學生程度參差不齊且留學經費嚴重困難。

> 查光復以來，各省紛紛派遣學生往東西洋各國留學，人數既多，程度參差不一，以致派往各國，非特不能逕行考入專門學校，並須預備言語及普通等學，需時久而成效少。青年好學，固不乏其人，而其中或以學術未窺門徑，興味淺薄，或為外物所誘，頓入歧途，關係學風，良非淺顯。且派遣學生，須有可恃之財源，目前財政困難已達極點，東西洋各使署，每因學費停彙，馳電告急。內無接濟，外難借貸，致管理者無術應付，紛擾情形，屢見迭出，已屬不可收拾；此種辦法，既紊國家之財政，亦有失育才之本意，即使借款可行，賴以敷衍，而枝枝節節，亦復貽笑外人。此後務請飭司停止續派萬勿再踏前轍，是為至要。〔註6〕

從上述描述中可知，民國成立之初，留學生資格限制不嚴，留學生出國後臨時學習語言及專業科目，不能直接進入國外專門學校學習，且學風不佳，學生往往誤入歧途。而且，當時全國財政極度困難，無暇顧及留學經費，教育部需要時間對留學教育進行整頓。

1914 年開始，教育部開始著手製定新的留學政策。6 月，教育部要求各省呈報公費留學生數額及存記生人數，詳情如下表：

〔註5〕 《財政總長熊希齡、教育總長汪大燮呈大總統擬懇緩派臨時稽勳局咨送第三期出洋留學生以紓財力請鑒核示遵文並批》，《廣東教育公報》，1913 年 11 月 7 日。

〔註6〕 劉真、王煥琛：《留學教育——中國留學教育史料（第三冊）》，臺北：國立編譯館出版，1980 年，第 1000 頁。

表 2.1：各省報教育部留學公費生數額及存記生人數表〔註7〕

省　別	定　額		存　記		總　計
	歐美	日	歐美	日	
浙江	20	120	18	3	161
湖南	25	96	19	15	155
江蘇	25	60	29	40	154
四川	17	87	14	21	139
廣東	30	81	11	2	124
江西	21	93	4	5	123
奉天	38	72	8	0	118
湖北	22	71	2	2	97
福建	10	60	12	1	83
山東	15	62	2	2	81
陝西	8	60	0	0	68
直隸	12	38	3	0	53
山西	12	36	2	1	51
雲南	17	27	1	0	45
吉林	9	35	0	0	44
安徽	12	19	6	0	37
河南	12	14	4	2	32
貴州	0	22	0	5	27
廣西	3	15	0	0	18
甘肅	1	6	1	0	8
黑龍江	0	1	0	0	1
總計	309	1075	136	99	1619

　　7月，教育部制定了《各省官費留學生缺額補選規程》，規定各省留學官費生定額以6月份各省核定額數為準，此後各省按固定額數撥給公費生留學費用，各省巡按使在遇有缺額時應咨陳教育總長進行選補。留學生學習的科目可自由選擇，「所學科目均任各省自由選擇，不盡與國內需要情形相應」。

〔註7〕 教育部：《教育部行政紀要（自民國元年四月至民國四年十二月）》，臺北：文
　　　　海出版社，1986年，第151～152頁。

〔註 8〕此外，各省原有的津貼生也逐漸轉爲公費生，教育部「先後與各省咨商，將此項非全費之學生分別盡先頂補足，或列入額外，所有減成發費，各省亦經本部咨據各學生稟陳困難情形轉商辦理，現已均歸劃一」。〔註 9〕

9 月，教育部令各省巡按使查明本省留學公費生的缺額人數。〔註 10〕據留學生經理員報告，當時廣東留日公費生有 149 名，留美公費生 42 名，留英公費生 12 名，留法公費生 4 名。而廣東省留歐美學生定額爲 30 名，留日學生定額爲 81 名。留學日本公費生名額已多出定額 68 名，歐美各國公費生名額多出定額 29 名。〔註 11〕因而，在以後的幾年中，廣東留學各國公費生派遣人數有所減少。

12 月，教育部總結了以往的留學教育弊端，制定出《整理教育方案（草案）》。教育部認爲，晚清留學教育「一誤於選派時無一定之方針，再誤於回國時以考試爲榮典。始基不愼則所供不足以應求，取士無方斯所學仍歸於無用」，決定改定選送方法，令「各省遊學經費每歲劃出若干，並定東西洋遊學定額若干，各有缺額者，一律由部選送。選送目的有二，一視全國何項人才缺乏而選送之。一視地方特別情形，爲欲增加某項人才而選送之。學成之後，要宜各得其用，不可徒導其獵官，尤不可以豢養爲事，使之志情習氣，寂然無所聞見於世」。〔註 12〕這一方案是對北洋政府初期留學教育整頓的書面總括，對留學經費、名額及選派方式都有詳細規定，強調留學生派遣要結合地方實際情形，旨在提高留學教育質量，同時也加強了教育部對整個留學教育的宏觀控制。

1916 年，在一系列調整基礎上，教育部制定了《選派留學外國學生規程》，這個章程是北洋政府制定的第一個完整的留學教育規程。主要內容包括：

（一）留學生資格：教育總長認爲必要時，從下列各項人員中選派留學

〔註 8〕《教育部公佈 1916 年至 1918 年全國留學概況（1918 年）》，中國第二歷史檔案館：《中華民國史檔案資料彙編》（第三輯 教育），南京：江蘇古籍出版社，1991 年，第 612 頁。

〔註 9〕教育部：《教育部行政紀要（自民國元年四月至民國四年十二月）》，臺北：文海出版社，1986 年，第 153 頁。

〔註 10〕《教育部咨直隸山東山西河南湖南湖北浙江福建江蘇安徽江西廣東廣西四川雲南州貴陝西甘肅奉天吉林等省巡按使查明留學官費生定額中缺額人數即迅報部文》，《廣東教育公報》，1914 年 9 月 22 日。

〔註 11〕《巡按使咨陳教育部准咨查明本省留學歐美日本各學生有無缺額》，《廣東教育公報》，第二年第十一期。

〔註 12〕朱有瓛：《中國近代學制史料》（第三輯 上），上海：華東師範大學出版社，1987 年，第 41 頁。

外國學生研究必需留學外國之學術技藝。第一，曾任本國大學教授或助教授繼續至二年以上者；第二，曾任本國專門學校高等師範學校教授繼續至二年以上者；第三，曾經留學外國大學高等專門學校、高等師範學校本科畢業者；第四，本國大學本科畢業生；第五，本國專門學校高等師範學校本科畢業生。

（二）留學生考選：學生以考試選撥，第一試由各省行政長官負責，考試科目爲國文和外國文，第二試由教育部舉行，考試科目爲國文、外國文、口試，同時要調驗以往研究著述和學業成績。第一試合格學生的試卷由省行政長官送教育部覆核。每屆選派學生人數、留學地方、留學年限、研究科目由教育部議定。選派學生人數仍以 1914 年 6 月各省咨報教育部備案的留學生名額爲限。〔註 13〕

這個章程規定了公費生資格，確定了公費留學生仍以各省派遣爲主，同時肯定了教育部的監管地位，而對留學生所習學科未作具體規定。

1917 年起，北洋政府開始按章程選派公費留學生，先由各省進行第一試，然後由教育部進行第二試。〔註 14〕這一年，各省留學生人數較以前有所擴充，但多數是在 1914 年確定的留學生定額基礎上的上下浮動。〔註 15〕

然而，留學界的混亂狀態並未得到解決。各省留學經費也常常因爲國內局勢惡劣而不到位。以留美公費學生的經費爲例，「民六以前，各處尚能按期匯款，有時遲彙，留學監督輒向美商轉借，以濟眉急，官費到後，再行撥還」、「民八以來，大局日非，各省不解貸者愈多」、「民十夏季以後，官費生境況眞可謂艱難」、「因無學費而不能入學者有之，因無宿費而被驅逐者有之。其飢寒流離，狀至可憐」、「留學監督束手無策，函電紛馳，政府不惟不能寄款，即一電亦往往不復也。各處官費生因向監督催款之故，皆有團體組織」、「有時學生因窘迫太甚，索款不得，與監督大起衝突，結果亦不過大鬧一番，終無由以得款也」。〔註 16〕1920 年，傅斯年這樣對胡適形容留學教育界的狀況：「留學界的情形，據我在這幾個月中所見的而論，不使人滿意的地方很多。

〔註 13〕《教育部公佈選派留學外國學生規程令（1916 年 10 月 18 日）》、《中華民國史檔案資料彙編》（第三輯 教育），南京：江蘇古籍出版社，1991 年，第 598～603 頁。

〔註 14〕《選派留學外國學生規程》，陳學恂、田正平：《中國近代教育史資料彙編‧留學教育》，上海：上海教育出版社，2007 年，第 78～81 頁。

〔註 15〕《本年應派留學人數》，《教育雜誌》，第 9 卷第 2 號。

〔註 16〕《留美官費生之呼籲》，《教育雜誌》，第 17 卷 6 號。

求速效，急名利，忽忘學業，幾乎是一種最普及的現象。不濟的不消說，即所謂人才者，也每每成 politician 與 journalist 之『一而二，二而一』的人格。」〔註17〕還有人批評政府選派留學生「派遣無意識（奉行故事）、選擇無標準（濫竽充數）、考績無方法（學行惡劣）、任用無誠心（人才墮落）」，而留學生則「預備不成熟而徒騖虛名、志行不堅定而任意擇業、缺乏團體的精神與組織、不考察國內社會的事情」。〔註18〕這說明當時學生留學目的不甚明確，留學生考選無嚴格標準，學生留學回國後，往往徒有虛名。而各省留學經費的嚴重拖欠，也致使在外學子不能安心向學。

由於留學經費積欠嚴重，1921 年，教育部要求積欠留學經費太多的廣東、福建、湖南、四川、江蘇、陝西六省暫停選派留學生。1923 年初，教育部以「留學各國官費生，多有中途回國或轉學不定，畢業無期，延稽時日，漫無限制」爲由，對公費留學生留學年限作出限制，規定「凡派補留學官費生，均以六年爲限，期滿即由各本省匯寄川資，停止學費」。〔註19〕12 月，鑒於大多數省拖欠留學費用，教育部令各省於 1924 年暫停選派留學生。〔註20〕教育部多次對留學生派遣的叫停，充分說明了當時留學經費積欠很嚴重。1924 年，廣東省留學經費積欠達數月，廣東留學東西洋學生生活困苦異常，多次請教育廳迅速匯款接濟。經教育廳與財政廳交涉，廣東財政廳准予於 4 月 15 日匯寄發給廣東省留日學生經費約五千元，並承諾盡快匯寄廣東省留西洋學生經費。〔註21〕爲了保障廣東省在東西洋留學學生的經費，廣東省留日學生及歐美留學生還特別組織了留學生經費維持會，由留東同學會、歐美同學會、教育廳、財政廳分別舉出代表一人充任該會委員。〔註22〕

綜上，北洋政府初期，除特殊的稽勳局留學生派遣之外，廣東公費生管理基本是在教育部制定留學方案的基礎上做出相應調整。這一時期廣東留學教育最突出的問題是，國內政局不穩，留學經費不足，留學生在國外難於專心學業。

〔註17〕 傅斯年：《致胡適》，歐陽哲生編：《傅斯年全集》（第七卷），長沙：湖南教育出版社，2003 年，第 13 頁。

〔註18〕 萬兆芝：《解決留學問題之方法》，《北京高師教育叢刊》，第 1 卷第 4 期。

〔註19〕 《教育部對官費留學生肄業年限等做出規定》，《申報》，1923 年 1 月 23 日。

〔註20〕 《暫停選派留學生之省令》，《申報》，1923 年 12 月 20 日。

〔註21〕 《發給留學生費》，《廣州民國日報》，1924 年 4 月 15 日。

〔註22〕 《留學費維持會》，《廣州民國日報》，1924 年 4 月 30 日。

二、北洋政府時期廣東自費留學生

國內高等學校難以滿足青年學子高質量的求學願望，出國留學後則能有較好的社會地位，許多學生擁有出國留學的夢想。而公費留學名額顯然只能滿足少數人的需要，更多的學生出國留學必須設法自籌經費。

民初，教育部對留學生的管理調整主要是針對公費生。對自費生的管理手段相對簡單，主要是通過發給留學證書和補選公費生名額兩種方式。1924 年，教育部頒佈了《管理自費留學生規程》，主要內容爲：（一）留學資格：中等以上學校畢業者，或辦理教育事務二年以上者。（二）領取留學證書：自費留學生均需領取留學證書，並於抵達留學國後向辦理學務機關呈驗報到。（三）留學生管理：自費生在學期間，考試成績優異者，經教育部查核後，給予褒獎。教育部認爲合格的自費生在畢業回國後，享受與公費生相同的待遇，通過提高自費留學生資格及領取留學證書政策，來加強對自費留學的管理。〔註 23〕

根據北洋政府時期《教育公報》記載的核准自費學生的名單，1919 年至1925 年的自費留學生情況統計如下表：

表 2.2：1919 年至 1925 年教育部核准的自費留學生人數統計表〔註 24〕

年　份	全國人數	廣東人數	廣東所佔比例
1919 年	94	19	20.21%
1920 年	167	32	19.16%
1921 年	30	7	23.33%
1922 年	76	11	14.47%
1923 年	68	8	11.76%
1924 年	280	20	7.14%
1925 年	127	14	11.02%

以上數據只是對當時留學人數比例的粗略比較，還不能確定自費留學生的總人數。中國留日學生不需要領取留學證書，也無需護照。日本許多學校

〔註 23〕 《選派留學外國學生規程》，陳學恂、田正平：中國近代教育史資料彙編·留學教育》，上海人民出版社，1991 年，第 75～79 頁。

〔註 24〕 劉眞、王煥琛：《留學教育——中國留學教育史料（第三冊）》，臺北：國立編譯館出版，1981 年，第 1573～1647 頁。

只要考試合格，無需政府證件即可入學。因此，政府很難準確地統計眾多自費留日學生的動向。

三、北洋政府時期廣東留學教育經費

　　民國建立之初，廣東省政府很重視留學教育，廣東留學教育經費充足，約占全部教育資金的二分之一。〔註25〕而整個北洋政府時期，僅1921年由胡漢民、陳炯明主粵時教育經費比較充裕。1913年至1916年，龍濟光主粵時，他僅上繳給袁世凱復辟帝制之活動經費一項，每年就達300餘萬元之巨。1916年至1920年，桂系軍閥莫榮廷主粵時，軍費開支亦極其龐大，致使教育經費每年決算只有三四十萬元，而軍費開支，1914年高達1102萬元，1917年為1371萬元，1918、1919年為2725萬元。〔註26〕1921年4、5月間，前來廣州講學的美國教育家杜威感歎，廣東「教育經費受軍費影響，時時裁減，造成教育事業的不發達。」〔註27〕鑑於這種教育經費緊缺的狀況，廣東省的留學經費更是常常被拖欠。這種局面直到南京國民政府成立以後才得以緩解。

表2.3：1912年至1921年廣東省教育經費預算決算表（單位：萬元）〔註28〕

年　　度	預　　算	決　　算
1912 年	61.0218	90.0788
1913 年	91.4811	44.0255
1914 年	78.9665	43.0668
1915 年	58.6481	37.9412
1916 年	56.2850	41.0252
1917 年	87.8190	38.6445
1918 年	85.2589	38.2480
1919 年	104.2126	44.6151

〔註25〕　《本司函覆上海廣學會美國人麥繼雷函詢廣東教育狀況》，《廣東教育公報》，1913年4月28日。

〔註26〕　何國華：《民國時期的教育》，廣州：廣東人民出版社，1996年，第34～35頁。

〔註27〕　杜威：《南遊心影》，《上海民國日報》，1921年6月22日。

〔註28〕　何國華：《民國時期的教育》，廣州：廣東人民出版社，1996年，第35頁。

年　　度	預　　算	決　　算
1920 年	168.8861	72.3450（1920 年 7 月至 1921 年 4 月）
1921 年	153.6818	111.4717

第二節　北洋政府時期廣東學生留美

一、北洋政府時期廣東學生留美概況

（一）留美學生經費

　　民國成立之初，中央政府沒有派遣專門的留學生管理人員，留美學生事務由各省委託駐美使署兼管。不久，駐美使署稱留美人數眾多，兼管學務困難重重，要求遣派專員進行管理。1913 年 9 月，教育部派黃鼎爲駐美留學生經理員，各省可自願選擇委託經理員辦理留美事務。各省除將以往彙往外交使署的經費付給教育部充當辦公費用，還需按期將各省留學生學費彙給駐美留學生經理員。1916 年，教育部制定《管理留美事務規程》，改設留美學生監督，規定由留美學生監督管理教育部及各省所派留美學生事務，各省公費生的學費由各省按季匯寄給留美學生監督。

　　北洋政府初期，廣東省的留學經費基本正常。根據派遣留美學生的數量，廣東省每年分期匯寄公費學生學費。1914 年上半年，廣東省留美公費生 42 名，其中全費生 36 名，每名每月經費八十美元，全年需支取三萬四千五百六十美元；半費生 6 名，每名每月經費四十美元，全年需支取二千八百八十美元，總計應支三萬七千四百四十美元。〔註29〕1914 年下半年，廣東留美公費生共 44 名，其中全費生 39 名，半費生 5 名，當年應付學費一萬九千九百二十美元，折合大洋四萬六千五百七十八元七角一分，於 7 月 15 日由滙豐銀行彙交駐美公使。〔註30〕1914 年 8 月，駐美留學生監督兼各省留學事務經理員黃鼎公佈了廣東省留學經費收支清單，詳情如下：（一）收入：美金三萬九千五百九十七元五角，包括前任公使移交美金二百七十七元五角、1913 年 7 月 3 日廣東

〔註29〕　《巡按使咨覆教育部粵省現存留美學生姓名學費款項》，《廣東教育公報》，1914 年 9 月 19 日。

〔註30〕　《巡按使咨覆教育部電催速彙留美冬季學費》，《廣東教育公報》，1914 年 8 月 31 日。

匯款美金一萬七千四百八十元及 1914 年 12 月 10 日廣東匯款美金二萬一千八百四十元。(二)支出:電報費美金四十三元九角二分,學生學費美金三萬五千三百七十元,其中 1913 年下半年 45 名公費學生學費美金一萬四千五百二十元,1914 年上半年 46 名公費學生學費美金二萬零八百五十元。(三)結餘:美金四千一百八十三元零五角八分。〔註31〕1918 年 3 月,廣東省將當年上半年留美公費生學費一萬三千六百八十元委託沙面臺灣銀行匯給駐美留學生監督。〔註32〕

　　留美公費學生學費也受政局變化的影響。1924 年 11 月,留美學生監督稱,粵省公費生學款積欠甚多,不能繼續學業,學生不得不打工自助。但美國制訂的新移民律限制留美學生工作,若不迅速設法撥款接濟,恐被逐出境,有失國家禮面,請速電匯二萬元接濟。廣東省即令財廳匯款項接濟留美公費生。〔註33〕但仍有一些廣東學生不能按時領取公費。廣東公費生雷通群在 1920 年至 1927 年七年的留學時間裏只領取過一年的學費。雷通群 1914 年於日本東京師範學校畢業,回國後在北京教育部工作,1920 年 7 月由北京教育部免試派補廣東省留美學額赴美留學六年。廣東省公署除發給他留學川資、治裝費八百元外,還允諾每年發給學費美金一千二百元。然而,雷通群在美留學期內,廣東省公署除了曾直接匯過 1921 年下半年及 1922 年上半年共計學費共美金一千二百元外,「其後各年雖屢接歷任省長公函,允飭財廳直匯,而究未曾發」,以至於在美借債求學多年。直至 1937 年 2 月,任中山大學教授的雷通群,請求補發留美六年學費。〔註34〕經核查屬實,教育部請省政府查明核辦。〔註35〕3 月,廣東省政府令財政廳核實補辦。〔註36〕

〔註31〕　《巡按使咨駐美留學生監督黃鼎呈報留學經費四柱清冊》,《廣東教育公報》,1914 年 8 月 7 日。
〔註32〕　《廣東省長咨第一零零號咨教育部駐美公使財政廳呈報本年上半年留美學費已如數電匯由》,《廣東教育公報》,1918 年 3 月 9 日。
〔註33〕　《撥款接濟留美公費生》,《廣州民國日報》,1924 年 11 月 20 日。
〔註34〕　《前留美學生雷通群呈教育部請咨廣東省政府轉飭財廳補發留美墊用經費(民國二十六年二月二十日)》,林清芬:《抗戰時期我國留學教育史料——各省考選留學生(一)》,臺北:國史館,1994 年,第 153～155 頁。
〔註35〕　《教育部咨廣東省政府據雷通群呈請查案轉咨補發留學費用等情查辦(民國二十六年二月二十五日)》,林清芬:《抗戰時期我國留學教育史料——各省考選留學生(一)》,臺北:國史館,1994 年,第 155～156 頁。
〔註36〕　《廣東省咨覆教育部雷通群呈請查案轉咨補發留學費用一案已令財政廳並案核辦具報(民國二十六年三月十三日)》,林清芬:《抗戰時期我國留學教育史料——各省考選留學生(一)》,臺北:國史館,1994 年,第 156～157 頁。

（二）留美學生派遣及學業、生活狀況

民國政府建立以來，除了接管清末留美學生、接濟自費生外，廣東省還重新派遣了公費學生赴美留學。1913 年，廣東省給予 7 名留美自費生公費補助，並新派 2 名公費生赴美。〔註37〕香山縣留美自費女生楊惠基於 1912 年 2 月赴美學習，1913 年因家道中落導致留學經費困難，她請求廣東教育司補入公費名額。鑒於楊惠基已入大學，且與補費資格相符，為避免中途輟學，廣東省民政長函覆駐美使署，在遇到有公費缺額時可核准補給該生公費。〔註38〕受公費生名額及經費的限制，自費生補為公費生存在一定困難，廣東自費留學生榮伯南就沒能順利補為公費生。榮伯南自幼留學美國，在美國中學畢業後考入美國耶魯大學，1915 年 8 月因家道清寒請求選補公費缺額。駐美公使調查認為該學生品行端正、志趣純正，且受過完備的美國各級學校教育，屬可造之材，提議選補公費生缺額。恰逢當年廣東省有兩名公費生於畢業回國，駐美公使認為榮伯南可補選廣東公費生缺額。而廣東巡按使以粵省財政支絀、難籌學款為由，拒絕補入。〔註39〕

1917 年，孫中山在廣東建立中華民國軍政府，廣東省留學教育管理也相對獨立。1919 年 6 月，廣東省特減收赴美護照費用，「現在我粵在自主時期」，「為鼓勵教育、便利商旅起見」，將赴美經商遊歷護照費每張徵收四十六元改為二十五元。〔註40〕

此外，還有在美國開辦的學校專門招收廣東籍學生。1913 年，美國華盛頓一所專為中國留美學生而設的學校在廣東招生。年齡在十二歲至十六歲、具有中學程度的學生均可報考，考取後學習年限為三年，畢業後可入美國公立中學學習。留學費用包括第一學年約四百二十五美金，第二、三學年各約四百美金，赴美費用共約一百二十二元五角美金及四十六中國銀元。學生根據招生簡章可自願到廣東省教育司報名考試。據悉，該校是專為中國青年開辦的，為進入美國公立中學的預備學校，設立的課程有英文、算術、歷史、

〔註37〕 《都督兼民政長函覆駐美代辦使事函請補給留美自費女生楊惠基公費》，《廣東教育公報》，1913 年 8 月 30 日。

〔註38〕 《都督兼民政長函覆駐美代辦使事函請補給留美自費女生楊惠基公費》，《廣東教育公報》，1913 年 8 月 30 日。

〔註39〕 《巡按使第七八號咨陳教育部據駐美公使請將考入耶路大學生榮柏南補官費》，《廣東教育公報》，1915 年 9 月 2 日。

〔註40〕 《特派廣東交涉員布告赴美人等知悉減收照費數目文》，《廣東教育公報》，1919 年 6 月 4 日。

地理、理科、體操等，凡美國中學校考試所需預備的學科均一律教授，每星期還學十小時中文。還專門學習美國人士日常生活習慣及交際禮儀，並參觀各大學高等學校博物館及各著名工廠等。教員為富有教學經驗且熱心中國教育的人，中國文教員則由廣東教育司派委或推薦。〔註41〕

留學美國的廣東學生大都能刻苦學習，不少取得了美國大學的學位。1914年，8名廣東學生畢業於美國哥倫比亞大學，並獲得學位，分別是：唐榮禮獲哲學碩士學位、譚槐獲工科學士學位、陳延壽獲化學工程學士學位、陳耀榮獲政治碩士學位、王啟明獲教育碩士學位、陳兆錕獲理財博士學位、王觀英獲政治碩士學位。〔註42〕此外，根據教育部檔案室資料，1916～1920年廣東省留美學生名單如下：

表2.4：1916年廣東留美畢業生人數表

姓　　名	年　　齡	籍　　貫	費　　別	到美日期	學業狀況
黃樹政	26歲	廣東新寧	廣東官費	1907年	學習九年，獲得法學碩士、博士學位。
徐甘棠	37歲	廣東花縣	廣東官費	1907年10月	學習五年，獲俄亥俄大學理學學士學位及西北大學數學碩士學位。
孫　科	26歲	廣東香山	自費	1912年8月	學習五年，獲加利福尼亞大學商科學士學位及哥倫比亞大學商科碩士學位。
吳有節	28歲	廣東開平	廣東省費	1912年8月	學習五年，獲文學學士學位及教育碩士學位
張　鑾	29歲	廣東番禺	廣東省費	1912年8月	學習五年半，獲伊利諾大學工學學士及工學碩士學位。
廖奉恩	24歲	廣東番禺	廣東省費	1912年8月	學習五年，獲哲學學士及教育碩士學位。
岑肇元	28歲	廣東永縣	廣東省費	1909年8月	學習六年，獲伊利諾大學化學碩士學位

〔註41〕　《本司會同外交司布告美國華盛頓學校招生（附簡章）》，《廣東教育公報》，1913年4月8日。
〔註42〕　《1914年中國留美學界之新人才》，《廣東教育公報》，第二年第七期。

姓　名	年　齡	籍　貫	費　別	到美日期	學業狀況
吳　瑩	28 歲	廣東平遠	廣東官費	1912 年 9 月	學習四年，獲伊利諾大學商科學士學位
陳廷均	24 歲	廣東新會	廣東官費	1912 年 9 月	學習四年，獲得威斯康辛大學政治學學士學位及普林斯頓大學財政碩士學位
鄺英傑	29 歲	廣東新寧	廣東官費	1912 年 9 月	學習四年，獲哥倫比亞大學採礦冶金科及應用地質學科碩士學位
梁朝玉	28 歲	廣東高要	廣東官費	1912 年 9 月	學習四年，獲康奈爾大學土木工程學士學位及碩士學位
何家焯	25 歲	廣東順德	廣東官費	1912 年	學習四年，獲紐約大學商務理財學學士學位
劉伯棠	28 歲	廣東新會	廣東省費	1913 年	學習五年，獲賓夕法尼亞大學學士學位及哈佛大學碩士學位

表 2.5：1917 年廣東留美畢業生人數表

姓　名	年　齡	籍　貫	到美時間	學業狀況
鄧月霞	26 歲	廣東	1908 年	獲文學學士及教育碩士學位
伍　英	35 歲	廣東臺山	1908 年	獲華盛頓大學化學學士學位
黃顯庭	26 歲	廣東新安	1912 年 6 月	獲文學學士學位
莫伯郟	23 歲	廣東東莞	1912 年 9 月	獲紐約大學經濟學碩士學位
郭蔭棠	27 歲	廣東番禺	1912 年 9 月	獲紐約大學哲學學士學位及教育碩士學位。
周文剛	27 歲	廣東順德	1912 年 9 月	獲經濟學學士學位

表 2.6：1919 年廣東留美畢業生人數表

姓　名	年　齡	籍　貫	費　別	到美時間	學業狀況
黎翟生	30 歲	廣東南海	省費	1908 年	學習十年，獲哥倫比亞大學經濟學碩士學位。
莫介恩	22 歲	廣東	省費	1912 年 9 月	學習六年，獲耶魯大學哲學學士學位及電機工科碩士學位。

姓　名	年　齡	籍　貫	費　別	到美時間	學業狀況
顏任光	25 歲	廣東崖縣	省費	1912 年	學習八年，獲芝加哥大學哲學博士學位。
盧維海	30 歲	廣東新會	省費	1912 年 9 月	學習七年，獲曼徹斯特技術學院機械科造船科學士學位、飛機科碩士學位。
張卓坤	29 歲	廣東香山	省費	1912 年 9 月	學習七年，獲康奈爾大學農學學士學位。
饒士彝	24 歲	廣東梅縣	省費	1912 年 9 月	學習六年，獲紐約大學經濟學學士學位。
何起南	25 歲	廣東	省費	1912 年 9 月	學習八年，獲路易斯安那州立大學化學碩士學位。
林雲陔	30 歲	廣東信宜	省費	1913 年 8 月	學習六年，獲法學碩士學位。
鄒　銘	27 歲	廣東大埔	省費	1914 年 9 月	學習四年半，獲哥倫比亞大學法科碩士學位。
韋　懿	24 歲	廣東	省費	1915 年 4 月	學習五年半，獲奧柏林大學文學學士學位及芝加哥大學政治哲學博士學位。

表 2.7：1920 年廣東留美畢業生人數表

姓　名	年　齡	籍　貫	費　別	學業狀況
陳茹元	27 歲	廣東	省費	學習七年半，獲哥倫比亞大學政治學碩士學位。
楊元熙	27 歲	廣東	省費	學習十年半，獲土木工程師資格。
李子先	29 歲	廣東	省費	學習八年半，獲土木工程學學士學位。
黃　華	32 歲	廣東東莞		獲達特津大學學士學位、哈佛大學法學學士學位。
何起南	25 歲	廣東	省費	學習八年，獲化學碩士學位。

注：以上表格資料根據劉真、王煥琛的《留學教育——中國留學教育史料》第 1032
　　～1043 頁整理而成。

　　除專注於學術外，留學生還經常關注國內形勢。1925 年 5 月，上海發生五卅慘案。6 月，爲了支持上海的反帝運動，廣州的遊行隊伍在經過沙面租借對岸沙基的時候，遭到英、法水兵的射擊和軍艦的炮轟，當場死亡 50 多人，重傷 170 多人，這便是「沙基慘案」。廣東留學生對此次慘案深感憤慨，決定盡他們的力量去揭露這次暴行。6 月 28 日，廣州歐美同學會決定將沙面外兵慘殺的事實與證據編爲小冊分別譯成各國文字向各國宣傳，以使世界人得知此案眞相。〔註 43〕

　　一些留美學生在課餘時間到餐館打工或當車夫，以賺取生活費用。據《廣州民國日報》記載，1923 年以後，中國麻雀牌流入美國，留美儉學生還被聘爲麻雀牌教師，每天學費十美金，速成學費一次超過二十美元，若編授講義則每日二十五美金。「儉學生在麻雀牌流行時，以此獲利者已占十之六七，充車夫或侍役者已不多見」。〔註 44〕

　　總之，北洋政府初期，廣東省留美公費生經費基本能按時發放，但公費生名額緊縮，公費申請較困難。二十年代開始，廣東留學經費受政治影響而緊縮，留美學生經費常常被拖欠。學生自費赴美也逐漸增多，甚至專爲中國留美學生進入公立中學預備的美國學校也特地在廣東招生。這一時期，許多民國前赴美留學的廣東學生學成歸國，他們在美學習時間較長，基本上都是四年以上，最長的甚至十年。他們學習的專業較廣，文科生或理工農科生的人數基本相同，且都取得了美國大學的學位。留美學生中有一些富裕者，但也有許多勤苦的學生。他們勤工儉學的同時，也促進了中美間的文化交流。

二、廣東留美學生與庚款留學

（一）廣東庚款清華留美學生的考選

　　1900 年，義和團暴動，八國聯軍入京，致使中國簽訂了不平等的《辛丑條約》。中國需支付各國賠款共四百五十兆兩，清政府令各省分攤償還。1907年 12 月 3 日，美國總統羅斯福在國會正式宣佈：「我國宜實力援助中國屬行教育，使此繁眾之國能漸漸融洽於近世之文化。援助之法，宜將庚子賠款退贈一半，俾中國政府得遣送學生來美留學」，並決定自 1909 年 1 月 1 日起至

〔註 43〕　《廣州歐美同學會爲慘案開會議》，《廣州民國日報》，1925 年 6 月 30 日。
〔註 44〕　《儉學生歡迎麻雀牌》，《廣州民國日報》，1923 年 10 月 23 日。

1940 年止逐年按月退款。〔註45〕1908 年，美國國會通過將賠款中的一部份退還給中國的議案，向中國退還大約一千二百萬美元。

　　1909 年，清政府外務部與學部共同擬定了收回美國賠款，遣派學生赴美留學的辦法，詳情如下：（一）自撥還賠款之年起，最初四年每年遣派學生約一百名赴美遊學，自第五年起每年至少續派五十名，學生名額按照各省賠款數目分攤。（二）在北京設立遊美學務處，負責考選、派遣學生等事務，並附設一所肄業館，選取學生入館試驗，擇其學行優美、資質純篤者，隨時送往美國肄業，以十分之八習農、工、商、礦等科，以十分之二習法政、理財、師範諸學。（三）被選學生分兩格，第一格學生來自各大學，第二格學生來自各中學。第一格在年齡二十以下，國文通達，英文及科學程度可入美國大學或專門學。第二格年齡在十五以下，國文通達，資稟特異。每年擬取第一格學生一百名，除由外務部、學部在京招考外，各省提學使在各省招考，錄取合格學生，不定額數，送外務部、學部復試，取錄合格者送往肄業館學習。每年擬取第二格學生二百名，根據各省大小及賠款多少定名額，由各省按照定額選取送京到肄業館學習。學習一段時間後，由肄業館根據各生考試分數及平時分數各選取五十名，派送美國留學。（四）設立駐美監督，負責安置學校、照料起居、稽查功課、收支學費等事宜。（五）每年撥發一定數量的經費津貼在美自費生。〔註46〕

　　根據以上辦法，清政府於 1909 年 6 月設立遊美學務處負責考選學生，於1909 年至 1911 年分別考選了三批學生直接赴美留學。這三批學生共 180 人，都是來自國內各教會學校及省立高等學堂的二十歲以下的青年男生。這三次留美學生考試程度相當於當時中學考入大學，具體錄取學生情況如下：

　　第一次考取 47 人，按省份統計，江蘇 21 人，浙江 9 人，廣東 6 人，湖南 3 人，山東、安徽、河南、湖北、河北、福建、北京、天津各 1 人。其中，考取的 6 名廣東籍學生留學及歸國情況如下：何傑，廣東番禺人，1913 年畢業於科拉多礦業專門學校採礦冶金科，獲礦業工程師資格，1914 年獲理科碩士學位，1914 年回國後任北京大學地質系教授兼系主任，並先後在唐山、北洋、中山、重慶各大學擔任採礦與地質系教授，曾任兩廣地質調查所所長。唐悅良，廣東中山人，1913 年獲耶魯大學教育及心理學學士學位，1915 年獲

〔註45〕清華大學校史編寫組：《清華大學校史稿》，北京：中華書局，1981 年，第 4、6～7 頁。

〔註46〕清華大學校史編寫組：《清華大學校史稿》，北京：中華書局，1981 年，第 8頁。

普林斯頓大學市政科碩士學位，1915 年回國後曾任外交部次長。陳兆貞，廣東番禺人，入麻省理工學院土木工程科學習鐵道管理，1914 年畢業獲理學學士學位，回國後在交通大學任教。陳宗南，廣東增城人，入伊里諾愛大學學習化學工程，1913 年畢獲理科學士學位，1915 年畢業於麻省工業學校化學科，獲理科碩士學位，1915 年回國後任中山大學教授及理工學院院長。盧景泰，廣東順德人，1914 年畢業於倫斯來實業學校土木工程科，獲土木工程師資格，1915 年畢業於哥倫比亞大學道路工程科，獲理科碩士學位，1915 年回國後任職於平綏鐵路。鄺煦堃，廣東番禺人，1914 年獲普林斯頓大學經濟學學士學位，1916 年獲哥倫比亞大學學習新聞學學士學位，同年回國後從事新聞工作。

　　第二次考取 70 人，其中廣東學生 10 人，詳情如下：王紹礽，19 歲，廣東南海人，畢業於唐山鐵礦學校，入美國科羅拉多礦業大學礦業科學習礦業工程，1913 年畢業，獲礦學工程師資格，1913 年回國。胡繼賢，18 歲，廣東番禺人，畢業於嶺南學堂，入密西根大學及哥倫比亞大學，學習政治經濟學，1914 年畢業，獲文學學士學位，1915 年回國。鄧鴻宜，18 歲，廣東東莞人，畢業於嶺南學堂，入密西根大學化學工程科，1914 年畢業獲化學工程學士學位後回國。區其偉，18 歲，廣東新會人，畢業於嶺南學堂化工科，入密西根及哥倫比亞大學學習化學工程，1914 年獲密西根大學化學工程學士學位，1916 年獲哥倫比亞大學理科碩士學位，1917 年回國。陳延壽，17 歲，廣東番禺人，畢業於長沙雅禮大學化工科，入哥倫比亞大學及麻省工業學校化學工程科，1914 年畢業，獲化學工程師資格，1916 年回國。劉寰偉，18 歲，畢業於嶺南學堂政治經濟、土木工程科，1914 年畢業於康奈爾大學經濟科，獲文學學士學位，1915 年在里文瓦陸軍學校土木工程科學習並獲土木工程師資格，並在該大學兵學科學習，1916 年畢業回國。徐墀，20 歲，廣東新寧人，畢業於唐山路礦學校鐵路管理、財政科，分別入伊里諾愛、本薛文尼、哥倫比亞大學學習鐵路管理及經濟學，獲理學學士、文學碩士、哲學博士學位，1915 年畢業回國。郭守純，20 歲，廣東潮陽人，畢業於約翰書院，學習農業，分別入康奈爾、威斯康心、本薛文尼大學學習農學及畜牧學，分別獲得理學學士、理科碩士學位，1915 年畢業，1916 年回國。霍炎昌，20 歲，廣東南海人，畢業於嶺南學堂化工科，入密西根、麻省工業、哥倫比亞大學學習化學工程兼物理學，分別獲化學工程學士、理科碩士學位。鄺翼堃，19 歲，廣東番禺人，畢業於約翰學院學習採礦科，入芝加哥、哥倫比亞、米尼蘇達大學學習地質

學及礦業工程學，分別獲得理學學士學位及礦學工程師資格，1918 年回國。

　　第三次考取 63 人。其中廣東籍學生有：梁基泰，廣東人，入威斯康心及哥倫比亞大學學習政治經濟學，得文學學士學位及文科碩士學位。羅邦傑，廣東人，入麻省工業學校、哈佛大學學習採礦冶金科，分別獲得理學學士學位、礦學工程師資格及理學碩士學位，1918 年回國。司徒堯，廣東人，入康奈爾大學及哈佛大學學習，1915 年畢業獲康奈爾大學文學學士學位，1917 年畢業於哈佛大學政治及經濟科，獲哲學博士學位。史宣，廣東人，入普渡、麻省工業、哈佛大學學習機械工程，分別獲理學學士學位及理科碩士學位，1918 年回國。黃明道，廣東人，入威斯康心大學經濟科學習，1914 年畢業回國，獲文學學士學位。梁杜蘅，廣東人，入伊里諾愛大學學習農學，1915 年畢業，獲理學學士學位，1916 年回國。張景芬，廣東人，入科羅拉多礦業學校學習礦業工程，1915 年畢業回國，獲礦學工程師資格。〔註47〕

　　綜上可知，廣東早期的庚款赴美留學生，學習專業以理工科為主，且都獲得了美國大學的學位。回國後，從事與專業相關的職業，遍佈於教育界、政界、新聞界及鐵路界等。

　　遊美學務處除直接選派學生赴美外，還籌設遊美肄業館，每年選派品學兼優的學生赴美留學。肄業館考選的學生分第一格和第二格兩種，相當於後來的高等科與中等科。1910 年 3 月，清政府學部制定《各省提學使考選學生及考送遊美學生辦法》，規定肄業館招生除學務處在北京直接招收一部份外，大部份由各省提學使在本省招考，經過省初試後報送來京復試，合格後住入肄業館學習。每省報送名額根據該省所攤繳的庚子賠款的數額多少而定，具體為江蘇 26 名，廣東 20 名，江西、四川各 18 名，湖北 14 名，浙江 12 名，山西、安徽、河南各 10 名，湖南、山東、福建各 8 名，陝西、直錄各 6 名，雲南、廣西、貴州、新疆、甘肅各 2 名。〔註48〕1911 年 1 月，學部核准遊美肄業館改名清華學堂。〔註49〕1911 年清廷錄取的清

〔註47〕　劉真、王煥琛：《留學教育——中國留學教育史料（第一冊）》，臺北：國立編譯館出版，1980 年，第 174～216 頁。
〔註48〕　《學部劄各省提學使考選學生及考送遊美學生辦法文》，清華大學校史研究室：《清華大學史料選編》，北京：清華大學出版社，1991 年，第 124 頁。
〔註49〕　《學部劄核准遊美肄業館改名清華學堂並應將初等科改名中等科編定高等中等兩科課程報部查核》，清華大學校史研究室：《清華大學史料選編》，北京：清華大學出版社，1991 年，第 142 頁。

華高等科學生中，江蘇省有 24 名，浙江省 18 名，廣東省 17 名，其它各省不超過五名。

廣東省每年都按章考選中等科一年級學生並送京復試。1913 年，廣東省 8 名學生考入北京清華學校中等科第一年級。〔註 50〕1914 年，廣東省考選 9 名清華學校學生。1915 年，廣東省照章考選 11 名清華學校學生，派鮑光照護送赴京復試。〔註 51〕1917 年，廣東省應考送 8 名學生赴清華學校學習。〔註 52〕1918 年 4 月，廣東省長接北京清華學校添招中等科學生的招生簡章，當年招 60 名學生，廣東省有 5 個名額。〔註 53〕1919 年 7 月，廣東省長選送北京清華學校學生 4 名，〔註 54〕1923 年，廣東省選錄 4 名清華學生，程祖舜爲護送委員護送各生到京復試，財政廳照例支備川資銀毫二百二十元。〔註 55〕

考試情況以 1914 年爲例，流程如下：當年廣東省在清華學校招取的中等科一年級生中占 9 個名額。5 月 4 日，北京清華學校發送招考規則、復試及入校手續細則、履歷表到廣東省教育司，並請廣東省按照考試規約認眞考選，以免到京復試被淘汰。隨後，廣東省便開始安排招生考試，決定 6 月 1 日至 20 日報名，7 月 1 日考試，9 月 10 日以前赴京復試。〔註 56〕7 月，廣東省正式舉行選送清華學校中等科第一年級學生考試，選出 9 名正取生及 9 名備取生。正取生須於 7 月 20 日攜兩張四寸軟膠相片，由家長陪同填寫履歷表以送京復試，逾期不到則以備取生補選。〔註 57〕考慮到各學生年齡小，廣東省巡按使派畢業於北京大學堂的曹晃護送被選學生赴京復試。〔註 58〕

〔註 50〕 《都督兼民政長布告補送北京清華學校學生》，《廣東教育公報》，1913 年 9 月 3 日。

〔註 51〕 《巡按使第五九五號咨送考取清華學校學生試卷表冊並飭鮑光照委員帶送》，《廣東教育公報》，1915 年 8 月 5 日。

〔註 52〕 《廣東省長指令第六三零二號令據省教育會長呈據會員葉樹榮等獻議清華學校學生照章考送由》，《廣東教育公報》，1917 年 5 月 22 日。

〔註 53〕 《廣東省長布告第一八號布告北京清華學校添招中等科學生文》，《廣東教育公報》，1918 年 4 月 17 日。

〔註 54〕 《廣東省長布告考取送錄北京清華學校學生姓名文》，《廣東教育公報》，1919 年 7 月 22 日。

〔註 55〕 《派員護送清華學生》，《廣州民國日報》，1923 年 8 月 4 日。

〔註 56〕 《民政長布告第七十二號准北京清華學校函送招生規約請招選送京復試》，《廣東教育公報》，1914 年 5 月 12 日。

〔註 57〕 《巡按使榜示考取清華學校學生》，《廣東教育公報》，1914 年 7 月 6 日。

〔註 58〕 《巡按使飭派委員曹晃護送北京清華學校學生》，《廣東教育公報》，1914 年 7 月 31 日。

　　1924 年 4 月，清華學校函廣東省政府因籌設大學部清華學校本年停止招生。大學部擬先設文學、外交、新聞、體育、商業、農業等科，第二年招收一百名大學學生，其中五十名仍為各省學額，免收學費，另外五十名為自費生，收取學費。所招學生大學畢業後，並非全數派遣留學，而是須經留學考試擇優錄送。〔註59〕1928 年，國民政府改清華學堂為清華大學。〔註60〕

　　清華學校事實上是留美預備學校，不由教育部管，校長由外交部派選。而「清華留美監督處在華盛頓的闊綽，遠在中國公使館之上」。〔註61〕清華學校對在校學子有很大的吸引力，進清華獲公費留美是當時青年學子的夢想。一位考取清華學校的考生回憶：「我考取了這一留美預備科，前程當然相當遠大，不但全家皆喜，即全縣全府也都為我高興」。〔註62〕因從不同的地方考入，語言不同，清華學校學生有較強的同鄉觀念，「從廣東、福建來的，方言特殊，起初與外人交談不無困難，不過年輕人的學語速度，稍後亦可適應。由於方言不同，同鄉的觀念容易加強，雖無同鄉會的組織，事實上一省的同鄉會自成一個集團」。〔註63〕除選派學生出國留學外，清華還對一些自費留美生發放津貼。民國成立初期南京臨時政府稽勳局曾資送有功革命人士或其子弟赴歐美留學。二次革命後，該局撤銷致使留學經費無著落。所送稽勳局學生均從清華經費內資助完成學業，成為清華津貼生。

（二）廣東清華學生人數

　　從 1911 年清華學堂開辦到 1929 年留美預備部結束，清華留美生共有 1279人，包括留美預備部畢業生 973 人、最初三批直接留美生 180 人、幼年生一班 12人、考取直接留美的女生七批共 53 人及專科生九批共 67 人。此外，還有以庚款津貼的留美自費生 476 人，特別官費生 10 人，各機關轉入清華的公費生 60 人和「袁氏後裔生」3 人。〔註64〕1913 年至 1917 年期間派出的 42 名廣東學生，大多

〔註59〕　《清華停止招生》，《廣州民國日報》，1924 年 4 月 22 日。
〔註60〕　《國民政府外交部訓令》，清華大學校史研究室：《清華大學史料選編》，北京：清華大學出版社，1991 年，第 49 頁。
〔註61〕　羅家倫：《整理校務之經過及計劃》，清華大學校史研究室：《清華大學史料選編》，北京：清華大學出版社，1991 年，第 18 頁。
〔註62〕　劉師舜：《五十年的一點小回憶》，繆名春、劉巍：《老清華的故事》，南京：江蘇文藝出版社，1998 年，第 222 頁。
〔註63〕　梁實秋：《清華八年》，梁實秋：《梁實秋散文集》，中國社會出版社，2004 年，第 15 頁。
〔註64〕　清華大學校史編寫組：《清華大學校史稿》，北京：中華書局，1981 年，第 68～69 頁。

數是研習理工科目，極少數研究文教藝術類學科。學業年限 2 至 5 年不等，但基本上是 4 年畢業。他們都獲得了學士學位，有的還獲取碩士學位。〔註65〕此外，至少有 16 名廣東自費學生轉為清華公費生，其中約有一半多是學習文科類專業，其餘的為理工科類，他們回國前也都獲取了相關學科的學士學位。

關於廣東清華人數及所習專業的詳情如下：

表 2.8：1909～1927 年，清華學校廣東學生畢業生人數統計表〔註66〕

年份	類 或 系 別					總計
	直接留美班	舊制留美預備部	留美女生	專科生	國學研究院	
1909	6					6
1910	10					10
1911	8					8
1912		5				5
1913		8				8
1914		9	1			10
1915		10				10
1916		4	3			7
1917		11		2		13
1918		9				9
1919		15		2		17
1920		6				6
1921		14	1	2		17
1922		4				4
1923		5				5
1924		18				18
1925		6	2	1		9
1926		8				8

〔註65〕 劉眞、王煥琛：《留學教育——中國留學教育史料（第 3 冊）》，臺北：國立編譯館出版，1980 年，第 1110～1131 頁。

〔註66〕 根據《清華大學史料選編》第一卷中《本校歷年畢業生統計表》數據編制。清華大學校史研究室：《清華大學史料選編》，北京：清華大學出版社，1991年，第 50～55 頁。

年份	類　或　系　別					總計
	直接留美班	舊制留美預備部	留美女生	專科生	國學研究院	
1927		3		1	2	6
1928		5				5
總計	24	140	7	8	2	181

表2.9：1909～1930年，清華學校各省畢業學生人數統計表〔註67〕

省　份	人　數	省　份	人　數
江蘇	319	河南	45
廣東	200	山西	27
浙江	183	陝西	16
福建	108	貴州	16
河北	96	雲南	14
四川	92	廣西	13
湖北	73	甘肅	12
江西	69	遼寧	7
安徽	67	新疆	5
湖南	65	吉林	4
山東	51	總計	1482

　　以上表格可以看出，就性別來講，清華女生所佔比例極少，至1927年僅有7人，其餘全部為男生。此外，1927年前的廣東清華學生，多為直接留美班或留美預備部的學生，專科生和國學研究院的僅有10名。就省別來講，人數最多的是江蘇、廣東、浙江、福建這些沿海省份，截止1930年，四省清華學生人數占總人數的一半多。人數在50人以上的有河北、四川、湖北、江西、安徽、湖南和山東。河南、山西等10個省份的清華學生的總人數僅約十分之一。這也是中國區域教育發展水平不平衡的一個反映。

〔註67〕清華大學校史研究室：《清華大學史料選編》，北京：清華大學出版社，1991年，第50～55頁。

第三節　北洋政府時期廣東學生留日

一、北洋政府初期廣東留日學生管理

（一）設立留日學生經理員制度

　　近代中國最早的留日學生由各省派專員管理，後來清末學部規定由中央委派監督員統一管理留日學生的派遣、經費發放等事務。民國成立後，教育經費缺乏，留日學生增加，教育部改變了留日學生管理規程，鼓勵各省繼續派經理員管理本省留學生事務。1912 年底，教育部就管理留學日本學生規程問題與廣東省商議：「自去歲軍興後，回國者頗不乏人，今大局平定，紛紛東渡，而各省新派學生又復不少，年限程度須另行調查，送學、發費亦與昔日情形稍有不同。若各處派員前往經理諸事，情形熟悉較易著手，不必仍監督之名規模一切，亦可縮小需用，經費較之設立監督處年須十萬元者所省實多，茲擬就經理留學日本學生規程十六條相應咨請貴都督查照，即希酌量辦理可也。」〔註 68〕教育部認為設立留學生監督處並不划算，應該取消設立留日學生監督這一職位，鼓勵各省繼續派經理員管理本省留學生。

　　1913 年 2 月，廣東省教育司指派留日畢業生熊退為日本留學生經理員，並擬定了本省的《調查留日學生手續》和《經理留日公費學生學費章程》。《調查留日學生手續》要求：（一）經理員抵日後，應立即到駐日經理處將費用數目核算清楚，並接受一切文件移交。（二）經理員要召集公費生開會、查核各留學生填寫的報告表，並根據報告表核對留學生的資料。若報告表填寫不真實，則由經理員調查實情並記入報告表備考欄。（廣東留日學生調查表包括姓名、年齡、籍貫、本國住址、家長姓名、赴日年月、赴日地點、何處派遣、何人保證、補費年月、曾入何校、現入何校、志入何校、畢業時期、備考，共十五欄）（三）經理員要核實公費生的學業狀況，若發現有不在日本或在日本而未入學校學習的公費生領取學費，即督促其盡快就學，不服從命令者則上報省教育司。同時，經理員將學生的違規記錄記入報告表備考欄內。（四）經理員需在規定期限內調查公費生、自費生狀況。《經理留日公費學生學費章程》規定：（一）公費生每人交給經理處一張相片，並須親自到經理處領取每月學費。

〔註 68〕《都督指令教育部咨酌議經理留學日本學生規程》，《廣東教育公報》，第一年第四期，第 100 頁。

（二）公費生學費每三個月匯寄一次。（三）公費生學費匯寄到日本後，即存儲於銀行，學生到期則可支取，並將收費憑據按月呈繳教育司核查。（四）經理員應將每月經手的費用數目造表呈報教育司。〔註69〕這兩個規程加強了對廣東留日公費生費用的管理，有助於省教育機關掌握留日學生的狀況。

1914 年 1 月，教育部公佈《經理留學日本學生事務暫行規程》和《管理留學日本自費生暫行規程》，規定中央派一名經理員，每省委派一名或幾個省合派一名經理員，中央經理員負責中央公費生管理，省派經理員負責各省公費留學生事務。各省經理員管理各省自費生所有留學事宜，於每學期開學第一個月內將公費和自費學生人數、就讀學校呈報給教育部及原派遣機構，並於每年終詳細調查第二年公費學生畢業人數，呈報教育部及原派遣機構備查。〔註70〕12 月，教育部公佈《管理留日學生事務規程》，將中央經理員改爲部派監督，各省經理員與部派監督是從屬關係，部派監督可請教育總長撤換不稱職的經理員。部派監督負責日本文部省直轄的高等專門學校及帝國大學的留學生入學事務，其它學校留學生事務由部派監督和各省經理員共同管理。各省經理員除負責發放各省的公費生學費外，還要協助部派監督調查留學生情況。

留日經理員的首要任務要按預算發放本省留日學生的各種費用，其中最大的問題是留學經費仍然經常不能及時匯寄，有的省甚至推遲幾個月才能彙到。有的省份留日經理員不得不向駐日公使懇求幫助。駐日公使館除借出教育部所撥的留日費用外，還不得不出面向日本銀行擔保貸款。1914 年 4 月，各省向駐日公使館借出二萬五千一百四十元七角三分，由駐日公使館擔保向日本各銀行貸款也達四萬四千元，一共借貸六萬九千一百四十一元七角三分。駐日公使請教育部催促各省留日經費：「各省拖欠學費一節於事實上誠屬難免，各省均派經理員駐日經理本省之留學事務，所有發費、催費等事由經理員固負責，即有時值本省匯費較遲，請教育部催促」，〔註71〕希望各省根據留學經費預算將留學生費用如期匯款，以免學生滋事或不能償還日本銀行的

〔註69〕　《本司呈都督酌擬日本留學生經理員調查學生手續及經理學費章程請核定示遵》，《廣東教育公報》，第一年第七期，第 154～156 頁。

〔註70〕　《都督指令教育部咨酌議經理留學日本學生規程》，《廣東教育公報》，第一年第四期，第 101～103 頁。

〔註71〕　《教育總長湯化龍謹呈 大總統謹將對於海外留學事宜之辦法及對內教育方針呈覆請鑒核文並批》，《廣東教育公報》，1914 年 5 月 11 日。

貸款。同年 5 月，各省駐日經理員也向教育部反映，「經理留學事務經費最需接濟，稍遲辦理即竭蹶。⋯⋯內地來款能按期彙到固無他事，設稍遲緩應付俱窮，每至月底奔走乞貸，苦極萬分。函電交存內地仍多遲緩，長此不圖，殊非良策。惟經理等能力微薄，既不能他事告貸爲未雨之綢繆，又不能坐以待斃，乏將伯之呼焦思灼慮」，並懇請教育部「通令各省民政長查照本省公費生名額，按照三個月一次先行匯寄到東，以備分期支發」。〔註 72〕當時廣東省正逢裁減留學公費生之時，不但要支付每月學費，還要支付被裁學生的回國川資，經費比較緊張，不得不請駐日公使向銀行貸款兩萬三千日元。〔註 73〕但表示於六月底彙還所有銀行借款，並承諾以後的留日學費匯寄辦法將遵照教育部的通令每三個月匯寄一次。〔註 74〕因經費緊張，廣東省通常駁回預算外的經費支出。如，1913 年廣東留日學生請求發給醫藥費，因未列入預算而被廣東審計分處駁回。〔註 75〕自費生轉爲公費生的難度也加大。1913 年 9 月 15 日，自費留日習醫的學生黃明璋因學費困難請求補給公費，但因留日公費生無缺額而不能辦理。〔註 76〕

除發放留日公費生的學費及補助費外，駐日經理員還需處理留日學生的突發事件，補助因火災等自然災害而受損的留日學生。1913 年 3 月 17、19 兩日，中國留日學生較密集的東京神田區連續發生火災，學生受災嚴重，受災人數約 300 人。駐日公使館即派人調查災情並集合各省經理員商討救濟辦法，承諾給受災學生每人發給四十元維持費。但受災學生以行李、書籍受損，請求再發給每人三十元借款，公費生按月扣除，自費生則由公費生擔保籌還。因此，駐日公使和留日學生經理員決定發給受災學生每人七十元補助費。各省經理員及駐日公使署均無款可墊發，就向日本三菱銀行借款二萬日元，由各省經理員分別發放給受災學生。當時廣東省受災學生共 88 名，每名發七十

〔註 72〕 《民政長公函廣東審計分處奉教育部訓令留日學費以三個月爲一次先行匯寄》，《廣東教育公報》，第二年第六期，第 478 頁。

〔註 73〕 《巡按使咨審計分處據駐日留學生經理員詳報一月至五月決算書並繳呈單據》，《廣東教育公報》，第二年第八期，第 601 頁。

〔註 74〕 《民政長呈教育部奉令各省由駐日公使貸借學款應如數籌彙迅解此後學費應照四月十四日通令辦理》，《廣東教育公報》，第二年第六期，第 435～436 頁。

〔註 75〕 《民政長呈覆教育部奉電飭籌留學各國學費或撤迴學生文》，《廣東教育公報》，1913 年 10 月 8 日。

〔註 76〕 《廣東都督兼民政長批示留日自費女生黃明璋呈學費中報回國請補助學費由》，《廣東教育公報》，第一年第十一期，第 566 頁。

元，共發補助費六千一百六十元。事後廣東省將此款如數彙還。〔註 77〕1914
年 5 月，高等師範學校第一寄宿舍大賓館失火，四名公費生和一名自費生因
行李被焚毀，請求給予維持費。按教育部規定的經理留學日本學生事務暫行
規程第十五條，給予公費生撫恤費四十元，而自費生不在撫恤範圍之內，不
予發放撫恤費。〔註 78〕針對留日學生的合理要求，省政府仍全力支持。1918
年 4 月，廣東經理員熊退通過留日學生監督請求給予留日粵生資助，理由是
廣東省留日學生同鄉會開設運動會，會長請求購置運動器械，共須二百餘元
費用，請求廣東省給予一百五十元經費補助。廣東省長認為，「學生設立運動
會係為發育身體振作尚武精神起見」，可如數照發。〔註 79〕1919 年 5 月，留日
東京女子醫學專門學校何淑儀請補公費缺額。廣東省長令駐日經理員查明該
生平日學習成績及品行，然後再決定是否給予公費待遇。〔註 80〕

　　駐日經理員還負責監管留日學生的學業及他們與省內派遣機關間的溝
通。留日學生遠在異國，國內的派遣機關在對他們的學業管理可謂是鞭長莫
及，這個重任自然就落在了各省的留日經理員身上。只是，經理員在遇到問
題時，必須向本省的教育行政長官請示後才能解決。例如，方宗鼇等十名廣
東留日公費生原先在山口高等商業學校學習，後轉入明治大學學習。但 1913
年 10 月教育部第二百三十九號訓令規定，五校生改入私立學校者，取消其學
籍。經駐日經理員查證，方宗鼇等學生經駐日公使公使和留學生監督同意後
才轉入明治大學學習，且有案可查。後來經廣東省巡按使同意後才免予停費〔註
81〕。1914 年 5 月，十四名留日五校學生及一名早稻田大學學生請求繼續給予
公費，廣東省民政長指令經理員遵照教育部章程辦理。〔註 82〕留日大阪高等

〔註 77〕　《本司公函廣東審計分處奉都督兼民政長訓令籌彙留東被災學生維持費分別
　　　　　轉函查照》，《廣東教育公報》第一年第七期，第 261～263 頁。
〔註 78〕　《民政長指令駐日經理員呈請給火災維持費》，《廣東教育公報》，第二年第六
　　　　　期，第 437 頁。
〔註 79〕　《廣東省長咨第一三九號咨駐日本公使請給粵省留日學生運動會購置運動器
　　　　　械費由》，《廣東教育公報》，第五年第十二期，第 1 頁。
〔註 80〕　《廣東省長批第一三五七號批留日東京女子醫學專門學校何淑儀呈為官費有
　　　　　缺額請飭提補》，《廣東教育公報》，1919 年 5 月 23 日。
〔註 81〕　《巡按使咨陳教育部擬將留日官費生方宗鼇等十人免予停費》，《廣東教育公
　　　　　報》，第二年第七期，第 490 頁。
〔註 82〕　《民政長指令駐日經理員熊退呈請核給黃祖培等官費》，《廣東教育公報》，第
　　　　　二年第七期，第 502 頁。

工業學校學生翁仲周等人，對教育部自 1914 年起對五校生之外的其它考入高等學校的留日學生一律停止補費的決定提出抗議。他們認為，1914 年前他們就考入了高等學校，因為沒有公費缺額而一值得不到補助費，若因此被停費，太不公平了。而且和他們同時考入高等學校的四川、湖南兩省的學生，都已經得到補助費，他們也應該能夠得到公費補助。廣東省民政長批示，翁仲周等學生需有公費缺額時才能補給學費，同時指出並非指所有學習農、工、醫、格致四科的私立高等專門學校的留日粵生都能給予公費，只是針對公費生而言。〔註 83〕同年 8 月，廣東省又規定，按教育部章程，由五校改入私校的廣東學生，經經理員證明成績優良者，可繼續補助私立學校學費。〔註 84〕

此外，駐日經理員熊退還幫助學生爭取實習機會。因為語言問題，中國學生很少能在國外實習。1914 年 5 月 11 日，廣東駐日經理員雄退提議讓各高等學校成績優秀的醫、農、工各科的畢業學生到日本實習，實習期為一年。廣東省民政長即准許了這個提議。〔註 85〕而對忽視學業的留日學生，經理員也不會手下留情。1915 年 5 月，留日經理員熊退請廣東巡按使革除三名違規學生公費資格，原因是其中二名學生請假回國逾期未返，一名則是未請假私自回國。〔註 86〕

除了公費生，留日經理員還要接洽到日本留學的自費生。1920 年 3 月，東莞縣立中學校畢業生莫焰雲、蕭其璨自費赴日本留學，廣東省長令駐日經理員熊退「如遇蕭莫兩生投到時務須妥為接洽以便投考上學」。〔註 87〕

（二）裁減留日公費生

1913 年，廣東省民政長以「粵省留學東西洋各國人數眾多，流品不一，學費巨大，負擔為艱」為由，擬定對「形跡可疑或求學不力及程度太低者」

〔註 83〕　《民政長指令留日學生翁仲周等函請准予補給官費》，《廣東教育公報》，第二年第七期，第 519 頁。

〔註 84〕　《巡按使復駐日公使查明李任一名准照章續給學費》，《廣東教育公報》，第二年第九期，第 678～679 頁。

〔註 85〕　《民政長指令駐日經理員熊退呈請變通學生實習辦法》，《廣東教育公報》，第二年第六期，第 437 頁。

〔註 86〕　《巡按使第七二一七號批留日學生經理員熊退詳陳革除何禮文等官費》，《廣東教育公報》，第三年第六期，第 55～56 頁。

〔註 87〕　《廣東省長訓令第四八五號令駐日留學生經理員熊退接洽東莞縣立中學校畢業生莫焰雲蕭其璨二名留學文》，《廣東教育公報》，第七周第九期，第 70 頁。

停止公費。他認為，「國家資遣留學生原為造就高等專門人才，籍資驅策其人品不純者，固宜嚴加剔除，即程度不合者亦應酌為裁汰，以免虛耗金錢，無裨實用」，而「粵省自民國成立後，以遊學為酬，庸選之初，未多經考驗或難經考驗，故粵省現在東西洋仍未進高等專門學校者尚不乏人，而留日各生多有入高等私立專門者，此種學校只為收羅中國學生，計有名無實，將來絕難收效果」。廣東省雖然已經裁剪預算，但仍然入不敷出，「金融機關異常危險，似不能曠日持久再以困乏財力作養難以成就之人才」。同年 10 月，教育部以東西洋留學生程度參差不齊且財政極度困難為由，要求各省削減留學經費，暫停派遣出國留學生。廣東省當即表明「粵庫支絀逾常，更當遵照辦理」。〔註88〕

1914 年 3 月，廣東省決定「將東西洋學生未入高等專門及留日生雖入私立高等專門而非習工、農、醫、格致四科者一律停止公費」。據駐外公使統計，民國元年有 8 名留美學生和 1 名留法學生未考入高等專門學校，年費分別為七千六百八十元美元和四千四百法郎，折算廣東毫銀約二萬一千三百零五角六仙。另外，據留日經理員報告，民國二年有 44 名留日學生未入高等專門學校，有 56 名留日學生入私立高等專門學校而非習農、工、醫、格致四科，年費分別為一萬九千零八日元和兩萬四千一百九十二日元，折算廣東省毫銀五萬四千六百四十八元。以上共 109 名留學東西洋廣東公費生應被裁撤後，可節省年費毫銀七萬五千九百四十八元五角六仙。被裁撤的留日學生及留美、法學生分別於當年 4 月、5 月起停止供給公費。〔註89〕

考慮到這次被取締公費留學生資格的學生原為政府派遣，省政府照例發各生給歸國川資，留日學生每名得七十日元，留美生每名得三百六十美元，留法生每名得二千五百七十法郎。經過以上嚴格核定之後，若在留學生中「仍有學而不力及形跡可疑之人」，經東西洋各國公使認定後，省府可再取消其公費資格。經裁減後，當年廣東省留日公費生共有 136 名，津貼生 1 名。〔註90〕這不僅節儉了留學經費，而且控制了留日公費學生的數量，提高了留學日本

〔註88〕《民政長呈教育部停止東西洋各生學費並核減五校名額》，《廣東教育公報》，第二年第四期，第 335 頁。

〔註89〕《民政長呈教育部停止東西洋各生學費並核減五校名額》，《廣東教育公報》，第二年第四期，第 335～336 頁。

〔註90〕《巡按使咨審計分處據駐日留學生經理員詳報一月至五月決算書並繳呈單據》，《廣東教育公報》，第二年第八期，第 600 頁。

教育的質量。1914 年 5 月，當肄業女子大學的廣東女學生劉貞慧，考入女子大學附屬高等女學校並請求繼續得到公費時，就因爲不屬農、工、醫、格致四科而不被允許。〔註91〕

教育部管理留學日本學生事務暫行規程第四十二條規定，相繼兩學年考試不及格的公費生將被停供學費。而廣東省民政長認爲，留日學生只要稍加努力就可通過考試，考試不及格是平時學習不努力的結果，且考試不及格一次，政府就多承擔一年學費，因此對學習不力的留學生應嚴加取締，「況粵生素習囂張，非覈其成績優劣分別懲勵亦難望其成才」。因此，廣東省決定，留日粵生如有一次考試不及格，便停止其公費資格，「以省財力而警怠荒」。〔註92〕

（三）管理留日五校粵生

關於留日五校粵生的管理，要追溯至清末。自清末起，眾多的中國學子就湧向日本求學，尋求富國之路。但由於日本官立學校名額限制，中國留學生很難進入日本官立高等以上學校學習。爲了緩和這一情況，1907 年，清學部和日本文部省確定五校協議，即從 1908 年開始的十五年內，第一高等學校（相當於高中）每年招收中國學生 65 人，東京高等師範學校 25 人，東京高等工業學校 40 人，山口高等商業學校 25 人，千葉醫學專門學校 15 人。協定五校招收的中國學生平均每人每年需付「建築設備經常費」190 日元，再加上對考入官立高等專門學校及大學的留日學生應給的補助公費，五校學生每人每年平均需要補助 650 日元。而這十五年內所有經費將由各省按名額分攤。按學部規定，直隸、奉天、山東、河南、江蘇、江西、安徽、浙江、福建、湖北、湖南、廣東、四川等 13 個大省，每省每年增加 9 名學額，第一年需付 5850 日元，以後成倍增加。吉林、黑龍江、陝西、山西、甘肅、新疆、廣西、貴州、雲南等 9 個小省，每省每年增加 6 名學額，第一年付 3900 日元，以後照例成倍增加。至第五年即 1912 年，大省需付 25700 日元，小省付 17150 日元。從第八年開始至第十五年各省所付費用最多，每年大省需付 32600 日元，小省則需 21800 日元。〔註93〕

〔註91〕 《民政長公函駐日公使函留日女生劉貞慧可否准予繼續官費》，《廣東教育公報》，第二年第六期，第 483 頁。

〔註92〕 《民政長呈教育部停止東西洋各生學費並核減五校名額》，《廣東教育公報》，第二年第四期，第 337 頁。

〔註93〕 《學部爲籌商日本官立各高等學校每年收容中國學生名額擬由各省按年分任經費奏摺》，《清末官報彙編》第 11 冊，第 5386～5389 頁。

　　民國成立之後，五校協議繼續存在，只是山口高等商學院於 1913 年因故停止接受學生。教育部在 1913 年 1 月規定，民國元年以前五校舊生補助費由中央政府提供，民國元年以後四校新生補助費仍由各省分擔。1914 年，據廣東留日經理員雄退報告，五校粵生有 81 人，需費用 32076 日元，與前清學部計劃的費用相差不多。此後，廣東省便以 81 名為五校粵生定額，遇有缺額時才能考選補入。〔註 94〕同年 9 月，全國考入四校的新生共 124 名，其中廣東學生 50 名，廣東省應補助 8640 日元。〔註 95〕1915 年，教育部規定各省留日公費生如遇有缺額，首先應以考入四校的新生抵補。〔註 96〕1917 年 9 月，廣東省 9 名新生按規定成為四校公費學生。〔註 97〕

　　關於留日公費生的補助費用，除東京帝國大學本科生每月撥給四十二元外，其餘各校均給三十六元，五校生因有特別協議則以每月三十三元為補助標準。〔註 98〕917 年，廣東共有留學日本公費生 90 人，因所在學校不同，學費也分別為四十二元、三十六元、三十三元不等。〔註 99〕為了規範本省五校生的補費順序，廣東省民政長於 1914 年 3 月指令駐日留學生經理員制定考入五校補費辦法，要求按一定的學校順序發放補助費用，〔註 100〕彌補了五校生只有同時考入相同的補費辦法而無同時考入不同學校補費辦法的缺陷。

〔註 94〕　《民政長呈教育部停止東西洋各生學費並核減五校名額》，《廣東教育公報》，第二年第四期，第 336 頁。

〔註 95〕　《巡按使咨陳教育部飭財政廳查照前飭匯寄補助四校生經費》，《廣東教育公報》，第二年第十期，第 767 頁。

〔註 96〕　《教育部咨直隸等二十四省巡按使四年度留日官費缺額准以本年考入四校新生盡先抵補文》，《廣東教育公報》，第三年第三期，第 24 頁。

〔註 97〕　《廣東省長指令第二三四號令駐日留學生經理員熊退呈請補四校新生官費由》，《廣東教育公報》，第五周第六期，第 35～43 頁。

〔註 98〕　《都督兼民政長訓令本司查照教育部電明留日五校生給費辦法》，《廣東教育公報》，第一年第八期，第 477 頁。

〔註 99〕　《廣東省長指令第二三四號令駐日留學生經理員熊退呈請補四校新生官費由》，《廣東教育公報》，第五周第六期，第 35～43 頁。

〔註 100〕　《民政長指令駐日留學生經理員呈考入五校學生補費辦法》，《廣東教育公報》，第二年第四期，第 283 頁。

表 2.10：1913 年至 1921 年廣東投考及考入日本四校及明治學校人數表：〔註101〕

學校＼年份		1913	1914	1915	1916	1917	1918	1919	1920	1921
東京高工	報考	不明	不明	不明	不明	不明	17	12	21	12
	考入	7	3	2	3	5	4	0	3	2
東京高師	報考	不明	不明	不明	不明	不明	8	10	7	21
	考入	4	5	2	3	3	2	1	0	1
千葉醫專	報考	不明	不明	不明	不明	不明	4	2	13	9
	考入	2	3	0	1	1	3	0	0	0
高等學校	報考	不明	不明	不明	不明	不明	30	61	53	46
	考入	12	15	4	12	5	4	10	7	1
明治專門	報考	0	0	0	0	不明	10	10	14	7
	考入	0	0	0	0	0	0	1	0	0

　　民國初年，廣東省教育行政機關很重視留學日本的教育。這是因為留日學生為辛亥革命的成功立下了汗馬功勞。民國成立後，一些為革命而歸國的留日生繼續赴日學習，許多國內的有志青年也紛紛赴日。他們對祖國的熱情感染著國內的群眾和當權者。1913 年 3 月，留東學生總會代表鍾琦、馬幼伯「受外界刺激研究救急之策」，歸國組織演說團。廣東省教育司對此「熱血滿腔感佩無已」，並對留日學生抱有厚望，認為「國事危迫，有賴於諸君幫助者甚多，尚望時賜教言匡我不逮」。〔註102〕然而，有些留日學生畢業後，並不能馬上得到任用。1915 年 5 月，廣東兩名留學日本高等師範學校的學生畢業返國，自願在省內服務，請求委派。按照章程他們應在省內擔任教育職務，但因教育各機關所需教職員已滿額，需有缺額時才能任用。〔註103〕

　　中央政府教育權力下放，對地方留學教育管理並不強行干涉。民初各省

〔註101〕　《四校及明治學校歷年投考人數及考入人數》，出版者不詳：《中華民國廣東留日學生同鄉會會員錄》，出版地不詳，1920 年。

〔註102〕　《本司公函留東學生總會代表鍾琦馬幼伯函商辦理宣講事》，《廣東教育公報》，第一年第七期，第 260～261 頁。

〔註103〕　《巡按使第六九八二號批留學日本高等師範畢業生司徒欽李材等畢業返國請委派服務》，《廣東教育公報》，第三年第八期，第 54 頁。

留學生的派遣與管理，基本上是根據各省的實際情況「各自為政」〔註 104〕。然而，廣東的教育行政機關和北京教育部卻保持著默契的交流和合作，似乎不關心南北雙方在政治上的對立和不合作，廣東教育機關仍然參考或遵循教育部的訓令和政策。一方面，說明了教育部的政策和訓令對全國留學教育界反映出的普遍問題的解決具有針對性和實用性，有助於廣東省解決當時的留學教育管理問題。另一方面，也說明留學教育管理，不僅僅是教育問題，還需要處理好派遣國與留學國之間的關係，而這些問題在當時僅依靠地方或中央都是無法獨立完成的。

二、二十年代廣東留日學生狀況

（一）爭取留學經費

二十年代初期，國內政局不穩，留學經費不續，廣東留日學生不能安心學習，歸國者頗多。1921 年留學日本的廣東公費生有 98 名，留日自費生有 300 名。〔註 105〕1922 年至 1923 年，赴日人數大幅減少。1923 年 9 月初，因省政府積欠留學生補助費，廣東留日陸軍學生選舉代表回國請款，他們向大元帥陳述了在國外艱難的生活困境。大元帥考慮到這些學生學業前途，令省署迅速籌款接濟。〔註 106〕9 月底，因「庫幣奇絀，無從撥彙」，但考慮到「此項經費不僅關係教育前途，且與國家體面攸關」，廣東財政廳向臺灣銀行借貸三萬元作為留學經費彙往日本以接濟廣東留日學生。〔註 107〕12 月，留日學生再次催彙留學經費，「自軍興後，當局因軍費繁多，庫儲支絀，未克源源接濟，以至時有竭蹶之虞」，急待救濟。留日學生經理員陳任楨也致電廣東省署，「陳困乏情形，請速匯款萬元，以渡年關」。〔註 108〕年底，廣東財政廳長梅光培撥款七千元接濟留日學生。駐日經理員以「撥款甚少，極難支配，且各留日學生已屆畢業者甚多，間因欠費，被日政府停止考試，殊屬可惜」為由，於 1924年 2 月再次請財廳籌集鉅款接濟。〔註 109〕4 月，廣東留日學生又推舉出經理

〔註 104〕　冉春：《南京國民政府留學教育管理研究》，華中師範大學 2007 年博士論文，第 22 頁。
〔註 105〕　《廣東教育會雜誌》，第 1 卷第 4 號，1921 年。
〔註 106〕　《留日陸軍學生請款》，《廣州民國日報》，1923 年 9 月 4 日。
〔註 107〕　《財廳借款彙留日學費》，《廣州民國日報》，1923 年 9 月 27 日。
〔註 108〕　《催彙留日學生學費》，《廣州民國日報》，1923 年 12 月 28 日。
〔註 109〕　《留日學生請款接濟》，《廣州民國日報》，1924 年 2 月 18 日。

員代表劉天堯及學生代表李璞、黃裕綸等三人抵省追繳留日經費。〔註 110〕然而，經費問題一直沒有得到解決。直至 1926 年 4 月，省政府積欠學費三萬餘元，致使廣東留日公費生無法維持生活，他們要求經理員陳季博及公權代表李文瀾回國向政府請款。除了說服廣東財政廳長每月撥款三千元為留日學生經費外，他們還向國民政府教育行政委員會呈請每月給足學費，以使留日學生安心求學，「免留難異國，為帝國主義者訕笑」。此外，留日全體廣東公費生還向汪精衛陳請催發學費。〔註 111〕

除了爭取留日經費的順利發放，廣東留日學生還盡力爭取日本庚子賠款用於廣東教育。1924 年 3 月，國立廣東大學籌備主任鄒魯聽說日本政府決定退回庚子賠款用於興辦中國文化事業後，便致函在廣東的日本居留民會長，請其轉請日本政府將庚子賠款分撥一部份作為國立廣東大學經費。鄒魯認為，庚子賠款僅用於中國北部的北京、濟南及中部的上海，而忽視了南部文化中心點的廣州，為國人所遺憾。〔註 112〕4 月，日本政府從對支文化事業經費中支取費用，在廣東選十名學生、一名指導員赴日本視察，每名補助日金五百元。這些學生由教育廳負責考選，被選的十名學生中有九名是廣東大學學生。〔註 113〕7 月，廣東留日學生同鄉會力爭庚子退賠興辦南方事業，組織東方文化公平設施促進會，向日本朝野宣傳。他們抗議中日庚款更多用於北京、上海等地，卻沒有用在中國西南文化中心的廣州，提議資助廣東各地設立地方圖書館，並給予廣東大學經費補助。〔註 114〕當時廣東留日學生認為庚子賠款用途分佈不公，忽視了南部的文化中心城市廣州，他們極力爭取庚子賠款用於發展廣東的教育文化事業。這也是當時廣東教育各界爭取庚子賠款運動的一個縮影。

（二）賑災救濟及國民黨黨員活動

1923 年 9 月，日本東京、橫濱等地爆發大地震。廣東留日歸國學生為日本大地震積極籌款賑災，並特別關注正在日本的廣東學生。中國青年會是留日學生的集中地，不幸在地震中倒塌。會所內住有五六十名留日學生，圖書

〔註 110〕　《留日生追經費》，《廣州民國日報》，1924 年 4 月 10 日。

〔註 111〕　《留日公費生再催發學費》，《廣州民國日報》，1926 年 4 月 9 日。

〔註 112〕　《鄒魯致留粵日人書》，《廣州民國日報》，1924 年 3 月 28 日。

〔註 113〕　《選送學生赴日》，《廣州民國日報》，1924 年 4 月 17 日。

〔註 114〕　《留日粵學生關心文化》，《廣州民國日報》，1924 年 7 月 19 日。

及寄宿學生的行李全部被焚，損失價值在二十萬元以上。廣東的兩名學生損失最慘重，一名學生爲劉士木，損失了平日搜集的英、日文的經濟財政類叢書、日文出版的秘密圖樣統計表及一百餘冊日本新聞雜誌剪報。而另一名廣東學生曾廣方，是高等工業學校的優秀學生，購買的很多英文工業名著被毀。〔註115〕「省中各機關人物，半屬留東學生」，對此特別表示同情，開會商討救助辦法。「電聞日本東京、橫濱各處地震爲災，情形極慘，凡屬人類，當爲惻然，況我同人等，雖離彼國，仍屬舊遊，應有特別同情，肯作隔岸觀火，至應如何籌商賑濟，尙望共策一致進行」。〔註116〕他們決定籌款賑災，辦法如下：（一）由政府及團體墊款：政府墊五萬元，九善堂及各團體墊三萬六千元，七十二行商墊七萬二千元，總商會墊五千元，商會聯合會墊五千元，自治研究社總共會各墊若干。（二）組織日災籌賑委員會：由七十二行商、九善堂、總工會自治研究社、文瀾書院、總商會、商會聯合會各舉代表二人組成。〔註117〕孫中山、胡漢民、廖仲愷、鄒魯等國民黨人也致函駐廣州日本總領事及留日學生表示慰問。〔註118〕

　　留學日本的國民黨學生黨員積極在日本進行宣傳活動。1924年10月，中國國民黨東京支部全體黨員向留東同學宣傳：國民黨始終如一地貫徹救國救民的主張，並代表國民階級的利益，致力於撤廢中日兩國間不平等的條約，希望諸同學和國民黨共同努力推翻軍閥，完成國民革命的事業、國民黨的主義。他們倡導留東諸同學監督國內軍閥的賣國行爲，對在留學生歡迎大會時公然主張擁護吳佩孚武力統一中國的自由演說不能容忍，認爲這些演說者是卑劣份子和賣國賊代表。〔註119〕

　　廣東留日學生也積極關注國內政治，對沙基慘案深感悲憤。1925年8月，留日歸國學生代表赴南方各省宣傳日本歷年侵略中國痛史並調查沙基慘案眞相，呼籲國民政府向帝國主義嚴重交涉以泄民憤。〔註120〕

〔註115〕　《留東學界近況之報告：中國青年會力請恢復會所》，《廣州民國日報》，1923年12月29日。

〔註116〕　《留東學生開會籌賑日災》，《廣州民國日報》，1923年9月7日。

〔註117〕　《各界籌賑日災會議情形》，《廣州民國日報》，1923年9月8日。

〔註118〕　《要人慰問留日學生》，《廣州民國日報》，1923年9月8日。

〔註119〕　《留東國民黨討賊之呼聲》，《廣州民國日報》，1924年10月30日。

〔註120〕　《留日歸國學生之通電　與國人相約四事》，《廣州民國日報》，1925年8月7日；《留日學生總會代表抵粵》，《廣州民國日報》，1925年8月8日；《留日同鄉對沙基案之悲憤聲》，《廣州民國日報》，1925年8月8日。

綜上，二十年代的廣東留日經費積欠嚴重，留日學生常常致力於爭取經費的活動中。他們熱切關注國內政治，在日本的國民黨組織激進、活躍。廣東留日學生回國後，擔任了省內各機關的重要職務，對在日留學的廣東學生關切有加。

第四節　北洋政府時期廣東學生留歐

一、北洋政府時期廣東學生留歐概況

1912 年，北洋政府裁撤歐洲各國留學生監督，決定待工作稍有頭緒後，「派前駐比監督高逸清理留學款項」。〔註 121〕1913 年 8 月，教育部制定了《經理歐洲留學生事務暫行規程》，在比利時設立經理員事務所，特派一名留學生經理員負責留學各國學生學費事項（俄國學費由使署兼管，不歸經理員發放），各省及各機關可委託經理員代發本省留歐學費。教育部所派留歐學生由教育部將學費彙交經理員發給，各省及機關所派學生若願意委託經理員代發學費，須按期自行如數彙去。經理員除管理留學費用事項外，還包括調查學生成績、各地學校情形及學術事項。〔註 122〕10 月，鑒於各省的經費短缺現象，教育部表示愛莫能助，致電各省政府，因「經費支絀異常，且為預算所限，實無通融兼顧餘地」，希望各省「留學經費務速自行設法或酌量撤迴學生」。廣東省當時的留歐學費已如數彙清，表示「學費既有著落，學生既無須撤回，俾得竟其所學」，「暫可毋勞大部籌墊」。〔註 123〕12 月，教育部公佈《留歐官費生規約》，要求「各部省及各機關所派學生之學費，暫照原定之數支給，如各省有函電減成核發者，即照所減之數發給」，並規定留歐官費生學務事宜不得赴各使館紛擾。〔註 124〕之後，教育部派朱炎為經理員赴歐洲管理留學事務。

〔註 121〕　《教育部派員經理歐洲留學事務》，《教育雜誌》，第 5 卷第 7 號。

〔註 122〕　《教育部公佈經理歐洲事務暫行規程令（1913 年 8 月 20 日）》，中國第二歷史檔案館編：《中華民國史檔案資料彙編》（第三輯　教育），南京：江蘇古籍出版社，1991 年，第 577～579 頁。

〔註 123〕　《民政長呈覆教育部奉電飭籌留學各國學費或撤迴學生文》，《廣東教育公報》，1913 年 10 月 8 日。

〔註 124〕　《教育部公佈留歐官費學生規約令（1913 年 12 月 27 日）》，中國第二歷史檔案館編：《中華民國史檔案資料彙編》（第三輯　教育），南京：江蘇古籍出版社，1991 年。第 579～581 頁。

駐歐一年多後，朱炎根據實際情況，建議將留歐學費委託給銀行辦理會更便捷，而無須由教育部特派專員駐歐管理。1914 年，教育部根據朱炎的建議，將經理員裁撤，通告各省將應彙發的留歐學費都彙給中央，再由教育部委託銀行按照留歐官費生規約發給各省留歐學生。〔註 125〕3 月，廣東省彙發當年上半年的留歐學生費用，「粵省三年上半年留歐學款已清，且多彙英金 1000 鎊留爲下半年學費之用」。〔註 126〕

然而，隨著第一次世界大戰的擴展，通過銀行發放留歐學費事宜發生了很大困難。「歐戰發生，交通隔絕，發費事務頓生困難，且德比等國學校多已停課，既不能全數遣回，必須設法救濟，於是三月十日與駐德公使咨商辦法，僅留原校有課者十五名，餘悉資遣回國，留比學生則一律准予轉學英法，惟鎊價奇昂，匯兌時滯時通……使館兼顧留學事務諸多爲難」。〔註 127〕1915 年 5 月，駐英公使施肇基稱使館事繁，不能兼顧留學事務，請速派監督專辦。6 月，教育部決定再次任命朱炎爲留歐學生監督，派赴歐管理學務，〔註 128〕並制定《各省分擔留歐學生監督處經費辦法》，規定各省按派遣留學生人數的多少分別負擔留歐學生監督經費數，派有公費留歐學生十五名以上的省份每年交一千五百元，十名以上每年一千元，五名以上每年伍佰元，五名以下免交。〔註 129〕1919 年，朱炎辭去留歐學生監督之職。4 月，教育部派沈步洲任監督。〔註 130〕1924 年 12 月，監督處最終裁撤，留歐學生事務的管理由各駐歐使署代管。〔註 131〕

〔註 125〕 《民政長呈教育部奉部令彙留歐各生學費應按期以本國銀行幣約計》，《廣東教育公報》，1914 年 3 月 7 日；林子勳：《中國留學教育史（1847～1975 年）》，臺北：臺灣華岡出版有限公司，1976 年，第 228 頁。

〔註 126〕 《民政長呈教育部奉部令彙留歐各生學費應按期以本國銀行幣約計》，《廣東教育公報》，1914 年 3 月 7 日。

〔註 127〕 教育部：《教育部行政紀要（自民國元年四月至民國四年十二月）》，臺北：文海出版社，1986 年，第 154 頁。

〔註 128〕 《教育部呈選派本部僉事朱炎充留歐學生監督並擬定各省分擔經費辦法請鈞鑒文並 批令》，《廣東教育公報》，1915 年 6 月 8 日。《教育部公佈管理留歐學生事務規程（1915 年 8 月 26 日）》，中國第二歷史檔案館編：《中華民國史檔案資料彙編》（第三輯 教育），南京：江蘇古籍出版社，1991 年，第 593～595 頁。

〔註 129〕 《教育財政部呈遵諭商籌撥經費派員赴歐專辦留學事務請訓示文並批令》，《廣東教育公報》，1915 年 5 月 21 日。

〔註 130〕 《咨各省省長送留歐監督新遷地址文》，《教育公報》，第 7 年第 10 期。

〔註 131〕 林子勳：《中國留學教育史（1847～1975 年）》，臺北：臺灣華岡出版有限公司，1976 年，第 229 頁。

　　由上述內容可知，北洋政府初期，教育部致力於改善各省的留學經費問題。當時廣東省留歐經費充足，沒有出現拖欠現象。1914 年下半年，廣東省有 8 名留英學生公費生，每名月支十六英鎊，半年經費共七百六十八鎊，約國幣八千五百九十六元二角二分四毫。有 4 名留法學生，每名月支給四百法朗，半年共支九千六百法朗，約國幣四千一百七十元零五角六分。還有留德學生 1 名，每月支給三百二十馬克，半年共支一千九百二十馬克，約國幣一千三百一十元零四角。當年所有留歐學生經費共國幣一萬四千零七十七元一角九分。〔註 132〕除彙去所需經費外，廣東留歐經費還剩餘四百三十四英鎊。〔註 133〕1915 年初，廣東省如期匯出當年留歐學生學費。〔註 134〕9 月，因二戰爆發後，英磅價漲。廣東省留學歐洲各國公費生以物價上漲、生活艱難為由，請求增加學費。廣東省就將所有留歐學生學費增加為每月十六磅。〔註 135〕

　　綜上，廣東留歐公費生與留美、留日的學生相比，人數並不多。據統計，1913 年 9 月，廣東留歐公費生共 29 人，其中法國 4 人、德國 3 人、英國 20 人。〔註 136〕1914 年 7 月，廣東留歐公費生共 17 人，其中法國 4 人（文科 1 人，理科 2 人，預備 1 人），英國 12 人（法科 5 人，醫科 3 人，工科 4 人），德國 1 人（法科 1 人）。〔註 137〕1915 年至 1916 年間，廣東留歐公費生共 15 人，而留美、留日公費生分別是 26 人、100 人。〔註 138〕

　　縱觀整個北洋政府時期，在歐洲的中國留學生最多的國家是法國。青年學生在「勤於作工，儉以求學」口號的號召下紛紛自費赴法勤工儉學。1921 年，里昂中法大學成立，更為國內學生赴法提供了一個平臺。此外，1925 年，

〔註 132〕《巡按使咨陳教育部咨粵省民國三年下半年留歐學費除結算外尚欠一萬六千五百餘元請速彙》，《廣東教育公報》，1915 年 5 月 4 日。

〔註 133〕《巡按使咨覆教育部歐洲戰訊日急請速彙留歐學生數月學費》，《廣東教育公報》，1914 年 8 月 11 日。

〔註 134〕《巡按使第六十號咨陳教育部准教育部咨飭財政廳電准四年分上半年留歐學費》，《廣東教育公報》，1915 年 1 月 17 日。

〔註 135〕《廣東省長咨第九四號咨教育部准咨歐戰影響生活艱難請酌增留學生學費由》，《廣東教育公報》，1918 年 3 月 9 日。

〔註 136〕《留學歐洲各國官費學生姓名表》，《教育部編纂處月刊》，第 1 卷第 10 期，1913 年。

〔註 137〕《教育部公佈 1913 年至 1914 年留歐各國官費學生統計表（1914 年 7 月）》，中國第二歷史檔案館編：《中華民國史檔案資料彙編》（第三輯 教育），南京：江蘇古籍出版社，1991 年，第 610～611 頁。

〔註 138〕謝長法：《中國留學教育史》，太原：山西教育出版社，2006 年，第 119 頁。

俄國設立莫斯科中山大學，廣東國民政府爲了培養革命幹部，考選國民黨學生赴俄留學，廣東留學俄國因莫斯科中山大學的存在而獨具特色。

二、廣東留法勤工儉學生

　　留法勤工儉學運動源於辛亥革命前後的留法儉學、旅法華工教育及旅法華人的勤工儉學。在五四新文化運動時期，中國實際上處於四分五裂的狀態，沒有統一強權思想的束縛，各種社會思潮紛紛湧現。在這種大背景下，在新思潮激蕩下的人們紛紛趁著留法勤工儉學運動負笈海外。留法勤工儉學運動使一批見聞閉塞、有志報國的中國青年學生走出國門赴法留學，開闊了眼界、增長了見識，促使許多熱血青年走上了革命道路。

　　在全國盛行赴法勤工儉學的潮流中，廣東的留法運動也開展得如火如荼。1919 年 9 月，華法教育會廣東分會在廣州成立，該會宗旨是「以法國科學與精神教育，圖中國道德智識、經濟發展熱心偉願」，以期文化日昌、學術日進。〔註139〕10 月，華法教育會廣東分會倡導各縣選送半費學生赴法留學，並擬定《各縣考送留學法國學生辦法》，主要內容如下：

　　（一）此次各縣考送學生赴法留學系爲國家儲蓄人才，宜愼重考選，毋稍輕忽，尤不可徇紳士之情，敷行考送。

　　（二）查各縣良秀子弟多就學省城或京津滬等處，宜令行各縣知事寬限報名之期以便各生回縣報考。

　　（三）各縣考取各生均須以中學畢業者爲限。比之小學程度留法國十年，中學程度五年均已足，即可收事半功倍之效，猶可免多耗留學之費。

　　（四）我國人留學外國往往有不道德行爲，致使外國人鄙視，此次考選各生尤宜令行各縣知事認眞注意品行，免惹彼邦人士鄙夷致辱國體。

　　（五）各縣考取各生均應檢查體格，體格不強則學力不充，尤恐有肺癆等種種傳染病者到外國時致遣回，徒費金錢。

　　（六）各縣令被取各生遵守條舉如下：

　　　甲、被取錄留學之生應以學行兼重。倘出洋以後，查有荒廢學業、損辱國體或與西婦結婚諸事，一經查覺立即停止學費。

〔註139〕《廣東省長批第一二二三號批華法教育會廣東分會幹事黃強等呈爲組織華法教育會廣東分會請准備案由》，《廣東教育公報》，1919 年 10 月 21 日。

乙、凡補助留學之費由各縣直接寄交本人或管理留學生之機關轉交。

丙、一經被取派往留學,由各縣呈請省長備案,在留學或畢業後與官費學生同等看待。

丁、由各縣派往留學學生,每月至少寄信一次於省長及本縣縣長,每季將最少一萬字德功課翻譯一部份,寄回省長及本縣長,每年暑假須將最少五萬字的、最有心得的學理或實習翻譯一冊,寄回省長及本縣,以考其向學與否,違者停寄學費。

戊、所有學生寄信返省或縣,均須掛號以免疏失而便查追。〔註140〕

綜上,廣東勤工儉學生考選目的是為國家儲蓄人才,考選對象是各縣中學畢業的優秀學子,注重對學生品行、體質及學業的考察,留學經費由各縣負責支付,勤工儉學生畢業後與公費留學生地位相同。

22日,廣東華法教育會在廣州東園國會議員俱樂部召開第二次大會。會上提議每年選派中國學生留學法國,應多派中國青年到留學經費較便宜的法的鄉村學校留學,並以圶崇書院舊址為遊學預備館。〔註141〕11月,廣東省長通令各縣籌款選送留法學生,要求各縣按照地方經濟狀況考送數名學生赴法,每年補助每名學生一半學費。〔註142〕

由於各縣教育水平不同,報名勤工儉學學生的名額也有差異。1920年2月,曲江縣勸學所所長僅選送韶州中學校二年級學生陳榮魁一人赴法留學,由縣政府每年補助其留學費大洋三百元。由於該縣偏僻,地方瘠苦,戰事連年,土匪猖獗,大部份人家無力資遣子女出洋留學。即便縣政府補助一半費用,剩下的幾百元仍然無法承擔,因此僅有一人報名。〔註143〕

1919年底至1920年初,廣東省分三批遣送了42名學生赴法勤工儉學。〔註144〕在廣東華法教育會的組織下,廣東省赴法勤工儉學的學生共有251人。這

〔註140〕《廣東省長訓令第九五八號令各縣知事依照華法教育會廣東分會幹事黃強函擬考送留法學生辦法辦理文(附辦法)》,《廣東教育公報》,1919年10月27日。

〔註141〕(日)森時彥:《留法勤工儉學運動小史》,河南:河南人民出版社,1985年,第66頁。

〔註142〕《廣東省長訓令第八一零號令各縣知事選送留法學生並就地籌款補助學費半數文》,《廣東教育公報》,1919年11月4日。

〔註143〕《廣東省長布告第十號布告選送赴法留學生陳榮魁遵赴華法教育會廣東分會領照聽候出發文》,《廣東教育公報》,1920年2月16日。

〔註144〕《第三四五期赴法學生名冊請分別備案令知由》,《廣東教育公報》,1920年5月25日。

些學生享受半公費待遇。抵法後，大部份進入學費低廉的法國鄉村學校，實行半工半讀。廣東籍勤工儉學生在當時留法勤工儉學生中，是生活境遇相對較好的一個群體。「凡廣東學生多半身上有五千法郎支票，一律被送往里昂一個中學裏，由赫里約市長照料，後皆得著廣東公費，學而有成，故廣東籍的留法學生甚少變成共產黨者。四川、湖南兩省學生則最窮，凡所帶法郎支票不滿一千法郎，則一併送入蒙達爾尼學校。」〔註145〕據統計，1919 年 3 月至 1921 年 1 月，一共有 266 名廣東學生分二十一批赴法勤工儉學。〔註146〕

　　但是，廣東省各縣的留學經費並不能按時彙給留法勤工儉學生，致使廣東籍留法學生陷入經濟困境。1921 年 7 月，由於各縣不能按時匯款，加上戰後法郎價漲，留法學生「顛連海外，困苦萬狀，借貸乏術，進退維谷」，他們請求各縣增加費用並按期匯寄。〔註147〕廣東省長公署公函令各縣依期發給留法學生費用並增加補助費一百元。〔註148〕赴法勤工儉學生還是陷入了經濟危機，他們「窮迫萬分，日夜待款救濟，大有將餓死異國之勢」。1923 年 8 月，留法學生因經費支絀，多次請求匯款。而廣東戰事不斷，財政支絀，且各縣縣長頻頻更換，補助費不能按期匯出。在廣東省議長鄭里的倡議下，省財政廳墊付了各縣欠發的留法學生費用四十五萬八千一百九十五法郎。〔註149〕三個月後，法國蒙達爾學校校長致函廣東省政府，廣東省多數學子很難在法國找到工作，幾乎不能維持生活，請省長迅速彙補助費。廣東省政府再次飭令各縣籌彙留法學費。〔註150〕

　　然而，各縣留法學生補助費依舊拖欠，有的甚至拖欠長達兩年。1924 年 4 月，廣東省政府訓令南海、番禺等五十二縣及瓊崖水訓局迅速匯費。〔註151〕5 月，僅高要、龍川兩縣先後將費用彙繳到省署，茂名、遂溪、瓊山、瓊東南、雄靈山等縣直接發給各生家屬，其餘各縣因各種原因未遵令籌辦。〔註152〕南

〔註145〕　李璜：《學鈍室回憶錄》，香港：明報月刊社，1979 年，第 85 頁。
〔註146〕　《留法勤工儉學生姓名、批次表》，周永珍：《留法紀事：20 世紀初中國留法史料輯錄》，北京：國家圖書館出版社，2008 年，第 331 頁。
〔註147〕　《呈省長文：請令行各縣加籌留法學生費用及先期匯寄由》，《廣東省教育會雜誌》，第一卷第一期。
〔註148〕　《省長公署公函》，《廣東省教育會雜誌》，第一卷第一期。
〔註149〕　《積欠留學費應即解繳》，《廣州民國日報》，1923 年 8 月 18 日。
〔註150〕　《令飭各縣籌彙留法學費》，《廣州民國日報》，1923 年 11 月 12 日。
〔註151〕　《省令解繳留學生經費》，《廣州民國日報》，1924 年 4 月 8 日。
〔註152〕　《省令各縣催解留法學費》，《廣州民國日報》，1924 年 5 月 13 日。

海縣要求由市教育局負責補助留法學生學費，理由是南海縣留法學生補助半費本來在縣屬稅契附加項下撥給，而稅契附加改爲歸市局徵收，主管稅收權限變更，應由市財政局仍在稅契附加項下照數撥給。而市政廳稱，廣州市市區爲獨立制，不入行政範圍，區域內所有契稅款項，不能混入縣收入。南海縣又以全縣稅契附加每年不及一萬元，已不敷支自治費及縣立各學校經費，無法應付每年留法學費五千元，堅持要求市政廳撥將該款撥歸市教育局支彙。〔註153〕11月，廣東留法半公費生派代表團回國請費。〔註154〕

綜上，二十年代初期，廣東的勤工儉學運動開展得沸沸揚揚，學生得到各縣政府的半費補助後，可以自由申請赴法。但因廣東政局不穩，行政長官變化更迭，留學生經常不能按時拿到經費。而且，隨著世界局勢變化，在法國很難找到勤工的機會，儉學也變得異常困難，學生生活困頓。這些都導致了赴法勤工儉學運動的破產。

三、廣東留俄學生——莫斯科中山大學與廣東

中國學生到日本、美國、英國、法國等國家留學的人數較多，很少把目光放在鄰邦俄國上，在俄國的廣東學生更是少得可憐。民國初期，一名廣東學生得黑龍江省公費資助到俄國留學，還因違規被該省追討經費。〔註155〕十月革命後，北洋政府仇視蘇維埃政權，終止了所有公派留俄學生。直至1921年，俄共（布）中央決定組織東方訓練班。之後，改名爲東方共產主義勞動大學，主要目的是爲東方各國培養革命人才。該校成立之初，中國學生僅有36人。〔註156〕1923年，增至52人。〔註157〕而中國學生大批留學蘇聯，則始於1925年莫斯科中山大學的成立。

〔註153〕《妥籌留法半費》，《廣州民國日報》，1924年4月30日；《妥籌留法半費》，《廣州民國日報》，1924年5月16日。

〔註154〕《留法半官費生之呼援》，《廣州民國日報》，1924年11月11日。

〔註155〕《兼署黑龍江巡按使朱慶瀾呈留俄學生唐寶書自由退學冒領學費請飭廣東江蘇巡按使勒令該家屬賠繳並請通令不得錄用文並批令》，《廣東教育公報》，1915年6月10日。

〔註156〕〔蘇〕В·Н·烏紹夫：《20～30年代蘇聯爲培養中國黨和革命幹部所提供的國際援助》，《黨史研究資料》，第12期，1988年。

〔註157〕黃平：《往事回憶》，北京：人民出版社，1981年，第7頁。

（一）莫斯科中山大學的建立、招生及其與廣東的關係

1924 年，孫中山在寫給蔣介石的手箚中寫道：「我黨今後之革命，非以俄爲師，斷無成就」。〔註158〕1924 年至 1927 年，孫中山的聯俄、聯共、扶助農工的三大政策成爲一種強大的革命動力，推動著中國留學教育走向一個新的旅程。

莫斯科中山大學是一所專爲中國革命培養領導人才的黨員學校。1925 年7 月 1 日，廣州成立國民政府。10 月初，莫斯科中山大學籌備數月後建成，計劃招收一百二十名中國學生。10 月 7 日，俄國派駐國民黨的特別顧問鮑羅廷在國民黨中央政治會議上正式宣佈建立莫斯科中山大學，他還建議國民黨選派學生去莫斯科中山大學學習。這個提議獲得通過，並成立了由鮑羅廷擔任顧問的選撥委員會。選拔委員會建立後，迅速在廣州、上海、北京、天津招考學生。爲了避免北方政府的阻礙，莫斯科中山大學除在廣州進行公開招考外，在其它地方的招生都是秘密進行的。

1925 年 10 月 8 日，莫斯科中山大學的正式在中國招生。當天的廣州民國日報上刊登了關於莫斯科中山大學招生的消息，原文如下：「俄國近來研究東方學問，很有興趣，尤其愛好孫文主義，認爲孫中山與列寧同等。莫斯科設立一孫文大學，由一個著名學者那荻克發起。可收容中國學生二百五十人。由國民政府高等顧問鮑羅廷接到俄國電報後，鮑氏且於昨日在政治委員會報告此事。政治委員會據此，當堂推定汪精衛、譚延愷、古應芬三人組織委員會，商配全國學生分派入該校事宜云。」〔註159〕從這條消息可以得知，當時莫斯科中山大學名爲莫斯科孫文大學，學校規模不算大，學生選派則完全由廣東的國民黨人決定。10 月 12 日，國民政府政治委員會發佈投考留學莫斯科孫文大學簡章，公佈了莫斯科孫文大學留學生招考辦法，主要內容爲：（一）在廣州選派一百五十人左右。（二）報名者資格爲中學畢業及與中學畢業有同等學力、年齡在三十歲以下、體格健康的中國國民黨黨員。（三）每人船費、治裝費自備一百五十元，中央黨部津貼一百元。入學後，一切費用皆由莫斯科孫文大學供給。（四）十月十二日開始到中央黨部報名，十六日截至。十七日在中央黨部考試。〔註160〕

〔註158〕 《致蔣介石函》，《孫中山選集》（第二卷），北京：人民出版社，1981 年，第948 頁。

〔註159〕 《俄京設立孫文大學 可收容學生二百五十人 組織委員會酌派全國學生》，《廣州民國日報》，1925 年 10 月 8 日。

〔註160〕 《投考留學莫斯科孫文大學簡章》，《廣州民國日報》，1925 年 10 月 12 日；《投考留學莫斯科孫文大學簡章》，《廣州民國日報》，1925 年 10 月 17 日。

在廣州，五天內報名莫斯科中山大學的考生約千餘人，合格者三百八十餘人。10 月 20 日，在廣東大學舉行招生考試。考試試題為：（一）什麼叫做國民革命。（二）什麼叫做反革命。（三）什麼叫做帝國主義。（四）什麼是民族主義與世界主義。（五）什麼是國民革命與民眾運動。〔註161〕考試及格的學生有百餘人。28 日舉行口試，由農民部長陳公博、組織部長譚平山、商民部長甘乃光、宣傳部長毛澤東四人分堂主試。〔註162〕

據一位考生回憶，選派學生的公開報名是那年秋天在廣州進行的。手續很簡單。到中國國民黨中央委員會辦公廳（設在原廣東省議會）填寫一張報名卡就可以了，無需出示文憑或任何其它證書，也沒有年齡限制。所以被錄取人的年齡和文化程度極為懸殊，從十四、五歲到四、五十歲，從幾乎是文盲到大學畢業或留學生應有盡有，真是所謂「三代同堂」、「長幼同課」，蔚為奇觀。報考人填了報名單以後，國民黨中常會指定高級官員來甄別他們是否合格，然後確定考試日期。考試在廣東大學進行。筆試之後，公佈初試錄取名單。然後隔了相當一段時間進行口試，由國民黨高級官員主試。口試著重考時事政治。這樣，到最後錄取，大家要經過三種考試。看起來容易，其實並不簡單。經過初試、筆試、口試，一千多名報考人十分之九被淘汰，錄取的人不是很多。〔註163〕但這三級程序中，第一級最難，因為「考生必須被選拔委員會認可是一個忠實的國民黨員」。〔註164〕

另一名廣東考生朱瑞，是江蘇宿遷人，他於 1924 年中學畢業後，從上海考入廣東大學。他對當時廣東大學的教學質量很不滿意，覺得雖然廣東是革命的策源地，但廣東大學則是死氣沉沉。大學組織鬆懈，既無新事物，也無新思想，「發覺原來大學工科竟比中學還低」。正在失望之際，聽說莫斯科中山大學招生，感到喜出望外，他便決定投考。口試時，陳公博向他提問：「共產主義與三民主義有何分別？」他回答：「共產主義是以革命手段解決社會問題，三民主義是以改良手段解決社會問題。」問：「國共兩黨能不能合做到底？」他回答說：「只要兩黨領導者精誠合作，領導的好，能合做到底。」朱瑞在廣

〔註161〕《投考莫斯科孫文大學情形》，《廣州民國日報》，1925 年 10 月 21 日。
〔註162〕《投考孫文大學口試情形》，《廣州民國日報》，1925 年 10 月 29 日。
〔註163〕王覺源：《留俄回憶錄》，臺北：三民書局，1988 年，13～14 頁。
〔註164〕（美）盛岳：《莫斯科中山大學和中國革命》，北京：現代史料編刊社，1980 年，第 18 頁。

州學習了一年多時間，既看到國共兩黨的合作，也開始知道一點國共兩黨之間的差別，以及合作中存在的一些問題。因此，能有分寸第回答這些問題，最終被錄取成為留俄學生。〔註165〕

　　除公開報名考選的學生外，鮑羅廷另外還保送了二十名學生。這些學生大多是國民黨要人的子弟，可免於考試。如黃文傑，廣東興寧人，1920 年考入縣立中學，1925 年考入黃埔軍校，不久加入中國共產黨，後來由軍校中共黨組織提名、蘇聯顧問鮑羅廷推薦赴蘇學習。〔註166〕還有國民黨左派、嶺南畫家陳樹人的兒子陳復，十五歲隨父母東渡日本、遠涉北美，之後又回廣州讀書，1922 年在上海復旦中學時，開始閱讀宣傳馬克思主義的書刊，不久加入團組織，還在廣州地委擔任工作。〔註167〕

　　除廣州以外，截止 1925 年 12 月，廣西的梧州、南寧兩地還招考了俄國莫斯科中山大學留學生五十名。南寧報名者約二百五十人，在省立第一中學考試後，取錄二十名。梧州報名者約四百餘人，取錄三十名。〔註168〕留學名額競爭激烈。12 月 9 日，因名額已滿，政府決定停止保送留俄學生。〔註169〕1926 年 3 月，一名瓊崖學生請人冒名頂考被人舉報，由政治訓練部主任陳公博證明其舞弊行為後被開除留俄資格。〔註170〕

　　選派學生去俄國的消息迅速傳遍全國後，「僅僅在廣州一地就有一千多名青年報名參加選報考試。由於廣州是那時全國的主要革命的中心，選派委員會選拔的三百四十名學生中大多數（一百八十人）來自這個城市，設在廣州黃埔和湘（湖南）、滇（雲南）軍校各取十名，有五十名來自上海，五十名來自京津地區。還有二十名由鮑羅廷特別推薦。鮑羅廷特別推薦的大多數是國民黨要人的子弟。這些特別選拔的學生免除參加競爭考試。在廣州選拔的學生中，百分之九十是國民黨員，上海和京津地區選拔的學生則多數是共產黨員。」〔註171〕

〔註165〕　朱瑞：《我的歷史與思想自傳》，《中共黨史資料》，第 9 輯。
〔註166〕　孫耀文：《風雨五載——莫斯科中山大學始末》，北京：中央編譯出版社，1996年，第 27 頁。
〔註167〕　孫耀文：《風雨五載——莫斯科中山大學始末》，北京：中央編譯出版社，1996年，第 26 頁。
〔註168〕　《桂省考選留俄孫文大學生》，《廣州民國日報》，1925 年 12 月 3 日。
〔註169〕　《停止保送留俄學生之函覆》，《廣州民國日報》，1925 年 12 月 9 日。
〔註170〕　《孫大革除舞弊學生》，《廣州民國日報》，1926 年 3 月 8 日。
〔註171〕　（美）盛岳：《莫斯科中山大學和中國革命》，北京：現代史料編刊社，1980年，第 17 頁。

　　與廣州的大張旗鼓招生不同，上海、北京等地則秘密選送學生。一些省的學生選送工作是由中共省委（或區委）的負責人或擔任國民黨省黨部負責人的中共黨員來主持的。一些北方省份因政治環境原因，選派留學生去莫斯科的工作實際上落在李大釗領導的中共北方區委肩上。〔註172〕1925 年秋，中共中央通知各地的黨組織，選出一批年輕的黨員、共青團員和進步青年在指定地點集中，然後集體赴蘇學習。伍修權是由湖北黨組織選派去的，當初與他一起被選上的還有兩名同學，但是他們一個因為是獨生子，家裏說什麼也不放他走。另一個則是因為家境較好，不出國也有出路，也被家裏人阻止了。〔註173〕與伍修權同一批的學生於 1925 年 11 月底到達莫斯科中山大學。還有少數人是從法國、德國、比利時等西歐國家來的，其中包括鄧小平、傅鍾才、徐冰等人。〔註174〕莫斯科中山大學的學生，絕大所數是從中國去的，極少數從德、法國去。〔註175〕

　　1925 年底至 1926 年初，廣東大學開設設留俄學生預備班，招收學生一百人，其中青年軍人約有三十餘名。〔註176〕預備班最高機關為管理委員會，委員包括鮑羅廷夫人、曾仲鳴、吳求哲、梁紹文及王志鴻五人，學生的一切費用由政治委員會供給，擔任教師的主要是俄國人及廣東省學者，所授課程為俄文、政治學、經濟學、社會學等。〔註177〕因報名留俄預備班學習的學生人數眾多，1926 年 4 月，政治委員會通告留俄孫文大學預備班不增設旁聽生。〔註178〕

　　1926 年下半年，莫斯科中山大學又招收了第二期學生共六十名，大部份是共產黨學生，如秦邦憲、楊尚昆都是這批赴莫斯科學生名單中。〔註179〕廣東新會人劉思慕，1918 年就讀於廣州南武中學，1923 年考入嶺南大學，1925 年加入國民黨，1926 年在國民黨廣東省黨部宣傳部擔任秘書，同時兼任省立

〔註172〕 孫耀文：《風雨五載——莫斯科中山大學始末》，北京：中央編譯出版社，1996年，第9～11頁。

〔註173〕 伍修權：《往事滄桑》，上海：上海文藝出版社，1986年，第50、52頁。

〔註174〕 伍修權：《我的歷程（1908～1949）》，北京：解放軍出版社，1984年，第24～26頁。

〔註175〕 王覺源：《留俄回憶錄》，臺北：三民書局，1988年，第11頁。

〔註176〕 《在粵設孫文大學預備班 校址擬附設在廣大》，《廣州民國日報》，1925年12月24日；《孫文大學生最近之議決案》，《廣州民國日報》，1926年1月20日。

〔註177〕 《留俄孫大補習班定期開課》，《廣州民國日報》，1926年1月4日。

〔註178〕 《留俄孫文大學管理委員會啟事》，《廣州民國日報》，1926年4月20日。

〔註179〕 孫耀文：《風雨五載——莫斯科中山大學始末》，北京：中央編譯出版社，1996年，第44～45頁。

女子師範學校教員，1926 年夏得知莫斯科中山大學需要英文翻譯，經甘乃光介紹給鮑羅廷，於 11 月入莫斯科中山大學。〔註 180〕至 1927 年 1 月 19 日，莫斯科中山大學學生已逾五百人，當年新入學學生約二百人，全部由國民黨機關派送，學習期限定爲二年。〔註 181〕

　　鑒於第一批學生程度不齊，且因爲莫斯科房屋緊缺，故莫斯科中山大學以後的招生提高了考生資格。1927 年，該校預備招生二百五十人左右，要求被選學生需爲年齡自二十歲至三十歲的中學畢業生或大學肄業生，且在黨內有一年的工作經驗。計劃分別在廣東招六十名、北京與上海各四十五名，廣西招二十名、四川招六名、其餘名額爲東三省及其它各省。〔註 182〕

　　莫斯科大學的全部費用及赴俄旅途中所有的費用均由俄國供給。〔註 183〕廣州的國民黨當時根本沒有資金在國外辦理一所大學。1924 年創辦的黃埔軍校，也是國民黨在得到蘇聯的資金、武器和教員的資助後才得以建立的。〔註 184〕留俄學生的治裝費及川資共計大洋二百五十元，其中由中央黨部津貼每人大洋一百元，其餘的大洋一百五十元要求各生自備。但廣東留俄學生基本不需自籌費用，因爲這一百五十大洋也得到了各學校或機關的資助。各軍官學校保送的 45 名留俄學生、8 名執信學校學生及其它軍校學生，均領得治裝費大洋一百五十元。廣東大學 18 名考入莫斯科孫文大學的學生，亦通過校長鄒魯請廣東財政廳發給同樣的治裝費。〔註 185〕

　　而共產黨派出的學生在經費上顯然沒有國民黨學生充足。據一位同學回憶，「當時去蘇聯的船費是免費的，但發給學生去莫斯科中山大學的旅費卻差別很大。大多數從廣州來的國民黨學生得到二百五十元置辦服裝、食品和其它附帶的東西。此外，國民黨中執委還給他們一百元津貼。而從中國其它地方去的學生領到的錢要少得多。中國共產黨只給他們北京、天津或其它城市

〔註 180〕　劉士昀等：《劉思慕傳略》，《廣東文史資料》，第 52 輯。
〔註 181〕　《莫斯科中山大學近況　學生已逾五百人》，《廣州民國日報》，1927 年 1 月 19 日。
〔註 182〕　《達林氏在中央政治會議席上　報告莫斯科孫大情形》，《廣州民國日報》，1926 年 11 月 12 日。
〔註 183〕　《留俄學生寄程軍長一封書　述抵俄情形及現狀》，《廣州民國日報》，1927 年 2 月 9 日：《俄京孫文大學之內容》，《廣州民國日報》，1925 年 12 月 1 日。
〔註 184〕　摩爾：《黃埔軍校是怎樣建立起來的》，《文史月刊》，2009 年第 9 期。
〔註 185〕　《國立廣東大學請補助留俄孫文大學學生治裝費呈令》，《中華民國史檔案資料彙編（第五輯　第一編）》，南京：江蘇古籍出版社，1998 年，第 1640 頁。

去上海的旅費。」〔註186〕然而，不論是國民黨選派的學生，還是共產黨選派的學生，沒有一個人敢進中國大使館的大門，因為當時的大使館還是北方政府的。〔註187〕

（二）莫斯科中山大學廣東學生的赴俄情形

在廣州選出的留俄學生分三期按批出發。第一期六十名，由政治委員會指定軍校學生三十名及軍校外學生三十名，乘輪船赴海參威轉車去莫斯科。〔註188〕《廣州民國日報》上專門開設了留俄孫文大學通訊欄，負責及時通知留俄事宜。1925 年 12 月 4 日上午 9 時，第一批學生在天字碼頭集合赴俄。〔註189〕

廣州第一批學生赴俄之前，國民黨中央黨部、中央婦女部、廣州市黨部婦女部先後開會歡送留俄學生。國民黨中央黨部指出此次留俄意義重大，認為以往政府選送留學外國的學生，在外國研究的學問均不適應時代的要求，致使外國留學學生很少能適應時代要求。而這次派遣的留俄學生不同，選送一班最有革命性的青年到俄國去研究革命、研究孫文主義，將來回國後可更好地遵循總理遺囑完成革命事業。婦女部何香凝則將留俄學生與推翻清政府的留日學生相媲美。她說，孫中山先生在日本組織各省學生成立革命同盟會，滿清政府懼於革命勢力，曾說服日本領事制定取締中國留學生規則，留日學生陳啓華為此憤慨投河，留日學生激昂慷慨，倒清反帝的革命空氣更加激進。她希望各位赴俄學生也能同當時留日學生一樣富有革命精神。省黨部主席陳公博認為，留俄學生之所以到俄國去研究孫文主義，是因為俄國是世界革命分子的集合地。〔註190〕汪精衛還推定林柏生、陳春圃負責與中央黨部聯絡。〔註191〕林柏生，廣東信宜人，1920 年考入廣州嶺南大學，一度任鮑羅廷的秘書、廣州致信中學訓育主任，1925 年成為汪精衛秘書。陳苗圃是陳璧君的侄兒，曾就讀於廣州聖心書院，1923 年任廣東省長公署機要科主任，次年任國民黨中央黨部秘書。〔註192〕

〔註186〕 （美）盛岳：《莫斯科中山大學和中國革命》，北京：現代史料編刊社，1980年，第 21～22 頁。
〔註187〕 王覺源：《留俄回憶錄》，臺北：三民書局，1988 年，第 45 頁。
〔註188〕 《留俄孫文大學分期出發》，《廣州民國日報》，1925 年 12 月 1 日。
〔註189〕 《留俄孫文大學通訊欄》，《廣州民國日報》，1925 年 12 月 4 日。
〔註190〕 《廣東省黨部歡送留俄學生》，《廣州民國日報》，1925 年 12 月 4 日。
〔註191〕 王覺源：《留俄回憶錄》，臺北：三民書局，1988 年，第 17 頁。
〔註192〕 孫耀文：《風雨五載——莫斯科中山大學始末》，北京：中央編譯出版社，1996年，第 24～25 頁。

　　1925 年 12 月 27 日，廣州第二批赴俄留學生出發。〔註193〕剩下的九十多名在廣州耽擱了好長時間。第三批留俄學生延期出發的主要原因是莫斯科中山大學翻譯人員很少，上課困難，而且西伯利亞鐵路冬季結冰，不宜旅行。〔註194〕此外，廣州曾風傳先行的同學中有在西伯利亞途中被嚴寒天氣凍僵致死的消息，因而要求第三批學生挑在熱天出發。〔註195〕有個學生這樣描述延誤時期的情況：「有大約一百人留在廣州等通知。可是誰知道我們啟程的日期在哪一天？我們的情緒都非常低落。一俟當局覺察到讓這些學生虛度時光的壞處時，他們就決定用他們自己的經費租兩所房子當做去俄國的學生的宿舍。我們當時免費食宿，還有雇來的幾名俄國婦女教我們俄語。」〔註196〕在考取後等待出發期間，教員、同學紛紛餞行，有的祝他們光明遠大、前途無量，有的卻冷冷地囑咐說到蘇聯後要持冷眼靜觀、辨別是非的態度。〔註197〕在等待赴俄的日子裏，這些學生的心情很緊張，擔心不能順利成行。1926 年 5 月，第三批孫文大學學生聽說莫斯科中山大學宿舍、課室已滿，非常焦急，通宵席地向國民政府請願，請求擴充課室座位及宿舍，以便早日出國。〔註198〕直至 8 月 5 日，廣州第三批六十名留俄學生才起程赴俄。〔註199〕10 月 25 日，剩餘的三十多名學生起程。〔註200〕

　　廣州赴俄學生「帶著異常興奮的心情，踏上俄國的一艘貨輪，占著大艙間和特等的艙位，自有說不出的愉快」。到海參威後，「即有兩名俄國人上船來接我們，把我們安排在凡爾賽旅館。這旅館相當富麗，且有中國侍應生，異地逢鄉人，自然要親切得多。詢悉之下，才知道這是招待外賓的唯一旅館」。只是因為自然環境劇變，冰天雪地，朔風酷寒，在中國南方生活的學生，最初感到不太舒服。在海參威停留的幾天，他們還參觀了當地中國工人俱樂部和紅軍俱樂部，並瞭解了當地華人的生活狀況。之後，他們轉上了西伯利亞

〔註193〕《赴俄留學生第二批出發》，《廣州民國日報》，1925 年 12 月 27 日。
〔註194〕《留俄學生第三批展期出發 擬設留俄預備班 出發日期仍未定》，《廣州民國日報》，1926 年 1 月 11 日。
〔註195〕王覺源：《留俄回憶錄》，臺北：三民書局，1988 年，第 24 頁。
〔註196〕（美）盛岳：《莫斯科中山大學和中國革命》，北京：現代史料編刊社，1980 年，第 22 頁。
〔註197〕朱瑞：《我的歷史與思想自傳》，《中共黨史資料》，第 9 輯。
〔註198〕《赴俄留學孫大學生之懇切 已去電請孫大擴充座位及宿舍》，《廣州民國日報》，1926 年 5 月 18 日。
〔註199〕《留俄第三批學生起程》，《廣州民國日報》，1926 年 8 月 5 日。
〔註200〕《留俄孫文大學學生放洋》，《廣州民國日報》，1926 年 10 月 26 日。

的火車，每人一張床位，佔了半截車廂。「車子每到驛站，輪流到站上去排隊取開水，買麵包和其它食物。衣裳襤褸的俄國婦人，叫賣的鹵水雞子和雞蛋特別多，而且比較便宜，自然就成了我們每餐必備的東西」。每逢大站，就到站上的飯廳裏大吃一頓。一路上，大家唱歌、講故事、唱京劇、玩魔術、下棋、猜拳、作詩、打燈虎、看小說，十分和諧、快樂。一個星期的時間，不知不覺就過去了。〔註201〕

俄國人的親熱、共產黨統治下社會的財富及生產者的安適，給這些學生留下了深刻印象。「俄人聽說我們是中國國民黨派來的，即喜及若狂。若說到中俄聯合，便握住我們的手，稱作同志，以示親熱。若提到張作霖、吳佩孚，即像反對自己國內叛徒一樣罵他們。即便是七八歲童子，也是這樣」。他們感到這次到俄國來，身負的責任重大。〔註202〕總之，這些學生赴俄留學時，留學經費充裕，他們充滿了對中國革命的憧憬。在旅途中，他們非常興奮、開心、快樂。學生們並沒有因爲不同黨派而出現緊張、戒備的情形，而是處處顯示出和諧、輕鬆的氣氛。

（三）莫斯科中山大學廣東學生的在校情形

莫斯科中山大學坐落在莫斯科的沃爾洪大街十六號，是一所四層的樓房，光線非常充足。樓房前面是大學的校園，有許多樹木。左邊是排球場，後面是籃球場，冬天可改成溜冰場。全樓總共約一百個房間。〔註203〕一樓爲膳堂、儲藏室、理髮處、醫院及實彈射擊室。二樓爲大禮堂、俱樂部、辦公處、宿舍及課堂。三樓爲圖書館、宿舍及課堂，圖書館內有各種書籍、報紙，還有俄譯本的孫中山主義。四樓爲宿舍，宿舍僅能容二百三十人左右。一些學生居住在離學校約十分鐘路程的校外宿舍。〔註204〕

在第一批廣州學生抵達莫斯科之前，從北京、上海等地已有兩批學生到達中山大學，約一百八十人左右，其中女生三十人。1926年1月初，廣州第一批赴俄學生到達莫斯科。〔註205〕「一進中山大學的校門，我們就被一群中

〔註201〕 《留俄學生函告駐俄情形》，《廣州民國日報》，1926年2月20日；王覺源：《留俄回憶錄》，臺北：三民書局，1988年，第18～20頁。

〔註202〕 《留俄學生述抵俄入學情形》，《廣州民國日報》，1926年3月31日。

〔註203〕 （美）盛岳：《莫斯科中山大學和中國革命》，北京：現代史料編刊社，1980年，第32頁。

〔註204〕 《留俄學生述抵俄入學情形》，《廣州民國日報》，1926年3月31日。

〔註205〕 《留俄孫文大學通訊欄》，《廣州民國日報》，1926年1月5日。

國男女學生圍了起來，當他們得知我們是來自中國革命的總部廣州時，他們熱情萬分。一個問題接著一個問題，我們幾乎無法一一回答。後來，我們才知道，他們都是在我們之前僅一兩個月從上海、北京和天津抵達莫斯科的。」〔註206〕1月10日，莫斯科中山大學正式開課。〔註207〕由於來的時間晚，擔心俄文跟不上，廣州來的學生另外成立一個班。

在中國學生看來，學校的待遇堪稱完美，在國內的學校很難享受到這種優裕的生活。衣服、鞋襪、氈毯、書籍、筆墨乃至手巾、便紙，都由學校供給，而且質量很好。每日三餐，早餐是麵包、葷菜和茶，午飯是麵包、湯、菜、茶，晚餐是菜、茶、麵包，可隨意食用，而且麵包不是黑面包。每周洗一次澡，換一次衣服，每月剪一次頭髮，修四次面，兩周洗一次床上的被褥，手巾髒了，隨時可換乾淨的，不用自己洗。每名學生每月還有十五盧布津貼，捐三盧布給公社，再捐助一盧布給華工所辦的《前進報》，除了九盧布零用外，還能儲蓄二盧布。汪精衛讀完這些學生寄到國內的報導後，感歎到：「怪不得許多學生吵著要去，我也有想法了」。然而，這些赴俄留學的學生並沒有沉迷於優越的物質生說，沒有忘記身負的使命，「當局和同學們都以特殊眼光看待我們從廣東來的學生，認爲我們從中國革命的根據地來，是十分瞭解主義，這使我們頗覺得內愧而更自警策」。他們時常會「感到難過而恐慌，唯恐不能做成一個眞能奮鬥的革命者」，擔心「這樣舒服的生活，恐怕形成養尊處優的習慣，將來會脫離群眾」。〔註208〕

第二批廣州留俄學生抵俄後，跟第一批學生待遇相同，先由醫生檢驗體格，第二天早晨統一填寫學歷，晚上參加舊同學開的歡迎大會。俄國的同志還引導他們參觀莫斯科各處的餐館及校內各機關。他們也感歎於學校的優厚待遇，宿舍整潔，生活用品準備得很齊全，國內帶來的棉被等日用品都放在儲藏室裏。〔註209〕

因學生人數過多，課堂非常擁擠。課程安排得很緊密，每天七節課，共

〔註206〕 王覺源：《留俄回憶錄》，臺北：三民書局，1988年，第33～34頁；（美）盛岳：《莫斯科中山大學和中國革命》，北京：現代史料編刊社，1980年，第23頁。

〔註207〕 《莫斯科中山大學之內容　校長爲拉狄克君　年需俄幣九十萬　籌備完竣已開課　將來尚圖大擴張》，《廣州民國日報》，1926年1月16日。

〔註208〕 《留俄學生函告駐俄情形》，《廣州民國日報》，1926年2月20日。

〔註209〕 《留俄學生寄程軍長一封書　述抵俄情形及現狀》，《廣州民國日報》，1927年2月9日。

八小時。早上八點早操，十五分鐘早餐，九點至下午二點為一節俄文與兩節講授課程，二點至三點為午餐，四點至七點上兩節，八點至九點晚餐。俄文教學趕得很快，學生每天都會覺得疲乏。但他們很認同莫斯科中山大學的教育，認為它與中國國內既騙人錢又教人錯誤觀念的學校有天源之別。〔註 210〕

莫斯科中山大學的目標是培養政治革命幹部，期限為兩年，培養方法注重理論與實踐相結合，不僅要讀理論書籍，還要對俄國政府機構和黨的組織做深入考察。兩年內的課程安排包括俄語、社會發展史、中國革命運動史、俄國革命史、東方革命運動史、西方革命運動史、辯證唯物主義哲學、歷史唯物主義哲學、馬克思政治經濟學、列寧主義、軍事學、黨的建設、蘇維埃建設和工人運動等。〔註 211〕學校按照學生入學時的文化水平和外語程度編班，每班約二十多人，從法、德等國去的外語水平較高，編為法語、德語班。從中國去的英語較好的編成英文班，直接用外語上課。每名學生還有一個俄文名字和一張學生證。〔註 212〕除上課外，學校還注重讓學生參加各種組織、娛樂及團體生活。學校蘇維埃由教職員組成，公社由學生和教職員共同組成，學生需積極參加校務。

莫斯科中山大學的學生，都是國民黨員、共產黨員或社會主義青年團團員。「1925～1927 年期間，中山大學約有五百名學生，國名黨員占學生總數的一半稍多一點，其餘的是中共黨員和社會主義青年團團員。」國民黨黨員和共產黨黨員有很多理論上的爭論，學校內兩黨學生的關係跟國內兩黨的關繫緊密相聯。〔註 213〕

莫斯科中山大學的學生黨員還組建了孫大特別黨部，每周日開一次討論會，討論革命的理論與實踐。學生有對當前中國政治問題或黨內各種問題不明白時，就請黨部在大會上解釋或請狄拉克校長做一系統報告。黨部還要求國內定期郵寄《廣州民國日報》，以瞭解國內政治情形及黨務。〔註 214〕

〔註 210〕《留俄學生述抵俄入學情形》，《廣州民國日報》，1926 年 3 月 31 日。

〔註 211〕（美）盛岳：《莫斯科中山大學和中國革命》，北京：現代史料編刊社，1980年，第 64～70 頁。

〔註 212〕王覺源：《留俄回憶錄》，臺北：三民書局，1988 年，第 34 頁；伍修權：《我的歷程（1908～1949)》，北京：解放軍出版社，1984 年，第 26 頁。

〔註 213〕伍修權：《我的歷程（1908～1949)》，北京：解放軍出版社，1984 年，第 32～33 頁。

〔註 214〕《俄京孫大特別黨部之報告 黨部工作以小組討論會為主 狄校長報告中國最近時局 每人捐助五元彙京救濟 請中央辦理事件七條》，《廣州民國日報》，1926 年 6 月 2 日。

（四）莫斯科中山大學與廣東的交流

1926 年 11 月，莫斯科中山大學代表來廣州，贈送國民黨一面旗幟，旗上寫著「中國國民黨各省區聯合會議，中國革命最後的成功，必須中國民眾與世界無產階級聯合奮鬥，反抗世界帝國主義方能達到目的」，還致函國民黨黨中央執行委員會，「祝中國國民黨指揮下之中國民族之解放勝利，及中國國民革命之迅速成功」。〔註215〕此外，還向廖仲愷的夫人贈送紀念旗，認為「廖仲愷先生是為中國的多數民眾謀幸福的，所以他們永遠不會忘記他，而他的精神將指導他們去完成他所努力的工作」。〔註216〕莫斯科中山大學教授代表達林報告了學校的情形，強調蘇俄設此大學是為了資助中國培養革命青年，因此課程特別注重社會科學知識與實地調查參觀，很少有自然科學方面的知識。〔註217〕廣東各界代表對莫斯科中山大學代表的訪問做出積極的回應，特於中山大學禮堂召開讚助莫斯科孫文大學同志大會。〔註218〕

11 月 12 日，國民黨組設讚助莫斯科孫文大學委員會，並發起組織讚助莫斯科孫文大學大學同志會。讚助同志會成為連接孫大與中國國內的中樞機關，學生赴俄及歸國事宜均由該會管理。該會成立的簡章內容如下：

第一條　宗旨：本會以讚助莫斯科孫文大學之發展，以科學上、物質上、精神上之援助，並向全國宣揚其活動工作為宗旨。

第二條　組織：本會由各種政治的、社會的、科學的團體，如國民黨、工會、大學及其教授與學員組織之。誠意讚助者，亦得入會為會員。國民政府仍在廣州，設總會於廣州，分會於京滬。

第三條　大會：大會每年至少舉行一次，由入會各團體各派代表一人至五人組織之，除接受孫文大學工作經過報告外，並討論本會進行計劃及選舉執行委員會執行之。

第四條　執行委員會：執行委員會由代表大會選舉之，每兩個月至少開會一次，討論本會各項問題。

第五條　常務委員：執行委員會互選委員七人為常務委員，執行本會及關於本會與孫文大學間一切常務事項。

〔註215〕《孫文大學贈本黨旗幟》，《廣州民國日報》，1926 年 11 月 3 日。

〔註216〕《莫斯科孫文大學贈廖夫人紀念旗》，《廣州民國日報》，1926 年 11 月 9 日。

〔註217〕《達林氏在中央政治會議席上　報告莫斯科孫大情形》，《廣州民國日報》，1926 年 11 月 12 日。

〔註218〕《讚助莫斯科孫文大學同志會開會》，《廣州民國日報》，1926 年 11 月 16 日。

第六條　工作：本會工作列舉如下，一、本會與孫文大學間密切的及系統的關係，二、科學的協助，如介紹孫文大學與國內各大學交換出版物及相關各問題。三、募集捐款。

第七條　組織問題：廣州執行委員會暫定為總會，負組織京滬分會之責。〔註219〕

15 日下午，留俄中山大學學生管理委員會開第六次會議，達林報告了莫斯科中山大學招生及選派信息。此後的招生要求考生須有高中畢業以上程度，以大學修業或大學畢業者為佳，考生年齡須為二十歲至三十歲之間，且曾在黨內服務一年以上。除中國國民黨中央黨部及各省黨部選派外，莫斯科中山大學不接受任何個人派送。〔註220〕

（五）莫斯科中山大學的終止

1927 年，蔣介石四·一二政變及汪精衛七·一五政變後，莫斯科中山大學發生了巨大變化。7 月 16 日，國民黨中央執行委員會議決定停止共產黨籍留俄學生的公費。〔註221〕21 日，廣州的報紙激烈批判鮑羅廷，稱他想陰謀消滅國民黨，想把中國國民革命運動的熱情降低下去，是「窮兇極惡陰險殘酷」的戴著假面具的人。〔註222〕25 日，中央政治會議開會，表明要嚴格防範蘇俄的共產黨來粵搗亂。〔註223〕26 日，國民黨中執會聲明取締中山大學並與之斷絕一切關係，認為「莫斯科中山大學非法使用國民黨領袖的名義最為掩護，從事策劃反對本黨的陰謀活動。為此理當予以取締，各級組織都不得再派學生去莫斯科」。國民黨中央強制要求所有在莫斯科中山大學的國民黨學生立即回國，大多數國民黨學生於 1927 年下半年分批回國。當時，一名國民黨學生勸另外一名學生回國，說「伯夷叔齊不食周粟，你還在這裡吃得下俄國麵包麼？」〔註224〕30 日，十一名莫斯科中山大學學生回國後被嚴格審查，經中央黨務學校訓育副主任谷正鋼、中央青年部秘書王振鈞及中央軍事政治學校主任梅恕

〔註219〕《讚助莫斯科孫文大學同志會簡章》，《廣州民國日報》，1926 年 11 月 12 日。
〔註220〕《留俄孫大學生管理委員會會議紀：孫大代表達林報告派送留俄要點》，《廣州民國日報》，1926 年 11 月 17 日。
〔註221〕《留俄共產黨籍學生停發公費》，《廣州民國日報》，1927 年 7 月 16 日。
〔註222〕《鮑羅廷的假面具揭破了！》，《廣州民國日報》，1927 年 7 月 21 日。
〔註223〕《防範蘇俄共黨來粵搗亂》，《廣州民國日報》，1927 年 7 月 25 日。
〔註224〕孫耀文：《風雨五載——莫斯科中山大學始末》，北京：中央編譯出版社，1996 年，第 149～151 頁。

曾擔保證明，確信他們是國民黨忠實同志後才得以放行。這些學生認為，莫斯科中山大學的國民黨學生大部份都被赤化了，並且許多共產黨學生已經離校秘密回國。〔註225〕

8月，國民黨中央否認莫斯科中山大學，認為該校「假本黨總理之名，吸收本黨同志及吾國青年，並於本黨主義及政策，妄加詆毀，是借本黨之名行反叛本黨之實」，令「將該校名目取銷，並咨全國不得再送學生前往」。〔註226〕9月，莫斯科中山大學學校當局開始讓一些學生回國。據伍修權回憶，第一批大都是國民黨學生，經蒙古回國。第二批主要是共產黨員中比較能幹的，也經蒙古回國。後來經過蒙古回國的道路阻斷，許多學生被留在莫斯科的軍事院校繼續學習。〔註227〕

國民黨政府嚴格防範和限制歸國後的留俄學生。1928年12月，國民政府中央訓練部發佈《處理留俄學生暫行辦法》，要求留俄學生歸國後，於一星期內親赴中央或各省市黨部報到，在各省市報到者由該省市黨部轉送中央，由中央設立的留俄歸國學生臨時招待所收容，非經中央詳密考查認為確無共產嫌疑並給予證明書後不得擅自離去。留俄學生歸國後，一星期內不報到者以共產嫌疑犯論，由中央通令各地黨部、政府、駐軍嚴密偵補並交中央核辦。〔註228〕直至1932年，教育部仍然令廣東省嚴防留俄歸國的學生，要求各縣市政府及學校等單位不准任用無留學證明書的留俄學生。〔註229〕

莫斯科中山大學學生回國後命運枯榮不一。當國民黨最初下令撤回這些學生時，一些國民黨左派學生加入共產黨並留在了莫斯科。歸國的學生有一批途徑東北時被張作霖以「赤化」嫌疑抓入監獄，另一批途徑蒙古時

〔註225〕《留俄學生歸國之談片》，《廣州民國日報》，1927年8月15日。

〔註226〕《中央否認莫斯科孫逸仙大學，政治分會咨省黨部查照》，《廣州民國日報》，1927年8月22日；《蔣介石關於不再遣送人員赴莫斯科孫逸仙大學留學事至國民政府呈（1927年8月10日）》，《中華民國史檔案資料彙編（第五輯 第一編）》，南京：江蘇古籍出版社，1998年，第403頁。

〔註227〕伍修權：《我的歷程（1908～1949）》，北京：解放軍出版社，1984年，第32～33頁。

〔註228〕《國民黨中央訓練部處理留蘇歸國學生辦法的通告（1928年12月31日）》，《中華民國史檔案資料彙編（第五輯 第一編）》，南京：江蘇古籍出版社，1998年，第404～405頁。

〔註229〕《留俄學生無證明書 不准任用》，《廣州民國日報》，1932年11月26日。

被扣押。這些學生回到國內後，許多人都被國民黨殺害了。莫斯科中山大學出國時及歸國時前後待遇的對比，令這些學生唏噓不已。「我們出國首途之前，中央黨部曾舉行一次盛大的歡送會。繼之許多機關、團體、學校、以及各人的親友，都有一種歡送的表示，情況之熱烈，實破中國留學史上的先河。可是熱熱鬧鬧的出去，冰冰冷冷的回來，人情劇變，沒有任何理由可以解釋得通，只好歸於世態炎涼。」〔註230〕政局的變化，影響了無數人的命運和生活。

莫斯科中山大學因為國內的政治變革而受到很大的挫折。此後，仍有共產黨的幹部份批派赴俄留學，有的參加過南昌起義或廣州起義，還有的是上海工人和農民的武裝骨幹。他們從上海出發，踏上一艘蘇聯的貨輪。據陳良修回憶，「所有的人都擠在大艙裏，不分男女睡在一起，我被擠進一間機房裏，滿頭大汗地檢點人數，擔心海關人員前來查問」。從海參威上岸後，他們被帶到一個大旅館居住，還是睡在地鋪上，沒有食堂，大家吃麵包、香腸之類的東西，有時也吃紅菜湯。〔註231〕這些學生赴俄的待遇已經遠遠不能和兩年前赴俄學生的待遇相比了。

1928 年夏，莫斯科中山大學改名為「中國共產主義勞動大學」，1929 年又正式改名為「中國勞動者共產主義大學」。〔註232〕中國學生還有其它方便的稱呼「中國共產主義大學」、「中國勞動大學」、「莫斯科勞動大學」等，還有些學生仍然習慣使用原來的名稱。〔註233〕

1929 年，蘇聯在黨內開展大規模的清黨運動，莫斯科中山大學也陷入混亂狀態。1929 年底至 1930 年上半年，莫斯科中山大學正式開展清黨運動。清黨之前，支部已經把每個同學的歷史、出身、平日表現、入黨動機、言論、行動等做了調查。清黨開始之後，學校即停止上課。每人都在班上開會，互相揭發彼此的問題，空氣十分緊張。揭發內容主要是對托派、右派的政治態度，對支部局的態度，對國際問題、中國問題的態度，甚至個

〔註230〕王覺源：《留俄回憶錄》，臺北：三民書局，1988 年，第 18 頁。

〔註231〕陳良修：《莫斯科中山大學裏的鬥爭》，《革命回憶錄》增刊（一），北京：人民出版社，1983 年。

〔註232〕孫耀文：《風雨五載——莫斯科中山大學始末》，北京：中央編譯出版社，1996 年，第 184～188 頁。

〔註233〕孫耀文：《風雨五載——莫斯科中山大學始末》，北京：中央編譯出版社，1996 年，第 172 頁。

人的生活問題、思想道德等問題。除少數清黨的骨幹分子外，其它每個人的問題均可揭發。〔註 234〕

　　1930 年夏，中共代表先後撤回中國，莫斯科中山大學正式停辦。1930 年中大結束時，學生約有五、六百人。〔註 235〕莫斯科中山大學有許多人受了托洛茨基的影響，這也被認為是斯大林關閉莫斯科中山大學的一個重要原因。

　　莫斯科中山大學之後，南京國民政府也曾小規模地選拔一批青年黨員留學歐美和日本。例如，1929 年 5 月，國民黨中央制定了保送黨員出國留學的辦法，決定每年選送二十名黨員出國，其中八名赴日、九名赴歐、三名赴美。7 月，中常會提議資送一百名革命青年赴德國和美國學習政治、經濟、法律、教育等學科。8 月，廣東省訓練部轉發資送革命青年出洋留學辦法，並令各縣市黨部遵照辦理。〔註 236〕國民黨對這些留學黨員的管理，比普通留學生要嚴格得多。

　　綜上所述，莫斯科中山大學是一所旨在為中國革命培養領導人材的黨員學校，是國內政治革命與國外留學教育相結合的產物。在之以前，中國政府從來沒有派遣留學生去自己巨大的鄰邦俄國，也沒有多少中國人去俄國學習，大部份中國學生去歐洲、美國或者日本深造，因為當時都認為俄國很落後。國共合作以後的情況大變，由於國共兩黨和蘇聯建立了聯盟，中國青年最想去的地方成為蘇聯，他們擁有一個建設新中國的理想。

四、留學歐洲其它國家的廣東學生

（一）廣東留德學生

　　民國時期，源於對德國學術的推崇，赴德留學的人數也不少。據駐德留學生監督統計，1913 年 3 月，廣東留德學生 12 人，其中公費生 6 人，自費生 6 人。這些學生的留學狀況如下表：

〔註 234〕陳良修：《莫斯科中山大學裏的鬥爭》，《革命回憶錄》增刊（一），北京：人民出版社，1983 年。

〔註 235〕陳良修：《莫斯科中山大學裏的鬥爭》，《革命回憶錄》增刊（一），北京：人民出版社，1983 年。

〔註 236〕《省訓練部轉發　資送革命青年出洋留學辦法　令各縣市黨部遵照辦理》，《廣州民國日報》，1929 年 8 月 31 日。

表 2.11：1913 年廣東留德學生表〔註 237〕

姓　名	學費	所學科目	所入學校	到德年期	派遣地
曾光堯	官費	武備	現研究槍炮學術	八年半	廣東
黃時澄	官費	武備	同上	八年半	廣東
廖尚果	官費	預備法律		四個月	廣東
蕭友梅	官費	預備		兩個月	教育部
吳配基	官費	鐵路	柏林工科大學	六年半	交通部
陳之達	官費	土木工程	柏林工科大學	三年半	直錄
林　彪	自費	法律	柏林文科大學	一年	
戴恩基	自費	實業	柏林工科中學實業	三年半	
唐寶泰	自費	理化	柏林工科大學	五年半	
唐寶書	自費	格致	柏林工科大學	五年半	
商承謙	自費		漢堡中學堂	九個月	
商承祖	自費		漢堡中學堂	九個月	

　　受局勢動亂影響，一些廣東公費留德學生的留學計劃被阻。1913 年，兩名公費留德學生楊子毅、邱聲楊在動亂中丟失舟車、治裝等費用，未能成行。〔註 238〕此後，教育部令各省一律停止派遣將所有學生。1914 年，廣東省民政長決定將二人的留學經費轉交給駐德公使暫時保管。〔註 239〕

　　為了提高軍隊的戰鬥力，廣東省還專門向陸軍部推薦廣東留德學生。當時人們認為，軍隊為國家命脈，兵工製造與軍隊建設關係尤其密切，各國列強軍隊實力強大很多是依靠先進的軍械，中國各省雖然也設有兵工廠，但是由於財力不足尤其是人才缺乏而不能擴充。全國缺少製槍、製炮、製藥、製彈、煉鋼以及製造一切於軍械相關的專門人才，所使用的軍械多數購買自國外。因而，陸軍部要求各省若有曾有出洋留學學習製造專業的公費或自費學生，或擅長於各項實用學術研究的專門人才，將其姓名、籍

〔註 237〕《本國留學德國學生表》，《教育部編纂處月刊》，第 1 卷第 4 期。
〔註 238〕《民政長公函駐德公使電請發給楊生子毅學費經已請部酌發川資》，《廣東教育公報》，1914 年 4 月 17 日。
〔註 239〕《民政長函教育部萬國寶通銀行函覆彙德未領款項請查核辦理》，《廣東教育公報》，1914 年 3 月 4 日。

貫、詳細履歷及學術專長等詳細情形列表轉交陸軍部，以便考察任用。1915年 4 月，廣東巡按使將留學德國兵工大學校軍械科畢業生黃時澄、留學日本高等工業造船科畢業生湯文聰及應用化學畢業生潘楷陳鳴謙三人上報給陸軍部。〔註240〕5 月，廣東巡按使推薦黃時澄提前攜帶畢業證書赴陸軍部聽候錄用，理由是黃時澄既是學習機械專科且從炮工大學畢業，尤爲目前需用之材，自應先行委用。〔註241〕

（二）廣東留英學生

1913 年 9 月，中國留學英國公費生共 127 人，其中廣東 22 人、湖南 20人、山西 18 人、交通部 15 人、江蘇 14 人、稽勳局 19 人。除稽勳局外，大部份都是清末派遣。〔註242〕由於留學政策調整，國內局勢動盪，且 1914 年世界大戰後生活費用高昂，北洋政府派遣的留歐生大大減少。1914 年 1 月，廣東省留英學生定額爲 25 名，年費共四千六百零八鎊。〔註243〕1916 年，教育部及各省派遣的公費留英生共 69 人，其中教育部 11 人、廣東 11 人、安徽 10人、山西 10 人、江蘇 5 人（其中女生 1 人）、湖北 4 人（其中女生 1 人）、浙江 3 人、江西 3 人、山東 3 人、河南 3 人、湖南 2 人、直隸 1 人、福建 1 人、四川 1 人、吉林 1 人。所習專業分別爲工科 44 人、法科 10 人、文科 6 人、醫科 6 人、理科 2 人、預科 1 人。〔註244〕

除了一般的公費生派遣外，廣東省還定期派遣學生到香港大學留學。1915 年 6 月，廣東巡按使批准每年派送公費生到香港大學學習。〔註245〕10月，廣東省補助 25 名廣東學生赴香港大學。1917 年 5 月，廣東省長布告招考香港大學學生，全省中學畢業生及同等學力者可報名。〔註246〕6 月，廣

〔註240〕《巡按使第一五九號咨陳復陸軍部咨查出洋學習製造專門人才》，《廣東教育公報》1915 年 4 月 6 日。

〔註241〕《巡按使牌示留德國兵工大學校軍械科畢業生黃時澄帶畢業證書赴部稟到聽候錄》，《廣東教育公報》，1915 年 5 月 10 日。

〔註242〕《留學歐洲各國官費學生姓名表》，《教育部編纂處月刊》，第 1 卷第 10 冊。

〔註243〕《民政長復教育部留英生胡敏應遣回籍》，《廣東教育公報》，1914 年 1 月 7日。

〔註244〕《旅歐華人近況》，《旅歐雜誌》，第 4 期。

〔註245〕《巡按使函香港大學院長伊理溢君准香港大學院長函請酌送官費生入校肄業》，《廣東教育公報》，1915 年 6 月 29 日。

〔註246〕《廣東省長第四二號布告全省中學畢業生及同等學力者知悉香港大學院招生文》，《廣東教育公報》，1917 年 5 月 18 日。

東省布告取錄香港大學各生赴港復試，共錄取 11 名，其中正取 7 名，備取 4 名。〔註 247〕1918 年，廣東省定期招考香港大學免費學生，除補助 25 名廣東學生每人每年學費三百元外，還選送了 14 名免學費學生，這 14 名學生只需自備食宿、書籍、衣服、零用等費用。當年缺額 12 名，廣東省籍且曾在中學畢業或有同等學力者均可報名。考試科目爲國文、英文、歷史、地理、數學、博物、理化、圖書，合格後送港復試。〔註 248〕1919 年，8 名赴香港大學免費生赴港復試，廣東省將各生相片及分數表函送英總領事轉至香港大學。〔註 249〕1920 年，廣東省長考送香港大學公費新生缺額 5 名。〔註 250〕1923 年，廣東省招考 8 名香港大學公費生以補缺額，於 9 月 1 日至 29 日在文明路廣東高等師範學校報名，本省籍在中學校畢業或於有同等學力者可攜備四寸軟膠半身正面相片二張、報名費一元依期報名候考，10 月 4、5 日在高等師範學校考試國文、英文、數學、中外歷史、中外地理、理科、圖書等科。〔註 251〕10 月 17 日，廣東省錄取 7 名優秀學生赴香港大學復試。〔註 252〕

二十世紀一二十年代，在中國留歐教育史上是一個黑暗動蕩的時期。在國內，軍閥混戰，政治失序；在國外，第一次世界大戰爆發，留歐學子在動蕩中艱難生存。他們刻苦節儉，爲了追求在國內無法獲得的學問拼命用功，有的甚至搭上了珍貴的生命。廣東一名沈姓公費生，25 歲赴法留學，先入中學預備，後來考入巴黎法科大學，並獲取法學博士學位，之後繼續攻讀理科博士學位，最終因勤學勞累過度而病逝，時年 37 歲。留歐學生監督這樣形容他：「平日閉戶讀書，不與外事。在巴黎繁華之地，僅租陋屋一楹，攻讀寢饋，均在於此。……數年以來，該故生節儲留學之費，竟達 2 萬餘法郎，而其購買書籍頗多，則又毫不吝惜。該生猝然逝世，醫生竟未

〔註 247〕 《廣東省長公署布告第五九號布告取錄香港大學各生知悉先期赴港聽候復試文》，《廣東教育公報》，1917 年 6 月 28 日。

〔註 248〕 《廣東省長布告第一十三號布告定期招考香港大學免費學生文》，《廣東教育公報》，1918 年 3 月 21 日。

〔註 249〕 《廣東省長第二十號布告錄送香港大學免費生遵照赴港聽候復試文》，《廣東教育公報》，1919 年 9 月 29 日。

〔註 250〕 《廣東省長布告第二九號布告全省中學校畢業生等知悉考送香港大學官費補助生文》，《廣東教育公報》，1920 年 7 月 14 日。

〔註 251〕 《招考香港大學官費生》，《廣州民國日報》，1923 年 8 月 17 日。

〔註 252〕 《初試港大官費生揭曉》，《廣州民國日報》，1923 年 10 月 17 日。

能斷言病名，監督以爲該生過於用功刻苦，以至形骸枯瘦，未始非夭折之大原因。」〔註253〕

小　結

北洋政府時期，根據當時國內的環境及條件，中央政府施行省派與部派相結合、以省派爲主的留學政策。與相對成熟的公費留學生管理相比，北洋政府對自費留學生的管理相對較鬆，直至1924年才制定出相關的自費生管理規程，鼓勵、支持自費留學。然而，受政局混亂、財政緊張的局勢影響，留學政策的實施受到很大的限制。

北洋政府初期，廣東留學教育重在對公費生的整頓，對自費生的管理則比較寬鬆。從二十年代開始，財政受政治影響而緊縮，廣東省的留學經費常常被拖欠，海外留學生的生活時常陷入困境。廣東留日學生表現活躍，他們熱切關注國內政治，在日本的國民黨組織激進、活躍。廣東的清華留美公費生人數較多，多爲直接留美班或留美預備部的學生，自費赴美人數也逐漸增多，甚至專爲幫助中國留美學生進入公立中學的美國預備學校也特地在廣東招生。在歐洲，里昂中法大學及莫斯科中山大學的創辦，也使廣東留學教育的進展與眾不同。

總之，北洋政府時期的廣東省在留學生的派遣和管理上具有相當的自主性，同時也與中央教育行政機關保持著交流和合作，促使本省的留學教育管理不斷完善和發展。這種關係既是對清末留學教育放任式管理的延續，又體現出民國初期中央教育行政機關統一管理的趨勢，使得中央和地方的留學教育管理在平衡中得到發展，也爲以後的的留學教育管理模式奠定了基礎。

〔註253〕《教育公報》，第4年第10期。

第三章　南京國民政府時期廣東的留學教育

第一節　南京國民政府時期廣東留學教育狀況

　　1927 年 4 月，蔣介石發動「四・一二」政變，在南京建立政權。南京政府成立初期，統治者忙於政治、軍事方面的事務，無暇顧及教育事業，僅對留學教育政策進行局部的修訂。1928 年 5 月，中華民國大學院組織了第一次全國教育會議，議定了《公費派出留學案》，規定公費生資格爲大學教授在校工作五年以上者，或已得學士學位且經留學考試及格者。「各省政府得以省費派送留學，其派送方法，由各省自定之，但須呈大學院批准」。〔註1〕10 月，大學院改爲教育部。次年 1 月，教育部鑒於「訓政伊始，建設事業，經緯萬端，實用人才，尤爲需要」，令「各教育區選派留學生，務於理工兩科特加注意，並嚴加考試」，要求各省「在本部選派留學規程未頒佈以前，應將派遣規程，呈送本部，以備考核」。〔註2〕這些法規保證了各省派遣留學生的主導性，規定了留學生資格，開始了側重於理工科的政策導向。

　　1930 年 4 月，教育部召開第二次全國教育會議，擬定《改進高等教育計劃》，其中制定了「增派國外留學生辦法」，要求省費留學生「應視國內建設

〔註 1〕　中華民國大學院編：《全國教育會議報告》，臺北：文海出版社，第 444 頁。
〔註 2〕　《選派留學生應注重理工二科(1929 年 1 月 16 日　教育部訓令)》，教育部：《教育法令彙編》，1933 年，第 749〜750 頁。

上特殊需要，斟酌派遣，每次屬於理農工（包括建築）醫藥的，至少應占全額十分之七」，自費留學生「最低限度，應在高級中學畢業」，可依照本人意願選習科目，但學理、農、工、醫藥、教育等科目的自費生可優先補給公費或津貼。〔註3〕這個留學辦法注重對大學師資的培養，指出留學教育應以「研究專門學術以改進本國文化爲本旨」、以研究學術爲主要內容。

　　在教育部規範留學教育的同時，國民黨則加強以三民主義原則要求留學生，以達到掌控留學教育的目的。1931 年 9 月，國民黨第三屆第一五七次中常會通過的「三民主義教育實施原則」規定：留學生派遣須根據三民主義的精神，融合東西文化之所長，以造成三民主義的新文化；須切應中國學術上需要，以造成各種學術上的專門人才；須切應中國物質上需要，以造成各種社會事業的建設人才。要求公費留學生須大學或專門學校畢業，素無違反三民主義之言論行動，並經考試合格始得派遣；私費留學生須高中以上學校畢業，素無三民主義之言論行動，並經考試合格方得出國。無論公費或私費留學生，出國後，其學業狀況，及言論行動，應由各該省管機關嚴加考核。〔註4〕

　　直至 1933 年，南京政府教育部才頒發了《國外留學規程》，這是這一時期最系統、最全面的留學規程，確立了以省派遣爲重心的留學生派遣制度。抗日戰爭爆發後，留學教育轉而爲抗戰服務。1938 年 4 月，國民黨臨時全國代表大會頒佈《戰時各級教育實施方案》，要求「今後留學生之派遣成爲國家整個教育計劃之一部份；而於私費留學亦加以相當之統制，革除過去分歧放任之積弊。」〔註5〕6 月，《限制留學暫行辦法》要求公、自費留學生研究科目「一律暫以農、工、理、醫各科有關軍事國防，爲目前急切需要者爲限」。〔註6〕1939 年 4 月，《修正限制留學辦法》特別強調「在抗戰期內，公費留學生非經特准派遣者，一律暫緩派遣；自費留學生除得有國外獎學金或其它外匯補助費，足供留學期間全部費用，無須購買外匯者，一律暫緩出國」。〔註7〕太平洋戰爭爆發後，美國加入亞太地區對日作戰，中國抗日戰場的內外形勢有

〔註3〕　《改進全國教育方案》，《教育部公報》，第 2 卷第 25 至 34 期。

〔註4〕　朱子爽：《中國國民黨教育政策》，臺北：國民圖書出版社，1941 年，第 113 ～114 頁。

〔註5〕　蔣致遠：《第二次中國教育年鑒》，臺北：宗青圖書公司，1991 年，第 11 頁。

〔註6〕　《教財兩部會訂辦法限制留學》，《申報》，1938 年 6 月 19 日。

〔註7〕　《行政院通過限制留學辦法》，《申報》，1939 年 4 月 20 日。

了很大變化。1943 年 1 月，蔣介石撰寫了《中國之命運》一書，認爲戰後十年各級各類幹部人才的培養，非國內高等教育機構短期內所能養成，派遣留學應成爲當務之急。4 月，他令教育部「以後對於留學生之派遣應照十年計劃，估計理工各部門中高、中、低各級幹部所需之數目，擬具整個方案呈報爲要」。〔註8〕10 月，《留學教育方案》出臺，中國留學教育開始走上了復蘇的道路。然而，戰後不久的中國又陷於內戰的泥潭中，留學政策大多成爲一紙空文。

一、1927～1932 年，整頓時期

南京國民政府時期，廣東的留學教育也逐步走向規範化，這與當時廣東的建設需要及統治者的意願有很大關係。自 1929 年取代李濟深任第八路軍總司令起至 1936 年 7 月「自動下野」止，陳濟棠統治廣東長達七年以上，對三十年代廣東的政治、經濟、軍事、教育文化等方面均產生過重大影響。陳濟棠主粵時期，國際局勢趨緩，他利用當時軍閥混戰的局面，使得南京國民政府對廣東鞭長莫及。正是在這樣一個相對獨立、穩定的環境下，陳濟棠致力於發展廣東的經濟及教育事業。

1931 年 5 月 28 日，國民政府西南政務委員會在廣州成立，負責管轄西南區域內的內政、軍政、財政、交通、實業、教育及司法行政及審計事宜。西南政務委員會先後設立了西南國防委員會、對外貿易委員會、外交討論委員會、西南行政裁判委員會。至 1936 年 7 月 13 日，國民政府西南政務委員會才終告結束。〔註9〕在這五年多的時間裏，廣東省留學教育事項由西南政務委員會決定。

1932 年 9 月，陳濟棠在西南政務委員會上提出廣東三年施政計劃。在教育方面，主張以三民主義訓育學生，提倡教育職業化，要求「大學悉力擴張農、礦、工、商等科」，而「大學之文、法、政、經等科之擴充，應適可而止」。〔註10〕這便意味著廣東省教育要大力提倡實業科，而適度抑制文科類的發展。這種趨勢同樣也影響著廣東留學教育的發展。

〔註 8〕　《蔣主席手諭 擬具留學方案》，（日）多賀秋五郎：《近代中國教育史料·民國編》，臺北：文海出版社，1986 年，第 2082 頁。

〔註 9〕　孔慶泰等：《國民黨政府政治制度史詞典》，合肥：安徽教育出版社，2000 年，第 395 頁。

〔註 10〕　《廣東省三年施政計劃提議書》，《陳濟棠研究史料（1928～1936)》，廣州：廣東省檔案館，1985 年，第 139 頁。

南京政府成立初期，廣東省留學生派遣基本上繼承了北洋政府時期的選派辦法，依舊按照之前確立的留學東西洋學生定額派遣。1928 年 12 月，廣東省教育廳根據本省留學教育狀況制定了《選派留學外國學生暫行規程》，此規程經政治會議廣州分會通過並經國民政府教育部核準備案施行，主要內容為：

（一）留學生資格：（1）曾任本國大學、高等專門學校或高等師範學校正副教授或講師二年以上者；在本國及歐美、日本著名大學高等專門、高等師範各學校畢業的本科生或研究生。（2）品行端正，身體強健。（3）瞭解中國國民黨黨義。（4）國文及外國文程度充足。

（二）留學生選派方法：（1）檢查體格。（2）進行考試，考試科目為黨義、國文、外國文。（3）考查平時學業成績。在國外的自費留學生請補公費時，須呈繳體檢證明、學業證明及平日著述，並由留歐美學生監督或留日學生經理員在當地考試國文、黨義及外國文。

（三）選派流程：（1）留學生考試由教育廳組織，選派名額、留學國家、留學年限、研究學科及考試日期均由教育廳決定並通告。（2）留學名額為留歐學生二十名、留美學生二十名、留日學生六十名。（3）報名候選者須將最近四寸半身相片二張、履歷表交教育廳審核。（4）被選學生須親自到教育廳領取川資治裝費、填寫志願書等，然後請發留學證書，抵達留學國時，須將所領的留學憑證繳回留學監督或經理員。

（四）留學生經費管理：（1）留歐學生每月學費二十英鎊、出國川資及治裝費國幣八百元、回國川資五十英磅。（2）留美學生每月學費一百美元、出國川資及治裝費國幣八百元、回國川資三百美元。（3）留日學生每月學費八十日元、出國川資及治裝費國幣二百五十元、回國川資一百八十日元。（4）留學生經費由留學監督或經理員按月發給，回國川資由留學監督或經理員於填發畢業證明書時發給。

（五）留學生學業管理：留學生自入學後，每半年須將研習學業經過情形或研究心得直接呈報教育廳或由監督、經理員核轉教育廳。留學外國研究年限至多不過三年，有特別研究需要者，可陳明監督或經理員，並函報教育廳核定。〔註11〕

〔註11〕 廣東省教育廳：《廣東現行教育法令彙編》，廣州：出版者不詳，1932 年，第546～548 頁。

　　這是南京國民政府成立以來廣東省首次制定的地方性留學規程，明確了留學生的考選、經費及管理等基本問題，還特別要求學生具備良好品行和瞭解國民黨黨義。除教育廳制定的留學規程外，爲了發展本部門專業人才，廣東省一些行政機關也提出了相關的留學計劃。

　　1929 年 1 月，廣東省建設廳廳長建議選派一百名合格人員分別派送歐美各國專習各種專門科學技術。此提議經省政府會議討論後，最終決定選送本省學生名額定爲五十名，被選學生須曾在國內外專門大學畢業且工作兩年以上並確有成績。〔註 12〕同時，廣東省政府公佈了《廣東省政府特派留學生考試規程》，規定特派留學生考試分爲學力、品行、體格三種。學力考試分預考、正考兩級，預考不及格者，不得參加正考。預考科目爲國文、外國語，正考分筆試、口試兩種。筆試主要是考所報學科的理論與應用能力。應考者須由保證人填寫保證書證明其品行，保證人須爲投考者畢業學校校長或在廣州市有殷實商店者。品行不良者不得應試，如曾受徒刑以上之刑者、受被奪公權之宣告尚未復權者、被國民黨開除黨籍或受停止黨權之處分尚未恢復者、曾受傷害風俗之處分者、曾因損失職務上之信用而受懲戒者或有吸食鴉片等不良嗜好者。應考者還須受體格檢驗，患腦病、心臟病、肺病、肋膜病、胃腸病、或腳氣者不得應考。〔註 13〕2 月，廣東省政府會議討論通過《特派留學生臨時規程》，決定派送學生赴英、德、美、法、意、瑞士等國學習造船、水電工程、航海、漁船、絲業、糖業、雕刻等專門技術，以供政府任用。留學生資格爲在本國及外國大學或高等專門學校畢業並在本國行政機關或公用、私營工廠工作兩年以上者，每名留學生發給川資一千元、治裝費五百元、每月發學費五百元。留學生歸國後，由省政府委派工作，工作年限爲留學年限的二倍。〔註 14〕

　　此外，廣東省建設會教育小組建議省政府派遣留學生赴歐專門研究教育，並擬定了派遣留學生赴歐研究教育辦法。他們認爲廣東省留學生雖多，但專攻教育者很少。以「訓政時期，係以教育上之建設爲中心，欲求教育上

〔註 12〕《省府決定選送留學生辦法　考選本省籍學生五十名　限大學畢業服務兩年以上者　派許黃兩委擬考試章程》，《廣東教育公報》，1929 年 1 月 1 月。
〔註 13〕廣東省教育廳：《廣東現行教育法令彙編》，廣州：出版者不詳，1932 年，第544～548 頁。
〔註 14〕《特派留學生之　臨時規程及考試規程　省府一三四次會議修正通過》，《廣州民國日報》，1929 年 2 月 25 日。

之建設，必須專門研究教育之人材」爲由，省建設會於 1929 年 4 月呈請省政府派遣留學生赴歐美研究教育，並擬定《廣東省政府派遣留學生赴歐美研究教育辦法》，要求留學生資格爲國內外大學教育科或高等師範畢業生且在教育界服務三年以上者。留學名額爲十名，第一年派五名，第二年三名，第三年二名，以後遇缺額招補。留學年限爲三年，特殊情況可延長一年。留學生費用爲赴歐洲各國每月費用二十磅、旅費往返各一千元，赴美國者每月費用一百美元、旅費往返各一千四百元。留學期滿後，由廣東省政府指定工作，工作年限爲三年。〔註15〕

經過對廣東省留學教育的幾年探索，1932 年 6 月，教育廳長謝瀛洲修訂了廣東省的留學規程，其中有兩點值得注意：第一，保證有特殊研究成績或技術人員有考選機會，不限定他們是否曾從學校畢業。第二，限制家境富裕學生的公費學額，以便幫助眞正有志於留學研究的貧苦學生有更多的選送機會。學生家長資產在十萬元以上或每月收入在六百元以上者，不得應考公費學額；被選送留學人員，其家長資產在六萬元以上或每月收入在四百元以上者，支給半額公費。〔註16〕這有利於給那些有技術、有才幹而家境貧困的學生留學的提供更多的機會。9 月，廣東省教育廳發佈考選歐美留學生以培養大學教師及建設人才的公告，名額定爲十五名至二十名。當年大學畢業生聞訊紛紛預備應考。〔註17〕這次遣派留學生考試有經費保障，當年廣東教育經費預算中留學經費爲二十萬零四千餘元，其中留日公費生七萬二千元，剩餘十三萬餘元定爲考選歐美留學生經費。〔註18〕

綜上，南京國民政府初期，政局初步穩定，省政府急需建設人才。廣東省各行政機關或團體爲培養本省建設人才而提倡發展留學教育，並制定了詳細的留學教育計劃，體現了留學教育在人才建設上起到的積極作用。然而，以上規程的實施狀況或許並不樂觀。據 1932 年的一個報導稱，廣東省歷年均有選派留學生計劃，雖然制定了選派規程並經廣州政治分會核准公佈，但因

〔註15〕《建設會教育組向省府建議派遣留學生赴歐研究教育 擬定派遣留學生赴歐研究教育辦法》，《廣州民國日報》，1929 年 4 月 14 日。

〔註16〕《選派留學生暫行章程 經教廳修正由省府核准實施》，《廣州民國日報》，1932 年 6 月 17 日。

〔註17〕《教廳考選留學生 留學歐美 派定考試委員》，《廣州民國日報》，1932 年 9 月 2 日。

〔註18〕《教廳籌備考選歐美留學生 歐美留學生經費預定十三萬 考選名額約十五名至二十名》，《廣州民國日報》，1932 年 9 月 3 日。

經費緊張未能實行。〔註19〕這至少說明 1932 年以前的廣東留學生派遣並沒有
完全按照已經制定的選派規程實施。

　　留學經費緊張的問題不僅僅在廣東出現，其它各省的留學經費也同樣緊
缺。1931 年，鑒於各省拖欠留學費用的情況嚴重，教育部下令「嗣後各省市
派遣學生留學各國，務須指定的款按期匯寄，其現在拖欠學費之省市，應即?
期清理，在未清理之前，不得再派遣學生」，「此後派遣學生，必須聲敘該省
市留學學費，並無積欠，本部方予核發留學證書」。〔註20〕1932 年左右，留學
生人數有所下降。除了因限制嚴格外，還因爲留學經費猛漲。民初，一個留
學生一年的費用需 500 美元，而 1932 年則須 1080 美元。1929 至 1932 年，留
美學費上漲了四倍多。〔註21〕

　　廣東省的留學人數在這一時期處於全國領先地位。1930 年，教育部核發
留學證書 1484 張。以留學生省籍論，廣東省留學生最多，共 305 人，占 20.55
％，其次是浙江省 174 人、江蘇省 167 人。而以留學國別統計，赴日留學者
最多，全國共 826 人（公費 38，自費 788），其次是美國 282 人（公費 71，自
費 201）、法國 173 人（公費 5，自費 168）、德國 84 人（公費 9，自費 75）、
英國 55 人（公費 21，自費 34）。按不同的研究科目統計留學生人數，分別是
法科 460 人、工科 217 人、文科 165 人、理科 105 人、醫科 102 人、教育 83
人、商科 71 人、農科 63 人、藝術 56 人、軍警 53 人。〔註22〕1931 年 6 月，
全國留日學生共 3064 人，其中廣東留日學生 563 人，位居第一。〔註23〕

二、1933～1937 年，發展時期

　　1933 年 4 月，教育部公佈了《國外留學規程》，並於 6 月進行修正，這是
民國時期最詳備的留學政策。這一規程明確了公費生與自費生的涵義、考選
資格及考試科目。公費生是「由各省市教育行政機關（以下簡稱省市）考取

〔註19〕　《選派留學生暫行章程　經教廳修正由省府核准實施》，《廣州民國日報》，1932
　　　　年 6 月 17 日。
〔註20〕　教育部：《教育部法令彙編》，1933 年，第 751 頁。
〔註21〕　謝長法：《中國留學教育史》，太原：山西教育出版社，2006 年，第 143 頁。
〔註22〕　劉眞、王煥琛：《留學教育——中國留學教育史料》（第四冊），臺北：國立編
　　　　譯館出版，1980 年，第 1878～1879 頁。
〔註23〕　《寰球中國學生會調查留日學生統計》，中國第二歷史檔案館編：《中華民國
　　　　史檔案資料彙編》（第五輯 第一編），南京：江蘇古籍出版社，1991 年，第
　　　　399 頁。

或由公共機關遴選派赴國外研究專門學術供給其研究期間全部費用者」，自費生是「凡自備留學費用或由私法人遣派赴國外研究專門學術供給其費用者」。公費生考選資格為「國內外公立或已立案之私立專科以上學校畢業，並曾任與所習學科有關之技術職務二年以上者。國內外公立或已立案之私立專科以上學校畢業後曾繼續研究所習學科二年以上，而有價值之專門著作或其它成績者」。公費生初試科目包括體檢、普通科目（黨義、國文、本國史地、留學國國語）、專門科目（最少須考三種科目）。公費生經各省市考試後，須由教育部復試審核，復試科目包括留學國語言及專門科目。自費生資格為「公立或已立案之私立專科以上學校畢業。公立或已立案之私立高級職業學校畢業者，並曾在國內任技術職業二年以上者」。公、自費生出國均須請領留學證書。各省教育行政機關可依照教育部的《國外留學規程》制訂詳細的考選章程，但須呈教育部核准施行。各省依地方需要確定每屆公費留學生的研究科目、公費名額、留學國別、留學年限及留學經費等狀況，並呈教育部核准施行，但需注重理、農、工、醫等專科。〔註 24〕以上規程對公費生進行了比較詳細的規定，自費生須具備一定的資格後請領留學證書，但不需要進行統一的考試。

1934 年至 1936 年，各省相繼舉行了公費留學生考試。1934 年 7 月，教育部舉行了第一屆各省考選國外留學生復試，其中被免予復試的省份是山東、江蘇、廣東、山西和湖南，參加復試的是河南、安徽、湖北、江西四省。〔註 25〕此後，各省考選的留學生僅將與考試相關的資料呈送教育部覆核即可領取留學證書。各省根據本省的實際需要分別考選本省留學生，教育部則起著監督、備案的作用。

（一）廣東省政府舉辦的三屆留學生考試

1934 年至 1936 年三年間，廣東省將留學生培養與本省建設密切聯繫起來，有計劃地舉行了三屆公費生留學考試。

1934 年，為了積極推行廣東省三年施政計劃，培養製造、機械、水電、

〔註 24〕 《國外留學規程（1933 年 4 月 29 日教育部公佈 1933 年 6 月 30 日教育部修正公佈）》，宋恩榮：《中華民國教育法規選編》，南京：江蘇教育出版社，2005 年，第 621～628 頁。

〔註 25〕 國民政府教育部統計室：《二十二年度全國高等教育統計》，1936 年，第 229 頁。

製紙、水利等方面的短缺人材，陳濟棠向政務會議提議選派十名優秀青年公費赴歐美各國留學，這一提議經政務會議議決並提交省政府通過。8 月 29 日，廣東省教育廳制定了《廣東省考選公費生章程》，主要內容如下：

（一）留學名額：十名。

（二）留學國別及學科分別：英國三名（棉織一名，毛織一名，造船一名）、德國一名（普通機械一名）、法國一名（絲織一名）、瑞士一名（水電工程一名）、荷蘭二名（水利工程二名）、美國二名（飛機製造一名，造紙一名）。

（三）考生資格：大學學校畢業生且曾在機關、學校、工程或社會團體服務二年以上者或在大學學校成績優秀的畢業生。

（四）留學年限：三年至五年。

（五）報名及考試事宜：8 月 29 日至 9 月 15 日。報名時需準備最近四寸半身相片四張、畢業證書及在學各年成績表。報名及考試地點在廣東省教育廳，考試日期為 9 月 17 日至 18 日，考試科目為黨義、國文、留學國語言、數學、物理、化學。〔註26〕

同時廣東省教育廳制定了《公費留學生服務章程》，要求公費生應服從三民主義，衷心努力為黨國服務。畢業歸國後，由省政府指派在機關或工廠工作，工作年限與領取學費年限相同。工作期內，薪俸以一百元至二百元為限。若考選前在政府、機關、學校、工廠工作的人員，歸國服務時照原薪額進級。〔註27〕

1934 年 9 月，廣東省照章舉辦了第一屆公費留學生考試，於 9 月 17、18 兩日在教育廳禮堂舉行考試。17 日上午考黨義和國文，下午考外國文及進行體檢。18 日上午考數學和考物理，下午考化學。〔註28〕這次考試共 24 人報名，19 人到考。經考試委員會評定，錄取 4 名合格者，姓名、派遣國及學習專業分別為：黃冠岳，派赴美國專習造紙；盧森，派赴法國專習絲織；符迪才，

〔註26〕　《教廳考選公費留學生》，《廣州民國日報》，1934 年 8 月 30 日；《廣東省考選公費留學生章程》，《國立中山大學日報》，1934 年 9 月 5 日。

〔註27〕　《教廳考選公費留學生》，《廣州民國日報》，1934 年 8 月 30 日；《大學布告三公費留學生服務章程》，《國立中山大學日報》，1934 年 9 月 5 日。

〔註28〕　《公費留學生今日起考選 在教育廳舉行》，《廣州民國日報》，1934 年 9 月 17 日；《公費留學生考試 昨赴考者十九人 今日上下午續考》，《廣州民國日報》，1934 年 9 月 18 日。

派赴瑞士習水電；唐玉書，派赴英國專習棉織。〔註 29〕被錄取學生由教育廳代辦出國護照。〔註 30〕四名學生中，中山大學畢業生占三名，唐玉書是中山大學理工學院化學系第五屆畢業生，黃冠岳是理工學院化學系第六屆畢業生，盧森是數學天文學系第七屆畢業生。〔註 31〕10 月初，按照留學經費的規定，財政廳撥給每名出國學生川資治裝費國幣一千元，並預發三個月學費，計川資共四千元大洋、三名留歐學生三個月學費英幣一百八十鎊及一名留美學生三個月學費美金三百元。〔註 32〕10 月 8 日，四名學生搭廣九列車離粵赴港，轉乘輪船出國。〔註 33〕

　　1935 年，廣東教育廳廳長黃麟書修正了廣東省考選國外留學公費生規程，並在 1 月召開的教育廳廳務會議中通過，後來經省政府核准施行。〔註 34〕這便是 1935 年 2 月頒佈的《修正廣東考選國外留學公費生暫行規程》，主要內容如下：

　　（一）留學目的：本省政府為養成專門學術人材，根據教育部定國外留學規程，考選國外留學公費生赴各國留學。

　　（二）學習科目：本省考選國外留學公費生特別注意理、工、農、醫等學科。

　　（三）考試程序：本省考選國外留學公費生，由教育廳酌定考選日期、考選名額、留學地方、留學年限、研習學科等項，提前兩個月登報，以便國內外學生照章報名投考。凡報名投考者，須具備最近半身四寸相片三張，連同年籍、履歷、在學校成績、畢業證書、服務證狀或著述，呈繳教育廳查核。

　　（四）報考資格：

　　　　（1）國內外公立或已立案之私立專科以上學校畢業，並曾任與所
　　　　　　　習學科有關之技術職務二年以上者。

〔註 29〕 《教廳考選公費留學生揭曉 計取錄黃冠岳等四名》，《廣州民國日報》，1934
　　　　 年 9 月 25 日。
〔註 30〕 《考選公費生將放洋 留學旅費每名大洋一千元 各生須攜證件赴財廳領
　　　　 取》，《廣州民國日報》，1934 年 9 月 27 日。
〔註 31〕 《本校畢業生獲選公費留學》，《國立中山大學日報》，1934 年 10 月 1 日。
〔註 32〕 《留學生川資費 財廳已如數撥支 由教廳具領轉發》，《廣州民國日報》，1934
　　　　 年 10 月 6 日。
〔註 33〕 《官費生昨已離粵》，《廣州民國日報》，1934 年 10 月 9 日。
〔註 34〕 《本省考選國外留學公費生規程 業經教廳廳務會議修正通過 並通過學校機
　　　　 關交代暫行辦法》，《廣州民國日報》，1935 年 1 月 22 日。

（2）國內外公立或已立案之私立專科以上學校畢業後，曾繼續研究所習科學二年以上，而有有價值之專門著作或其它成績者。

（3）國內外公立或已立案之私立大學或獨立學院畢業而成績優良者。

（五）考試事項：

第一試　檢驗體格：體格檢驗不及格者，不得參與第二試。

第二試　考試科目：考試科目爲黨義、國文、本國史地、留學國國語（作文、翻譯、會話）及其所願學門類之專門科目三種。

（六）留學費用：

（1）留歐學生：出國川資及治裝費國幣一千元；每期繳學校所徵學費，照數發給；每月生活費十四英鎊；回國川資四十英鎊。

（2）留美學生：出國川資及治裝費國幣一千元；每期繳納學校所徵學費，照數發給；每月生活費七十五美元；回國川資三百美元。

（3）留日學生：出國川資及治裝費國幣三百元；每期繳納學校所徵學費，照數發給；每月生活費七十日元；回國川資八十日元。

（七）留學年限：

三年至五年。有特別情形尙須研究者，應陳明管理留學機關函轉教育廳核定其續留期限。

（八）留學生管理：

（1）留學生在留學期內，非經教育廳許可，不得變更所研習科目及留學國，否則取消其留學資格，並追還所領一切費用。

（2）留學生在留學期內，以每學期開始前，將上學期所修學科成績證及研究或實習經過情形，呈由管理留學機關轉教育廳考核。逾期三個月尙未呈報者，停止發給各費。留學期間，兩年成績不及格者，停止發給學費及生活費。

（3）國外留學公費生，有下列情形之一者，取消其留學資格，勒令返國，並追還其以前所領一切費用。一、行　不檢，有辱國體者。二、有反動言論或行　者。三、犯校規經學校斥退

者。國外公費留學生在留學期內，有辦理政府所委託事件之
義務。

（4）國外留學公費生，身患重病，確實不能繼續學業者，由管理
留學機關報告教育廳，令其返國。如遇家庭重大事故，呈由
管理留學機關向教育廳請假返國，假期不得超過一年，假期
內不給學費生活費，不給來回川資。

（5）國外留學公費生畢業後，將畢業證件送給管理留學機關驗印證
明，並將畢業證件呈教育廳登記，按照服務章程聽候安排工作。
〔註35〕

　　修正後的留學章程較之前的留學規程更加詳備，增加了對留學科目、留
學經費、體格檢查及留學生學業管理的詳細規定。

　　同時，廣東省教育廳將《修正選派留學外國學生暫行規程》提交教育
部審核備案。〔註36〕教育部令廣東省教育廳將所送規程照以下各點修改：
第一，將標題中的「暫行規程」改為「章程」，各條中「本規程」相應改為
「本章程」。第二，第三條「研習學科等項」後加「呈請教育部核准後」八
個字。第三，第七條應遵照部頒國外留學章程，將初試錄取生須經本部復
試之各項規定加入。第四，第二十四條後增加「本章程未規定各事項，照
部頒國外留學規程辦理」一條。〔註37〕廣東省教育廳遵照教育部指令修改，
並將《修正選派留學外國學生暫行規程》更名為《修正廣東考選國外留學
公費生章程》頒行。〔註38〕

　　按照重新修訂的留學章程，1935 年 4 月，廣東省教育廳以「造就高深學
術人材」為目的，舉行了第二屆考選國外留學公費生考試。這次考試計劃錄

〔註35〕　《修正考選留學生規程　經教廳第七次廳務會議通過》，《廣州民國日報》，1935
　　　　　年 2 月 2 日。
〔註36〕　《廣東省教育廳呈教育部修正廣東考選國外留學公費生暫行規程（民國二十
　　　　　四年二月二十八日）》，林清芬：《抗戰時期我國留學教育史料——各省考選留
　　　　　學生》，臺北：國史館，1994 年，第 1～6 頁。
〔註37〕　《教育部令廣東省教育廳所呈修正廣東考選國外留學公費生暫行規程尚有應
　　　　　行修改各點（民國二十四年三月十四日）》，林清芬：《抗戰時期我國留學教育
　　　　　史料——各省考選留學生》，臺北：國史館，1994 年，第 6～7 頁。
〔註38〕　《廣東省教育廳呈教育部遵令改訂修正廣東考選國外留學公費生章程（民國
　　　　　二十四年三月二十八日）》，林清芬：《抗戰時期我國留學教育史料——各省考
　　　　　選留學生》，臺北：國史館，1994 年，第 7 頁。

取二十名學生，其中十名送往歐美留學，十名送往日本留學。4月1日至5月31日為報名日期，6月4日為考試日期。〔註39〕

按教育部規定，「各省舉行國外公費留學生考試，應按照部頒國外留學規程，及各該省單行國外留學章程之規定，先期擬訂招考簡章呈部核準備案。〔註40〕4月2日，廣東省教育廳擬定《第二屆考選國外留學公費生簡章》，並呈教育部備案。8日，獲教育部批准。該簡章主要內容如下：

（一）廣東省教育廳招考第二屆國外留學公費生共二十名。

（二）本屆考選留學生之國別科別及名額如下：

甲、西洋留學公費生十名

科別	毛織	造船	兵器製造	軍事化學	飛機製造	學校建築工程	昆蟲學	水利工程	漁業水產
國別	英國	英國	德國	德國	美國	美國	美國	荷蘭	加拿大
名額	一名	一名	一名	一名	一名	一名	一名	二名	一名

乙、東洋留學公費生十名

科 別	紡 織	窯 業	漁業水產	蠶業	體育童軍	家 事
國別	日本	日本	日本	日本	日本	日本
名額	二名	一名	二名	一名	二名	一名

注：蠶業及體育童軍兩科，凡屬於下列資格之粵籍男女生均得報名應考，家事一科，以粵籍女生為限，其餘各科均以粵籍男生為限。

（三）報名資格：

（1）國內外公立或已立案之私立專科以上學校畢業，並曾任與所習學科有關之技術職務二年以上者。

（2）國內外公立或已立案之私立專科以上學校畢業後，曾繼續研究所習學科二年以上有價值之專門著作或其它成績者。

〔註39〕 《本省第二屆考選 留學公費生 名額歐美日本共二十名 即日報名至下月底止 六月四日至六日初試》，《廣州民國日報》，1935年4月4日。

〔註40〕 《廣東省教育廳呈教育部遵令擬定廣東省第二屆考選國外留學公費生簡章請查核（民國二十四年四月二日）》，林清芬：《抗戰時期我國留學教育史料——各省考選留學生》，臺北：國史館，1994年，第13～18頁。

（3）國內外公立或已立案之私立大學或獨立學院畢業，而成績優
良者。

（四）報名手續：

（1）填寫報名表：包括姓名、性別、年齡、籍貫、學歷、經驗、
繳驗證件、曾否加入國民黨、報名種類、通訊處等項。

（2）具繳各證件：包括最近半身四寸相片四張、畢業證書、歷年
學業成績表、服務證書。

（五）報名及考試地點：廣東省教育廳。初試日期：二十四年六月四日
至六日。

（六）初試事項：

（1）檢驗體格：體格檢驗不及格者，不得參加考試。

（2）普通科目（投考各生應一律參考）：黨義、國文、本國史地。

（3）外國語（英國、美國、加拿大均考英語，德國、荷蘭均考德
語，日本考日語）：作文、翻譯、會話。

（4）專門科目（報考毛織、造船、兵器製造、軍事化學、飛機製
造、學校建築工程、水利工程、漁業水產、紡織，均考下列
子類科目；昆蟲學與蠶業考醜類科目；體育童軍考寅類科目；
家事考卯類科目）：子類科目為數學、物理和化學。醜類科目
為生物學、物理和化學。寅類科目為體育原理、運動技術和
生理衛生。卯類科目　家事常識、教育概論和生理衛生。

（七）復試：初試取錄後，由本廳送赴南京教育部復試，復試辦法由教
育部定之。

（八）留學年限：三年至五年。〔註41〕

根據制定的留學章程及招考簡章，5月初，教育廳組織了留學生考試委員
會。27日，召集各考試委員開第一次會議，討論考試事宜，〔註42〕議定考試
日期為於6月4日至6日，考試地點為省立民眾教育館禮堂。〔註43〕6月4日

〔註41〕《廣東省第二屆考選國外留學公費生簡章》，《國立中山大學日報》，1935年4
月11日；林清芬：《抗戰時期我國留學教育史料——各省考選留學生》，臺北：
國史館，1994年，第13～18頁。

〔註42〕《考選公費學生　考試會今日會議》，《廣州民國日報》，1935年5月27日。

〔註43〕《考選公費學生　下月四日舉行　試場在省立民教館》，《廣州民國日報》，1935
年5月31日。

上午體檢，下午考黨義和本國史地，6 月 5 日上午考國文，下午考（子類）物理、生理衛生、（子類）化學、體育原理、家事常識。6 月 6 日上午考數學、運動技術、教育概論，下午考（丑類）物理、（丑類）化學。6 月 7 日上午考英文，下午考德文、日文、生物學。〔註 44〕

由於報考資格限定嚴格，軍政部兵工專門學校製藥科第二期廣東籍畢業生陳贊文，因畢業證書「既無教育部蓋印，且教育部通知本廳之專科以上學校，亦未列兵工專校之名」，報名時被廣東省教育廳拒絕。他認為軍政部兵工專門學校是中央政府軍政部設立，入學資格、畢業年限均與各獨立學院及大學相同，且所學各學科為理工科，與國立專科以上學校畢業生受同等待遇，請求教育部令廣東教育廳准予報名考試。〔註 45〕最後，經軍政部兵工專門學校校長證明，教育部承認該校畢業生具有專科學校畢業程度，准予陳贊文報名參加留學考試。

6 月 4 日，四十名應考學生於上午九點到十二點進行體檢。下午一點至三點考黨義，三點至五點本國史地。試題如下：

黨義試題：

（一）試略述三民主義具有連環性之理由。

（二）孫中山先生引用機器為例，證明權和能分開，政治方能進步，能說明這個理由嗎？

（三）民生主義與資本主義，有何不同。

（四）試舉例證明「行易知難」說之正確。

（五）試就實業計劃中略述一計劃內容大概。

史地試題：

（一）試略述明末清初西方科學輸入情形。

（二）王安石新法能否行於今日，試舉其制，分別論之。

（三）試略論述廣東省水路交通概況。

（四）試述南京今日之形勢。〔註 46〕

〔註 44〕　《省教廳第二屆 考選國外留學公費生 明日起在民教館舉行初試 考試科目及時間業已編定》，《廣州民國日報》，1935 年 6 月 3 日。

〔註 45〕　《軍政部兵工專門學校呈教育部為據情轉懇電令廣東省教育廳准予該校畢業生留外公費生考試並請通令各大學各省教育廳知照（民國二十四年五月二十五日）》，林清芬：《抗戰時期我國留學教育史料——各省考選留學生》，臺北：國史館，1994 年，第 20～21 頁。

〔註 46〕　《考選國外留學公費生 應試者四十人昨考黨義史地 今日上午九時起考國文物理》，《廣州民國日報》，1935 年 6 月 5 日。

6月5日，因兩人體檢不合格，參試學生為三十八人，上午九點至十二點考國文，下午一點至三點考（子類）物理，三點至九點考化學。部份試題如下：

國文試題（任選一題）：

（一）吾人宜如何取西方科學文明以促進新中國建設說。

（二）物質科學能生人能殺人，至近世而其效大觀亦，將如何完極其利而慎防其弊，切實論之。

物理試題（子類）：

（一）物理靜止之條件如何，試討論之，今有一輕杆，長 3 米其兩端以繩懸之，若在杆上一點弔一重體，而該杆靜止於水平線上，與兩端懸繩相交成 45 及 30 角，求重體之位置。

（二）試解釋 Bernoulli 之流體力學定理，並根據該定理以討論水管之壓力。

（三）試討論氣體之脹縮，並根據膨脹定律以推出理想氣體方程序。

（四）望遠鏡有天文鏡與地上鏡兩種，試用作圖方法分別說明之。

（五）詳述歐姆定律，有甲電池組，其電勢為 6 伏特，內阻為 0.5 歐姆，乙電池組其電勢為 10 伏特，內阻為 1 歐姆，今將甲乙兩組並聯而輸電子於外路，若外路之電阻為 12 歐姆，則通過兩電池組之電流若干？〔註47〕

6月6日，上午九點至十二點考數學、教育概論，下午一點至三點考體育原理，三點至五點考化學。其中教育概論及體育原理試題如下：

教育概論試題：

（一）略說家庭之教育職能及其今後之趨勢。

（二）略述兒童本位之教育說。

（三）新教學法之基本原理是什麼。

（四）現代教育實業日歸於國家統制其原因何在。

體育原理試題：

（一）體育何以需要注意原理。

（二）瑞典與德國體育在歷史背景上其異同之點何在。

〔註47〕《留學公費生第二日　到場應試學生共三十八人　今日上午九時起繼續初試》，《廣州民國日報》，1935 年 6 月 6 日。

（三）體育在消極及積極兩方面如何能促社會進步。

（四）試述運動技術訓練及運動員品格訓練，如何能遷移於日常生活之用。

（五）詳述體育眞正目的。〔註48〕

6月11日，教育廳發佈口試通告，「查本省第二屆考選外國留學公費生，關於英文一科，業經舉行筆試，茲定於本月十一日（星期二）下午二十在本廳會議室舉行口試，凡應考英文科學生，仰依時到廳聽候口試爲要。」〔註49〕英文口試由中山大學英國語言文學系主任張葆恒、嶺南大學教務長陳榮捷二人主持。〔註50〕

據考試後統計，第二屆留學生考試報名人數共 48 名，到考人數 38 名，其中體檢不合格 2 名，未到考 8 名。議定各科成績及格標准定爲普通學科平均分在六十分以上，專門學科平均分在五十分以上，外國語在五十分以上。錄取的五名學生分別是交通大學畢業生林士諤、劉福康，暨南大學畢業生黃逸塵，中山大學畢業生趙善歡，廣州大學畢業生黃敦涵。〔註51〕經教育廳指定，林士諤派赴美國麻省工業學校研究飛機製造，劉福康派英國都涵大學研究造船，黃逸塵派赴英國耶魯大學研究學校建築，趙善歡派赴美國柯利近大學學習研究昆蟲學，黃敦涵派赴日本高等師範研究體育。〔註52〕

錄取各生履歷及考試成績如下：

林士諤，男，22 歲，廣東平遠人，國立交通大學機電科電信門畢業，未入國民黨，第一志願爲美國飛機製造科。初試成績爲：黨義 86，國文 79，本國史地 74.5，數學 78，物理 76，化學 73，外國語 72。

趙善歡，男，22 歲，廣東高要人，國立中山大學農學院專門部畢業，曾任中山大學農學院昆蟲學助教兼稻作試驗場研究員二年，對廣東水稻及其它農作物

〔註48〕　《教育廳考選留學生　第三日情形》，《廣州民國日報》，1935 年 6 月 7 日。

〔註49〕　《國外留學公費生　定今日口試　下午在教廳會議室》，《廣州民國日報》，1935 年 6 月 11 日。

〔註50〕　《考選留學公費生明日可揭曉　今日決定入選名名次》，《廣州民國日報》，1935 年 6 月 12 日。

〔註51〕　《考選留學公費生　考委會昨開會　決定各科及格標準　達到標準者有五名》，《廣州民國日報》，1935 年 6 月 13 日。

〔註52〕　《考選國外留學公費生　定月底赴港放洋　政務會已發給留學證書　財廳先撥每人旅費千元》，《廣州民國日報》，1935 年 8 月 3 日；《公費留學生　決定本月下旬出國　又廳指定入學校名》，《廣州民國日報》，1935 年 8 月 9 日。

之重要害蟲研究頗有心得。已入國民黨，第一志願爲美國昆蟲科。初試成績爲：黨義 60，國文 77.5，本國史地 65，生物學 96，物理 14，化學 45，外國語 83。

黃敦涵，男，30 歲，廣東順德人，畢業於私立廣州大學教育學系和中國國民黨童子軍司令部特設教練員訓練學校，曾任廣東省童子軍事業協會董事兼秘書、廣東省黨務工作人員訓練所童軍訓練班教授、中國國民黨童子軍司令部直轄第二十一團團長、廣州建中中學校體育主任。已入國民黨，第一志願爲日本體育童軍科。初試成績爲：黨義 80，國文 66.5，本國史地 65.5，體育原理 72，運動技術 66，生理衛生 34，外國語 50。

黃逸塵，男，29 歲，廣東梅縣人，國立暨南大學理學院物理系畢業，曾任省立第五中學教員、浙江電話工務員。未入國民黨，第一志願爲美國學校建築工程科，初試成績爲：黨義 70，國文 79.5，本國史地 50，數學 58，物理 53，化學 51，外國語 62。

劉福康，男，25 歲，廣東新會人，國立交通大學電機學院電信門畢業，曾任國際無線電臺工程佐理員二年。未入國民黨，第一志願爲英國造船科。初試成績爲：黨義 63，國文 74.5，本國史地 63，數學 46，物理 68，化學 65，外國語 72。〔註53〕

隨後，教育廳將考選經過及結果呈省政府備案，並請西南政務委員會發給各生國外留學生證書，請財政廳撥給每人旅費大洋一千元。之後各學生赴沙面見駐粵英、美領事，並辦理留學手續及領取護照。8 月 28 日，各生到教育廳領取護照、旅費，29 日乘搭省港快車赴港搭船出洋。〔註54〕

同時，廣東省教育廳於 8 月 2 日向教育部呈報第二屆考選國外留學生公費生情況，並將錄取留學生的履歷、考試成績及各科考試試題一併上報教育部。29 日，教育部查核後將其發還廣東省教育廳。〔註55〕

〔註53〕 《廣東省教育廳呈報教育部取錄留學東西洋公費生（民國二十四年八月二日）》，林清芬：《抗戰時期我國留學教育史料──各省考選留學生》，臺北：國史館，1994 年，第 39～43 頁。

〔註54〕 《公費留學生 決定本月下旬出國 又廳指定入學校名》，《廣州民國日報》，1935 年 8 月 9 日；《考選公費留學生定今午赴港放洋》，《廣州民國日報》，1935 年 8 月 29 日。

〔註55〕 《教育部令廣東省教育廳據呈爲該省第二屆國外公費留學生考試擬錄取林士鍔等五名一案應准如擬辦理（民國二十四年八月二十九日）》，林清芬：《抗戰時期我國留學教育史料──各省考選留學生》，臺北：國史館，1994 年，第 59 頁。

在成功舉辦兩屆公費留學生考試後，1936 年，廣東省照例招考第三屆公費留學生。4 月，教育廳布告招考第三屆國外留學公費生，經省政府核准考選歐美留學生十二名。教育廳制定了《廣東省第三屆考選國外留學公費生簡章》，聘請中山大學、勷勤大學、嶺南大學、廣州大學、國民大學的教授及廣東省黨政機關的高級人員組成考試委員，定於 4 月 1 日起至 6 月 15 日止在教育廳第二科報名，於 6 月 23 日至 27 日舉行考試。凡粵籍畢業生、資格與簡章規定相符且志願留學者，皆可照章報名投考。〔註 56〕

4 月 4 日，廣東省向教育部呈送《廣東省第三屆考選國外留學公費生簡章》，請教育部核查備案。〔註 57〕12 日，教育部准予廣東省舉辦第三屆考選國外留學考試，要求初試按照原定名額錄取，初試後將錄取各生的證件、成績單、試題及試卷送教育部覆核，同時允許本次留學考試免於復試。〔註 58〕《廣東省第三屆考選國外留學公費生簡章》內容原文如下：

（一）廣東教育廳考選第三屆國外留學公費生共十二名。

（二）本屆考選國外留學公費生之國別、科別、名額、性別如下：

科　別	國　別	名　額	性　別
水利工程	荷蘭	一名	男生
水電工程	瑞士	一名	男生
機械工程	美國	一名	男生
軍事化學	德國	一名	男生
兵器製造	德國	一名	男生

〔註 56〕 《教廳考選第三屆 國外留學公費生 一日起報名至六月十五日止 名額十二名六月二十三日考試》，《廣州民國日報》，1936 年 4 月 3 日；《考選公費生 本月已開始報名 教廳函各大學通告應考》，《廣州民國日報》，1936 年 4 月 14日；《廣東省教育廳呈報教育部取錄第三屆國外留學公費生（民國二十五年八月三日）》，林清芬：《抗戰時期我國留學教育史料——各省考選留學生》，臺北：國史館，1994 年，第 59 頁。

〔註 57〕 《廣東省教育廳呈教育部第三屆考選國外留學公費生簡章（民國二十五年四月四日）》，林清芬：《抗戰時期我國留學教育史料——各省考選留學生》，臺北：國史館，1994 年，第 22 頁。

〔註 58〕 《考選留學公費生 准免予復試 教部令飭知照》，《廣州民國日報》，1936 年 5月 10 日；《教育部令廣東省教育廳所呈第三屆考選國外留學公費生簡章准予備案又二十五年該省留學考試准免予復試（民國二十五年四月二十二日）》，林清芬：《抗戰時期我國留學教育史料——各省考選留學生》，臺北：國史館，1994 年，第 29 頁。

科　別	國　別	名　額	性　別
造船	英國	一名	男生
冶金	德國或英國或美國	一名	男生
人造絲	德國或意國或英國	一名	男生
毛織	英國	一名	男生
農業	丹麥	一名	男生
教育	德國	二名	男生或女生

（三）報名資格

甲　國內外公立或已立案之私立專科以上學校畢業，並曾任與所習學科有關之技術職務兩年以上者。

乙　國內外公立或已立案之私立專科以上學校畢業後，曾繼續研究所習學科二年以上，且有有價值之專門著作或其它成績者。

以上兩項均以粵籍學生爲限。

（四）報名日期：自二十五年四月一日起至六月十五日止

（五）報名手續：

甲　填寫報名表

1.姓名　2.性別　3.年齡　4.籍貫　5.學歷　6.經驗

7.繳驗證件　8.曾否加入國民黨　9.報考種類　10.通訊處

乙　具繳各證件

1.最近半身四寸相片四張

2.畢業證書

3.歷年學業成績表

4.服務證狀（具本簡章第四條甲項資格者應繳驗，乙項免繳，此項證狀須由服務處所最高主管人員簽名蓋章方爲有效）

5.專門著述或其它成績（具本簡章第四條乙項資格者應繳驗，甲項免繳）

（六）報名及考試地點：廣東省教育廳（廣州市惠愛西路）

（七）初試日期：二十五年六月二十三日至二十七日

（八）初試事項：

甲　檢驗體格　體格檢驗不及格者，不得參與乙丙丁三項考試。

乙　普通科目（報考各生應一律參考）

　　1.黨義　2.國文　3.本國史地

丙　外國語（英國、美國、加拿大均考英語；德國、荷蘭、丹麥均考德語；瑞士、意大利均考法語）

　　1.作文　2.翻譯　3.會話

丁　專門科目

　　子　報考水利工程、水電工程、機械工程、軍事化學、兵器製造、造船、冶金、人造絲、毛織各科者均考下列科目

　　　　1.數學　2.物理　3.化學

　　丑　報考農業者考下列科目

　　　　1.農業　2.生物學　3.理化

　　寅　報考教育科者考下列科目

　　　　1.教育概論　2.心理學　3.倫理學

（九）復試：初試錄取後，由本廳送赴南京教育部復試，復試辦法由教育部定之。

（十）留學年限：三年至五年

（十一）留學經費：被選各生留學費用，由廣東省政府照下列數目支給之：

留歐學生：

　　1.出國川資及治裝費國幣一千元

　　2.每期繳納學校所徵費用照數發給

　　3.每月生活費英幣十四磅

　　4.回國川資英幣四十磅

留美學生：

　　1.出國川資及治裝費國幣一千元

　　2.每月繳納學校所徵費用照數發給

　　3.每月生活費美金七十五元

      4.回國川資美金三百元

（十二）被選各生所有出國給費、研習報告、返國各項，應遵照國
          外留學規程及修正廣東考選國外留學公費生章程辦理。

（十三）各生畢業後返國服務應遵照服務章程辦理（附錄服務章程）
      〔註59〕

《廣東考選國外留學公費生服務章程》主要內容如下：

（一）公費生應服膺三民主義，衷心及努力為黨國服務。畢業歸國後，
由本省政府指派在機關或工廠工作。

（二）公費生畢業後，若未經政府之許可，而充任非指派之職務者，追
繳其曾領公費之一部或全部。

（三）在服務期內薪俸以一百元至二百元為限，但考選章程第四條第一
項曾在政府機關、學校、工廠服務人員歸國服務時，得照原薪額進級。

（四）服務年限與所領學費之年限同。〔註60〕

公佈招生簡章及服務章程後，留學生考試委員會定於 6 月 23 日至 27 日
在省民教館禮堂舉行考試。考試安排為：23 日上午體檢，下午考黨義和中國
史地。24 日上午考國文，下午考（子類）數學、（丑類）農業、（寅類）教育
概論。25 日上午考英文、德文，下午考（子類）物理、（丑類）生物學、（寅
類）心理學、（子類）化學、（丑類）理化、（寅類）倫理學。26日上午考法文。
自 4 月 1 日報名至 6 月初，僅有六人報名投考，原因是由於投考資格限制太
嚴，有大學畢業資格而未曾服務兩年者也不能投考。至截止日期，只有十幾
名學生報考。〔註61〕經初試及格者有五人，分別是鍾高光、劉鴻、劉桂灼、

〔註59〕《大學布告：廣東省第三屆考選國外留學公費生簡章》，《國立中山大學日
         報》，1936 年 4 月 13 日；《教育廳考選第三屆國外留學公費生》，《廣州民國日
         報》，1936 年 4 月 3 日。

〔註60〕《廣東省教育廳呈教育部第三屆考選國外留學公費生簡章（民國二十五年四
         月四日）》，林清芬：《抗戰時期我國留學教育史料——各省考選留學生》，臺
         北：國史館，1994 年，第 22～28 頁。

〔註61〕《第三屆公費留學生 考委會內成立》，《廣州民國日報》，1936 年 5 月 25
         日；《三屆公費留學生 定二十三日考試 考試委員會行將成立》，《廣州民國日
         報》，1936 年 6 月 8 日；《教廳招考公費留學生情形 是屆報名投考者共得十餘
         人 定二十三日在民教館開始考試》，《廣州民國日報》，1936 年 6 月 16 日；《教
         廳考選 三屆留學生 二十三起在民教館舉行 試期科目已編配完妥》，《廣州民
         國日報》，1936 年 6 月 20 日。

戚煥堯、盧森建。教育廳於 7 月 6 日下午召集初試合格者舉行口試。〔註62〕7 月 20 日，省政府根據教育廳提供的錄取學生考試成績及個人履歷決定了他們的留學國別、學校及學習科目：鍾高光派赴美國麻省工業大學習專習機械，劉鴻派赴美國大學專習人造絲，劉桂灼派赴德國大學專習中等教育，戚煥堯派赴德國大學專習小學教育，盧森建派赴英國利物堡大學專習造船。〔註63〕第三屆考選國外留學公費生部份文科類試題如下：

黨義試題：

第一類（一）試說明目前舉行擴大民族主義宣傳之意義與必要。

　　　　（二）民族意識、國家意義與階級意識三者之區別若何？

第二類（三）目前政象，究係一權政制，抑係五權政制。

　　　　（四）目前應否頒行憲法？試根據建國大綱及第一次全國代表大會宣言說明之。

第三類（五）馬克思說資本家要多得盈餘價值必須有三條件：（1）減少工人的工錢；（2）延長工人做工的時間；（3）擡高出品的價格。試說明此三條件是不是合理。

　　　　（六）略說孫中山先生錢幣革命理論之要點。（在右三列中各擇一題答之）

國文試題（任擇一題）：

（一）我國公私費出洋留學行之數十年矣，其成效若何？可擇其大要而究其原因否？今日國難時期宜如何本臥薪嘗膽之精神采昔日之長，去昔日之敝，各盡其能力吸收世界學術，以爲救國之基本？切實言之。

（二）顧亭林謂文須有益於天下，有益於將來，試申言其義。

史地試題（全答）：

（一）南宋偏安江左，罷李綱，金人立叛臣劉豫於汴京，號稱僞齊，迭相侵寇，其時韓岳張劉主戰，秦檜主和，孰得孰失，試詳論之！

（二）舉我國近數十年來被日本侵佔之各地而略說其影響於國勢之變遷。

〔註62〕《取錄公費留學生　昨日復應口試》，《廣州民國日報》，1936 年 7 月 7 日。

〔註63〕《取錄留學生　留學國決於省府》，《廣州民國日報》，1936 年 7 月 8 日；《三屆留學生經決定留學國　限一月內赴教廳報到》，《廣州民國日報》，1936 年 7 月 21 日；《鍾高光等　留學生定期出國　所入學校亦經廳指定》《廣州民國日報》，1936 年 7 月 28 日。

教育概論試題：

（一）教育之本質如何，其基礎安在？

（二）教育學能否成爲科學？試根據科學構成的條件以說明之！

（三）形式陶冶與實質陶冶之意義及其相互關係如何？

（四）訓育之意義如何？其目的安在？

心理學試題：

（一）試詮釋刺激反應之公式，並加以批評！

（二）試以兒童的驚懼爲例，說明交替反射底意義！

（三）心理學之應用及其趨勢如何試縷述之！

論理學試題：

（一）實質的推理（Material inference）與形式的推理（Formal inference）之關係如何？

（二）原因（Cause）與結果（Effect）之關係如何？

（三）說明概念之構成及其種類？

（四）檢定下列各推論式之眞僞，並說明　者所犯之謬誤：（1）凡缺乏想像力者非眞正的詩人，某缺乏想像力者是愛好辯論者，故某眞正的詩人非愛好辯論者。（2）入如存心貪鄙，則必不得滿足；今某人不得滿足，故某之存心貪鄙可知。〔註64〕

　　8月3日，廣東省教育廳將第三屆公費生考選情況上報教育部。經教育部審核，劉桂灼因外國語成績不及格，戚煥堯、盧森建因總成績及外國語成績均不及格，分別被淘汰。教育部只准予發給鍾高光、劉鴻二人公費留學證書，此二人定於9月4日出國。〔註65〕8月25日，劉桂灼、戚煥堯、盧森建三人陳請廣東省教育廳轉呈教育部核發留學證書，陳述如下：（1）經廣東省第三屆公費留學考試錄取後，已領取出國川資及治裝費並預訂了船位，只等領取留學證書及護照即可出國，而教育部卻以成績不合格不發給留學證書。三人對此難以接受。（2）三人考試成績比第一屆錄取者優異，且第二屆取錄生中也有外國語不及格者。國內大學文學院普通係以英文爲第一外國語，德語爲選修之第二外國，故而劉桂灼德文成績略遜。而戚煥堯差及格標準不足一分。

〔註64〕　《廣東省第三屆考選國外留學公費生試題》，林清芬：《抗戰時期我國留學教育史料——各省考選留學生》，臺北：國史館，1994年，第63～67頁。

〔註65〕　《教廳考取留學生　教部已經核定》，《廣州民國日報》，1936年8月31日。

盧森建總成績不及格，則由於史地科成績稍低，而史地科目與造船研究並無多大關係。（3）教育部曾批准第三屆留學考試與第一、二屆留學考試程序相同，可免送教育部復試。故三人呈請教育部「俯查實情，核發留學證書，俾遂求學初願」。〔註66〕9 月 7 日，教育部核准盧森建的錄取資格並補辦留學證書，要求教育廳重新考試劉桂灼、戚煥堯英文程度，如成績能達到六十分以上，可由德國改派至英國或美國留學。〔註67〕9 月 15 日，廣東省教育廳對劉桂灼、戚煥堯專門進行英文考試考試，請國立中山大學教授張葆恒與私立嶺南大學教授李寶榮主持考試。考試結果為劉桂灼成績在六十分以上，可改派美國留學專習教育。而戚煥堯成績不及格，不予取錄。〔註68〕9 月 30 日，教育部承認劉桂灼的錄取資格並准發給留學證書。〔註69〕

鍾高光、劉鴻、劉桂灼三人履歷等情況如下：

鍾高光，男，30 歲，廣東梅縣人，畢業於交通大學機械工程科，曾任廣東省立第五中學校長、廣州陸地測量學校數理教官、梅縣廣益中學廣州南京中學興寧縣立一中學校數理教員。已入國民黨，第一志願報考美國機械科。初試成績為：黨義 60，國文 72.5，本國史地 60，數學 70，物理 100，化學 49，外國語 65，總分 476.5，平均分 68.7。

劉鴻，男，33 歲，廣東潮安人，畢業於廣東高等師範，曾任中山大學化學系助教、中山大學附屬高中部化學教員。未入國民黨，第一志願報美國人造絲科。初試成績為：黨義 50，國文 77.5，本國史地 58.5，數學 80，物理 60，化學 72，外國語 65，總分 463，平均分 66.14。〔註70〕

〔註66〕《廣東省教育廳呈教育部據該省第三屆公費留學生劉桂灼等呈請轉呈教部原定取錄標準核發留學證書（民國二十五年八月二十五日）》，林清芬：《抗戰時期我國留學教育史料──各省考選留學生》，臺北：國史館，1994 年，第 78 頁。
〔註67〕《教育部令廣東省教育廳該省第三屆公費生考試之劉桂灼等三名呈請轉呈准予核定錄取資格發給留學證書一案分別核示（民國二十五年九月七日）》，林清芬：《抗戰時期我國留學教育史料──各省考選留學生》，臺北：國史館，1994 年，第 79 頁。
〔註68〕《廣東省教育廳呈教育部遵令考驗該省第三屆國外留學公費生劉桂灼等英文情形並發給留學證書（民國二十五年九月十七日）》，林清芬：《抗戰時期我國留學教育史料──各省考選留學生》，臺北：國史館，1994 年，第 80～84 頁。
〔註69〕《教育部令廣東省教育廳劉桂灼應該省第三屆國外留學考試之錄取資格准予核定並准發給留學證書（民國二十五年九月三十日）》，林清芬：《抗戰時期我國留學教育史料──各省考選留學生》，臺北：國史館，1994 年，第 85 頁。
〔註70〕《廣東省第三屆考選國外留學公費生名冊》，林清芬：《抗戰時期我國留學教育史料──各省考選留學生》，臺北：國史館，1994 年，第 61～62 頁。

劉桂灼，男，25 歲，廣東新會縣，私立嶺南大學畢業，曾任嶺南大學附設華僑學校教職員、嶺南大學附設中學教員。〔註71〕

綜上，三十年代廣東省的留學教育正在平穩中發展，廣東省制訂了本省的留學章程，並於每屆考試之前定出考試簡章，使得留學生派遣能與本省的實際建設相結合。留學生招考資格嚴格，符合條件的學生相對較少。留學生考試試題專業化，黨義、國文和史地試題與國情結合較緊密，專業科目考試也有一定的水平。相對穩定的政治局勢和統治者培養人才的急切需要，使留學教育經費有所保障，留學生質量有很大提高。

（二）各縣的留學教育

在廣東省政府舉行公費生考試的同時，各縣為造就地方人才也派遣或津貼本地的國外留學生。然而，省政府認為各縣市政府應以推行義務教育為基礎工作，移撥大宗款項津貼國外留學費用不利於地方義務教育的普及，而且各縣市派遣學生名額及津貼數目並無標準，對留學生資格及研習科目是否有利於地方需要也不做要求。為了限制各縣市派遣或津貼留學生的行為，1936年6月，廣東省教育廳制定了《限制各縣市津貼國外留學生辦法》，經廣東省政府核準備案實施。主要內容如下：

（一）各縣市須具備下列條件，呈由廣東教育廳核准，方得津貼國外留學生。

（1）該縣市案定教育經費，並無積壓。

（2）該縣市義務教育經費，已遵照廣東省實施義務教育暫行辦法所規定數額，悉數照撥，並無延欠。

（3）該縣市所津貼之國外留學生所學習之門類，對於該縣市地方，確有特殊需要。

（二）各縣市津貼國外留學生所習門類，應以理、工、農、醫、教育等學科為限。

（三）各縣市津貼國外留學生，應以部頒國外留學規程所規定，具有下列資格之一者為限：

（1）國內外公立或已立案之私立專科以上學校畢業，並曾任與所習學科有關之技術職務二年以上者。

〔註71〕 《劉桂灼履歷書》，林清芬：《抗戰時期我國留學教育史料——各省考選留學生》，臺北：國史館，1994年，第84頁。

（2）國內外公立或已立案之私立專科以上學校畢業後，曾繼續研究所習學科二年以上，而有有價值之專門著作或其它成績者。

（3）國內外公立或已立案之私立大學、或獨立學院畢業，而成績優良者。

（四）各縣市津貼國外留學生，應於廣東教育廳考選國外留學公費生時，由縣保送參加考試，考試及格後，經廳核準備案，方得由縣發給津貼，但所投考之國別科目，如適合於省選名額內，由省款發給公費者，不得再領縣款。

（五）各縣市非經前條之考選手續，不得津貼或派遣國外留學生。各縣市津貼國外留學生所撥津貼費，不得超過全縣市教育經費百分之十。

（六）各縣市津貼國外留學生，關於報名、考試、取錄、消費、出國、留學、續留、考核、請假、停學、畢業、歸國等項，均適用於廣東考選國外留學公費生章程之規定。

（七）各縣市津貼國外留學生畢業後，應回國返縣服務，服務年限與津貼年限同，服務處所由縣政府暫派之，服務期內之薪金，以一百元至二百元爲限。〔註72〕

二十年代初期廣東省政府鼓勵各縣市津貼學生赴法勤工儉學的舉動相比，三十年代中期，廣東省政府並不鼓勵各縣盲目派遣留學生。對各縣留學教育的限制體現出廣東省留學生派遣制度正走向成熟和規範。當時，國內教育經過多年的發展已具備了一定的教學水平，能滿足學生對基本知識的需求。省政府認爲各縣的教育重點應該是義務教育，對赴外留學生的學科及資格都有較高要求。然而，對各縣留學教育的限制，某種程度上也使得學生出國留學方式變得狹窄。

（三）廣東省會警察局的留學教育計劃

1937 年 6 月，廣東省會警察局爲「造就警政專才，及輔助警政之技術人才，以應環境需求」，決定選送在任職員赴國內外留學，並訂定《廣東省會警察局選送現任職員赴國外留學章程》，選送資格爲：（1）曾在國內高等警察學校、警官

〔註72〕《教廳令各市縣 不得濫津貼留學生 恐於推行義務教育 不免發生重大影響》，《廣州民國日報》，1936 年 6 月 23 日。

學校、警探學校、法政學校、軍事學校及大學各種專科畢業，在警察局工作一年半以上的警官。（2）曾在國內警察訓練所畢業，在警察局任職二年半以上者。（3）在警察局工作四年以上的優秀警官。留學學員畢業後，須回局服務，其工作期限為一年以下畢業者至少服務一年、一年以上畢業者至少服務二年、二年以上畢業者至少服務三年。受選留學學員非奉核准中途退學，或違犯校規致被革退，或畢業服務尚未滿期私自離職者，追還一切費用。〔註73〕

因選派公費留學生需經教育部審核批准，廣東省教育廳將《廣東省會警察局選送現任職員赴國內外留學章程》呈教育部審核。7月8日，教育部向主管全國警政人員事務的內政部詢問警察局選送職員赴外留學是否必要。21日，內政部要求廣東省政府廢止警察局的留學章程，理由是內政部為統制警政人才，正在擬定辦法選派學生赴國外研習警務，廣東省省會警察局沒必要另訂章程。而國內僅有中央警官學校一處警察教育機關，該校學生入學資格、在校待遇、保送手續等已經有規定，更不必另定資格。〔註74〕軍警類的留學生不屬於一般的公費留學生，向來由內政部統一派遣，廣東省會警察局選派留學生計劃的受限是由它自身的特殊性質引起的。

（四）中山大學派遣教員留學

1932年，中山大學法學院制訂助教留學規程，擬資送研究滿三年且成績優良的助教出洋留學。校長每年從成績優異的畢業生中選定若干人員留校作為助教，助教在研究三年之後，確有成績且精通某一種外國語者，可由院長函請校長咨送出洋留學。〔註75〕

1935年，中山大學農學院為了培養專業人才，決定選派該院助教及技術人員出國留學。規定每年選派若干助教或技術人員留學外國，選派名額由農學院擬定並送請校長核定。關於留學資格方面的要求有以下幾點：（1）曾在農學院畢業、品行端正、成績優異且擅長一門外國語。（2）大學部畢業者須

〔註73〕 《廣東省政府咨教育部據省會警察局呈繳選送現任職員赴國外留學章程（民國二十六年六月二十三日）》，林清芬：《抗戰時期我國留學教育史料——各省考選留學生（一）》，臺北：國史館，1994年，第29～32頁。

〔註74〕 《內政部咨教育部請飭廣東省政府轉飭廢止該省省會警察局選送現任職員赴國內外留學章程（民國二十六年七月二十一日）》，林清芬：《抗戰時期我國留學教育史料——各省考選留學生（一）》，臺北：國史館，1994年，第33頁。

〔註75〕 《中大法學院助教規程 助教研究時間定為三年 成績優良資送出洋留學》，《廣州民國日報》，1932年3月29日。

在農學院連續工作二年以上，專門部畢業者須連續工作四年以上。（3）身體強健，經醫生證明有研究高深學問的能力。具備上述資格者，由農學院兩名以上教授推薦，提交院務會議審定，並由農學院指定其留學國家、留學學校及研究範圍。關於留學期間的管理：（1）留學期限爲二年至三年，特殊情況可申請延長。（2）留學期間除發給留學費用外，還支給原有薪俸。經費補助標準爲，在日本者每月五十日元，在歐洲者每月十二鎊，在美國者每月六十美元。（3）被派留學者須於入學後三個月內將研究計劃報告給農學院，此後每學期作一次研究報告，如不交研究報告，則停止留學經費，交到報告時再補發，如連續不交研究報告二次以上，則完全停止其留學經費。（4）被選派留學者須由殷實保證人或商號保證。留學期間如不努力學習或違背留學規則，隨時停止其一切費用，並向保證人或商號追還已支付的一切留學經費。（5）留學生學成回國後，應在原校服務五年，若逕自到別的地方工作，則向保證人或商號追繳留學期內一切費用。〔註76〕

選定優秀的畢業生留校當助教，然後從助教中選取優秀者派遣出國，並制定選派規程。這使得留學生派遣有章可循，不僅激勵了學生的學習積極性，還有助於培養優秀學術人才。

除了政府、機關及學校選派留學生外，一些地方組織也對留學生給予經費補貼。東莞明倫堂是一個半官方性質的地方財團機關，它擁有近六、七萬畝的沙田，年收入達數十萬元，東莞縣的許多地方事業由明倫堂資助開辦。明倫堂教育經費中有一項支出爲留學津貼及獎學金，用於對在國內各地讀書的東莞籍學生留學津貼、在國外讀書的東莞籍學生留學津貼及優秀學生獎勵金。民國時期，明倫堂發給留學西洋、日本的學生每年分別爲一百六十兩銀子、八十兩銀子，發給在北京讀書的學生每年八十兩銀子，發給在廣州讀書的每年八兩銀子。〔註77〕東莞明倫堂每年確立固定的領取留學津貼生的人數，然後分兩個季度發給。發給之前，「例先登報，以便學生攜同憑證來局報名掛號，以憑支配，而杜偽冒」。如，在陽曆7月1日發給第一季留學津貼，則通常提前登報一個月時間讓學生報名，「所登留學外國外省各生務依期由各

〔註76〕《中大農學院選派 助教及技術人員 留學外國規則》，《廣州民國日報》，1935年2月2日；《選派農學院助教及技術人員留學外國暫行規則》，《國立中山大學日報》，1935年3月28日。

〔註77〕葉少華：《我所知道的東莞明倫堂》，《廣東文史資料》，第16輯，第14頁。

親屬攜同憑證到本局報名掛號，以便攤發」。〔註78〕南京國民政府成立至抗日戰爭前的十餘年，東莞明倫堂每年均有發放補助留學生的津貼。

以上是廣東省這一時期公費留學生選派的一些情況，除了公費生這個群體外，廣東的自費留學生人數佔了絕大多數。1935 年，廣東公費生有 56 人，自費生達 394 人，〔註79〕整個留學生群體年齡以 20～25 歲者居多。〔註80〕其中的 193 名學生的學習科目以社會科學爲主，占 73.6%，理、工、農、醫等自然科學者占 26.4%。〔註81〕他們出國前學歷狀況爲：大學本科 48 人，大學預科 13 人，大學肄業 59 人，專門學校畢業 56 人，專門學校肄業 6 人，中等學校畢業 263 人，中等學校肄業 7 人，小學畢業 7 人，私塾 2 人，未詳 7 人。〔註82〕自費生出國資格限制不嚴，故而出國前未大學畢業的留學生人數佔了留學總人數的很大比例。

縱觀南京國民政府時期的前十年，廣東省教育經費呈逐年增長的趨勢。1931 年，省庫撥出教育經費 2,464,115 元。1932 年度增至 2,997,000 元。1933 年度增至 3,535,279 元。1934 年度爲 4,232,279 元，其中留學經費占 204,184 元。〔註83〕1933 年至 1937 年是廣東留學教育走向規範化、制度化的五年。這一時期，廣東省留學考試有序、留學生資格限制嚴格、經費有保障，考試題目也具備專業水平。這說明留學教育不僅要制定章程，更要有足夠的經費爲保證，留學生派遣才能按計劃逐年開展下去。在舉辦了三屆留學生考試後，廣東的留學教育計劃在日本的悍然侵華行爲下不得不中止了。

三、1938～1942 年，停滯時期

抗日戰爭爆發後，一切工作圍繞抗戰進行。國民政府實施戰時教育，決

〔註78〕 《東莞明倫堂沙田經理局發給留學津貼啓事》，《廣州民國日報》，1926 年 5 月 11 日。

〔註79〕 《各省留學生之費別》，廣東省教育廳：《廣東省二十四年度教育統計》，廣州：該廳，1936 年。

〔註80〕 《各省留學生之年齡統計》，廣東省教育廳：《廣東省二十四年度教育統計》，廣州：該廳，1936 年。

〔註81〕 《各省留學生之科別》，廣東省教育廳：《廣東省二十四年度教育統計》，廣州：該廳，1936 年。

〔註82〕 《各省留學生之國內經過學校》，廣東省教育廳：《廣東省二十四年度教育統計》，廣州：該廳，1936 年。

〔註83〕 《本省近年教費之調查》，《廣州民國日報》，1936 年 2 月 3 日。

定對留學教育「由泛而嚴」，要求留學科目爲「國內不能得到適當之指導及設備而爲國家需要者」，留學生需「在國內對於所學學科及專題，已有適當之準備」。〔註84〕

1938 年 6 月，國民政府行政院頒佈了《限制留學生暫行辦法》，要求留學生一律暫以農、工、理、醫各科爲限，留學生資格爲公私立大學畢業後曾繼續研究或服務兩年以上著有成績者，或公私立專科學校畢業後曾繼續研究或服務四年以上卓有成績者。〔註85〕

1939 年 1 月，教育部制定《抗戰期間回國留學生登記辦法》，對回國留學生給予救濟。同時對原派省份不能繼續給費的公費生和曾領教育部留學證書而家鄉淪入戰區的自費生給予救濟補助。〔註86〕8 月，教育部公佈了《修正限制留學暫行辦法》，規定公費生派遣以「軍、工、理、醫有關軍事國防爲目前急切需要者」爲限，自費留學生除無須請購外匯者外，一律暫緩出國。已在國外的公費生，除學習軍、工、理、醫有關軍事國防學科者准發外匯外，其它出國已滿三年者應立即回國。出國未滿三年而成績不佳者，應提前回國，逾期不回國者，一律不發外匯。〔註87〕

這一時期，全國各地留學生教育以救濟爲主，基本上停止了往國外的派遣，各省留學生人數大大減少。

四、1943～1949 年，恢復及終結時期

1942 年，美國參戰，國際形勢好轉。中國戰場的局勢也趨於穩定，抗戰勝利在即。蔣介石在《中國之命運》一書中提出戰後「實業計劃」，要求教育部按照十年計劃制定留學生派遣方案。根據這個指示，教育部擬定了《留學教育方案》，規定「留學生之派遣，除純粹軍事學科外，無論公費自費，均由

〔註84〕 《戰時各級教育實施方案》，《中華民國檔案資料彙編》，中國第二歷史檔案館編：《中華民國史檔案資料彙編》（第五輯　第二編　教育），南京：江蘇古籍出版社，1991 年，第 34 頁。

〔註85〕 宋恩榮：《中華民國教育法規選編》，南京：江蘇教育出版社，2005 年，第 660 頁。

〔註86〕 《修訂抗戰期間國外留學生救濟辦法（1939 年 6 月 2 日）》，中國第二歷史檔案館編：《中華民國史檔案資料彙編》（第五輯　第二編　教育），南京：江蘇古籍出版社，1991 年，第 862～863 頁。

〔註87〕 《教育部公佈修正限制留學暫行辦法（1939 年 8 月 1 日）》，中國第二歷史檔案館編：《中華民國史檔案資料彙編》（第五輯　第二編　教育），南京：江蘇古籍出版社，1991 年，第 865～866 頁。

教育部統籌辦理」。〔註88〕這樣，教育部取消了各省派遣留學生的權力。

　　1944 年，廣東省曾試圖收回留學生派遣的權力。以抗戰勝利在望、急需建國人才為由，廣東教育廳廳長黃麟書向教育部請示公費留學生派遣事務，擬當年恢復選派公費留學生考試。〔註89〕教育部回覆廣東省教育廳，各省派遣公費留學生應由教育部統籌辦理，各省如擬派遣公費生出國留學，可令該省學生參加教育部留學考試，俟考試及格後再由省予以補助。〔註90〕

　　1943 年 10 月，教育部頒佈了《第一屆國外自費留學生考試章程》和《國外留學自費生派遣辦法》，規定自費學生名額以 600 名為限，實科（包括理、工、醫、農等科）占十分之六，文科（包括文、法、商、教育等科）占十分之四。應考資格為曾在國內公立或已立案之私立大學獨立學院或專科學校畢業者。報名及考試地點在重慶。〔註91〕自費生留學期限定為兩年，考試科目分三種，普通科目考三民主義及本國史地、國文、外國文；專門科目考一種或兩種，依考生出國留學擬習學科而定；口試注重考生的儀表及思想。〔註92〕12 月，教育部在重慶舉辦了第一屆自費留學生考試，共錄取了 327 人，均派往美國留學。〔註93〕將自費留學生派遣也納入到國民政府的統一管理之中，這是政府加緊控制教育的表現。然而，政府干涉自費留學的行為是不合理的。

　　1945 年底，教育部主要著手四類留學考試：（一）直接主辦，（二）省市保送，「經費由各省市自籌，但須經教育部核定名額，考試合格後，始准出國留學」。（三）軍委託選，「軍委會外事局委託教育部考選之譯員出國留學」。（四）

〔註88〕　劉眞、王煥琛：《留學教育──中國留學教育史料（第四冊）》，臺北：國立編譯館，1980 年，第 2084 頁。

〔註89〕　《廣東省教育廳呈教育部請核示中央規定公費留學生各項費用數額（民國三十三年二月二十五日）》，林清芬：《抗戰時期我國留學教育史料──各省考選留學生》，臺北：國史館，1994 年，第 152 頁。

〔註90〕　留學經費與留學預算，《教育部令廣東生教育廳核示公費留學生各項費用案（民國三十三年五月八日）》，林清芬：《抗戰時期我國留學教育史料──各省考選留學生》，臺北：國史館，1994 年，第 153 頁。

〔註91〕　《教育部第一屆國外自費留學生考試章程（1943 年 10 月）》，中國第二歷史檔案館：《中華民國史檔案資料彙編》（第五輯 第二編 教育），南京：江蘇古籍出版社，1991 年，第 868～869 頁。

〔註92〕　《國外留學自費生派遣辦法（1943 年 10 月）》，中國第二歷史檔案館編：《中華民國史檔案資料彙編》（第五輯 第二編 教育），南京：江蘇古籍出版社，1991 年，第 872～873 頁。

〔註93〕　劉眞、王煥琛：《留學教育──中國留學教育史料》，臺北：國立編譯館，1980 年，第 2119 頁。

自費留學，「教育部在原則上極願鼓勵青年自費留學，惟出國前必須經嚴格之留學生考試，否則將不予給照出國」。〔註94〕

　　1946 年 5 月，教育部再次公佈了《自費留學生考試章程》和《公費留學考試章程》，強調無論公費生還是自費生均須通過留學考試方可出國。7 月，教育部份別在南京、重慶、北平、上海、西安、漢口、廣州、昆明、成都九區舉辦公費生、自費生考試。第二屆自費留學考試報考人數為 3817 人，參考人數有 2774 人，錄取 1216 人。〔註95〕第一屆公費留學考試名額共 190 名，其中包括教育部公費 120 名、法國政府交換生 50 名、中英文教基金會 20 名。最後錄取 148 名，包括教育部 91 名、中英文教基金留英公費生 17 名及中法交換生 40 名。〔註96〕這次留學生考試組織嚴密，考試規範。各區分別設一名考試委員會委員負責考務，廣州區負責人為中山大學校長王星拱。

表 3.1：第一屆公費留學生和第二屆自費留學生派遣考試報名人數統計表〔註97〕：

地區 費別	上海	重慶	南京	北平	昆明	成都	廣州	漢口	西安	合計
公費	1093	828	771	455	387	312	213	213	200	4463
自費	1176	557	696	341	256	236	249	189	117	3817

　　此外，1944 年還舉行了英美獎學金考試、青年軍留學考試、翻譯官留學考試及美國醫藥助華會等贈送名額考試，共考選出國留學生 129 名。1943 年與印度交換留學生 10 名，1944 年加拿大設立醫科研究獎學金名額 4 名。1947 年，國民政府的翻譯官考試在南京、重慶、北平、昆明、廣州、武漢、福州七個區舉行。〔註98〕這個時期，教育部為培植專門人才而大力發展留學教育，考選公自、費留學生規模最大。

〔註94〕《三十五年度留學生四種考試　教育部正分別籌劃中》，《申報》，1945 年 12 月 5 日。
〔註95〕劉眞、王煥琛：《留學教育──中國留學教育史料（第四冊）》，臺北：國立編譯館，1980 年，第 2138 頁。
〔註96〕劉眞、王煥琛：《留學教育──中國留學教育史料（第四冊）》，臺北：國立編譯館，1980 年，第 2169～2170 頁。
〔註97〕《申報》，1946 年 8 月 22 日。
〔註98〕《教育通訊》，第 2 卷第 11 期。

　　1947 年 4 月，教育部公佈《國外留學規則》，仍然規定國外留學生出國前均應由教育部考試及格。〔註 99〕然而，不久之後，因財政困難，留學教育就面臨了困境。7 月，教育次長感言「個人認為建國需要人才，留學確為必要，故去年及今年對有機會出國者儘量幫忙。惟因國家財力有限，去年考取自費留學生之一千餘人，即需外匯四百萬美元，故教育部雖感覺人才需要，然事實上亦有困難，本年暑期內不擬舉行自費留學考試。」〔註 100〕1947 年、1948 年，因外匯緊張，公、自費留學考試停止舉行。〔註 101〕但國內在校成績優異的大學畢業生，在得到國外大學許可證或獎學金的情況下，經教育部批准後可以自備經費出國留學。1947 年 7 月至 1948 年 6 月，教育部共核准獎學金出國留學者 35 人，應邀出國研究者 185 人。〔註 102〕1948 年，教育部核准自備外匯出國留學者 120 餘人。1949 年，因戰事連連失利，南京國民政府更是無暇顧及留學教育。隨著國民黨在大陸統治的終結，南京國民政府的留學教育也終止了。

第二節　南京國民政府時期廣東學生留美

　　南京國民政府初期，留美人數有下降的趨勢，主要原因是受美國經濟危機的影響和 1929 年清華庚款停止大規模選送留學生，《發給留學證書規程》使南京政府留學制度逐漸趨於正規，逐步改變了北洋政府時期放任自由的留學政策。1933 年以後，美元跌落，留美開始陞溫，留美人數緩慢增長。抗戰爆發後，部份留美學生回國，留美人數又有所下降。抗戰勝利後，美國成為最理想的留學國家，赴美留學人數驟然增加。

一、抗戰前廣東留美學生

　　1928 年至 1937 年間，廣東省的留美學生主要分為省政府派遣公費生、學校公費生及自費生。1934 年至 1936 年間，廣東省舉辦的三屆公費留學生考試

〔註 99〕　《國外留學規則（1947 年 4 月教育部公佈）》，宋恩榮：《中華民國教育法規選編》，南京：江蘇教育出版社，2005 年，第 634 頁。

〔註 100〕《杭教次長招待本市記者　報告當前教育問題》，《申報》，1947 年 7 月 21 日。

〔註 101〕《公自費留學考試今年均停止舉行　自備外匯仍可出國》，《中央日報》，1948 年 3 月 4 日。

〔註 102〕謝長法：《中國留學教育史》，太原：山西教育出版社，2006 年，第 191 頁。

中都有留美學生。只是因為留美公費生名額不多，且資格要求嚴，只有少數人能成為其中的幸運兒。因而大學畢業生自籌經費留學也成為一種重要途徑。

隨著留美學生資格不斷提高，大學生逐漸成為留美教育的主體。中山大學是華南最高的學府，該校申請出國的公費、自費留學生有一定的代表性。除了批准學生的赴美申請外，中山大學也為教師留學也提供一定補助。這一時期的留美生，無論公費還是自費都很活躍。瞭解中山大學申請公、自費師生的狀況，可以看出廣東省在這一時期的留美教育的概況。

（一）中山大學師生自費留學

幾乎每年都有學生申請自費留學，申請人需先在在讀學校開具入學介紹書、成績單，成功申請留學國學校之後，才能領取留學證書和出國護照。

1927 年，1 名法科學生申請自費入哥倫比亞大學學習。1929 年，3 名學生申請自費赴美，他們的專業是法學、經濟學、政治學。1930 年，8 名畢業生申請自費赴美，專業分別是哲學、英文、法學及經濟學。1931 年，4 名學生申請自費赴美，專業是法學、經濟學。1932 年，3 名畢業生自費赴美，其中 1 名專業是教育學，2 名是預科生及高中畢業生。1933 年，3 名學生申請自費赴美，專業是經濟學、英文、農學。1934 年，5 名學生申請自費赴美，專業是土木工程學、農學、地質學、歷史學。1935 年，7 名畢業生申請自費留美，其中 1 名是高中畢業生，他們的專業是法學、農學、工學、政治學。1936 年，14 名學生自費赴美，其中 10 名是理、工、農科及經濟類畢業生，3 名是文科類畢業生。1937 年，19 名畢業生申請自費赴美，其中 14 名為理、工、農科及經濟類畢業生，5 名為政、法等文科類學生。1938 年，9 名畢業生申請自費留美，其中 4 名為理工農類學生，5 名為政法教育類學生。〔註 103〕可見，南京國民政府最初十年裏，中山大學的自費留美學生人數逐年增長，以 1937年最多。

並不是所有的學生都能成功申請自費留學，有的被美國方面的學校拒絕，如：1928 年，中山大學法律系二年級學生梁昌熾、江柏榮受「環境所驅使，早抱留美之決心」，將在校成績寄給哥倫比亞大學申請留學。次年 3 月，哥倫比亞大學回覆，「前幾年廣東因環境惡劣，青年學子多誤入歧途，因恐風

〔註 103〕《中山大學申請赴美留學名單》（1924～1931），廣東省檔案館，檔案號 20－2－414；《中山大學申請赴美留學名單（1937～1938）》，廣東省檔案館，檔案號 20－2－415。

靡所及，未敢輕信」。4 月，二人懇請校長證明他們在校期間品行端正、成績及格且仍然在校學習。6 月，哥倫比亞大學再次覆函，二人因程度尚低，未能准予入學。〔註 104〕有的則因還未大學畢業不能達到留學資格而被中大校長直接回絕。1935 年 12 月，高中畢業生岑毓烈申請赴美，「竊生畢業於本校本屆高中，今欲就學美國探求歐美之文化祈有造福於國」。中山大學以教育部規定大學畢業後才具備留學資格，未批准他的留學請求。〔註 105〕

因不適應留學國的寒冷環境，有的學生申請從加拿大轉學到美國，還有的學生則是為了追求專業學術而轉到學科力量較強的著名學校。1932 年，兩名學生因不適應當地的嚴寒天氣申請從加拿大轉到美國留學。〔註 106〕1935 年，在加路拉都省農業大學研究院留學的黃仲文申請轉學到美國最著名農校紐約農業大學學習。〔註 107〕

除學生外，中山大學一些青年助教也申請自費留學。1930 年，1 名醫學院助理赴美國華盛頓大學留學。1931 年，1 名化學系技術員自費赴美屬菲律賓大學留學。1935 年，1 名文學院助教申請赴夏威夷大學研究政治經濟學三年。1936 年，2 名農學院技教申請赴美。1937 年，1 名工學院助教申請赴美研究地下建築學。〔註 108〕這些助教的留學申請均被順利批准。

（二）中山大學師生公費留學

除申請自費留學的學生外，還有的學生致力於申請各種公費留學機會。如美國學校資助名額、黨員公費留學名額、廣東省政府公費名額、中央政府公費名額及清華公費生名額等。

1930 年 1 月，畢業生陳紹賢被中央訓練部錄取遣送赴美留學。同年，廣東大學法科專門部畢業女生陳逸雲申請投考了中央留學名額。〔註 109〕1932

〔註 104〕 《中山大學申請赴美留學名單》（1924～1931），廣東省檔案館，檔案號 20－2－413。

〔註 105〕 《中山大學申請赴美留學名單》，廣東省檔案館，檔案號 20－2－415。

〔註 106〕 《中山大學申請赴美名冊》，廣東省檔案館，檔案號 20－2－414。

〔註 107〕 《中山大學申請赴美留學名單》，廣東省檔案館，檔案號 20－2－415。

〔註 108〕 《中山大學申請赴美留學名單》（1924～1931），廣東省檔案館，檔案號 20－2－413；《中山大學 留學美國人事材料（二）》（1945～1949），廣東省檔案館，檔案號 20－3－163；《中山大學申請赴美留學名單》，廣東省檔案館，檔案號 20－2－415。

〔註 109〕 《中山大學申請赴美留學名單》（1924～1931），廣東省檔案館，檔案號 20－2－413。

年，理工學院土木工程系二年級學生余兆麟考取新寧陽鐵路公司公費留美名額，擬在密西根大學學習機械工程 5 年、實習 2 年，期滿返國後在鐵路公司服務。〔註 110〕同年，寧路公司招考選送留美學生，錄取廣東學生陳松年、余兆麟。〔註 111〕1934 年，美國卡羅拉多州礦業大學在中國選送一名學生赴該校免費學習四年，被選學生須品格高尚，身體強健，成績優異者。中山大學接教育部通知後，即從本校高中乙部畢業生及理工學院學生中考選。〔註 112〕4月，鄒魯呈送報名美國卡羅拉多礦業大學五名學生的成績及報名冊，6月，一名被選中的廣西籍學生因家貧無力擔負部份留學費用，請廣西省政府核發公費未果。7 月，他不得不求助於教育部，「前蒙教育部選送美國卡羅拉多礦業大學爲中國免費生。但查該大學除免除學費及試驗費外，尚須自費美金九百元，經生多方籌措，每年只可負擔四百元，其餘五百元尚未有著落」，請予資助。1936 年 4 月，三名接受中央資助的大四學生黨員認爲國內各研究院成立時間短，設備落後，且缺乏參考書籍，呈請准予中央政府繼續資助赴國外留學。〔註 113〕

　　此外，公費學生申請延時、轉學也需要經過批准。1929 年 7 月，留美生楊慶彭請求補發留學第六年學費，並請求延長公費二年，如不能延長則請發回國川資。廣東省政府委員會主席陳銘樞回覆，選派留學外國學生規程規定研究年限至多不過三年，該生期滿自應歸國，如欲繼續留學應當自備學費。〔註 114〕1937 年 3 月，廣東省第一屆留美公費生黃冠岳在密斯根大學化學工程系學習製紙專業學習三年後請求轉學英國。鑒於中國社會需要與個人學識，黃冠岳覺得有轉學英國倫敦大學得必要，他列舉出轉學的三個理由：（一）密大化工系的重要課程已修完，造紙工程基礎已具備，此後需要專門研究。（二）美國大學注重基本訓練，英國大學注重專業研究。且倫敦大學化工系的特殊設備條件，爲英國各大學之首。（三）倫敦大學學費爲英金三十磅，密大學費則爲美金一百五十元，兩者相差無幾，轉學英國不會增加留學經費。且英美

〔註 110〕《中山大學申請赴美名冊》，廣東省檔案館，檔案號 20－2－414。

〔註 111〕《寧路公司 考選留美生一名已首途》，《廣州民國日報》，1932 年 9 月 8 日。

〔註 112〕《中山大學選送學生 赴美礦業大學肄業 美國卡羅拉多州礦業大學》，《廣州民國日報》，1934 年 3 月 24 日。

〔註 113〕《中山大學申請赴美名冊》，廣東省檔案館，檔案號 20－2－414。

〔註 114〕《中山大學申請赴美留學名單》（1924～1931）》，廣東省檔案館，檔案號 20－2－413。

兩國語言文字相同，不會對學業產生影響。（四）江西省公費留美生賀治仁、周慶祥二人已獲江西省教育廳批准由美國轉到英國，江西與廣東雖省份不同，但留學生同隸屬於教育部管理，江西省學生轉學既與章程符合，則廣東學生轉學也應批准。〔註115〕廣東省教育廳向教育部請示後，准予黃冠岳轉學英國繼續留學。〔註116〕

　　學生赴美後要主動報告留學狀況。1930年12月，中山大學留美公費學生曾昭森向校長彙報留美學業狀況，他在哥倫比亞大學師範學院修習六門學科，分別是歐洲教育、教育史、國家主義與教育、國民性與國家主義的演進史及各國教育的最近趨勢與公立學校課程的構造，課餘時間還可以閱讀中大教育系主任陸續寄來的教育系的出版刊物。他深感「獲益頗多，自覺快慰」。為了領取博士學位，他於5月參加哥倫比亞大學師範學院博士學位初試並獲選，「竊心稍可自安，盍留學此邦或有所得，庶可無負政府與先進者栽植之原意也」。他的博士論文以民族主義與中國教育為題，「得學校指定三位教授為指導委員，每討論論文之際與諸學者討論中外教育問題，尤覺機會之可貴也」。〔註117〕

　　教師申請公費赴美，不但在留美期間能得到學校的補助，還能領取原來的薪金，但回國後必須返校工作。1931年，1名生物系助教公派赴美國留學。1935年，3名農學院助教公費赴美留學。1938年，1名法學院法學院助教赴哥倫比亞大學留學。此外，還有教師申請獎學金赴美留學或考察。1932年，理工學院院長獲中華文化基金會資遣出洋考察。1935年，工學院一名教授申請美國援華會設立的國內大學正教授赴美進修獎學金。〔註118〕

〔註115〕 《廣東省教育廳呈教育部留美公費生黃冠岳呈請准予轉學英國請查核（民國二十六年三月六日）》，林清芬：《抗戰時期我國留學教育史料──各省考選留學生（一）》，臺北：國史館，1994年，第92～93頁。

〔註116〕 《教育部令廣東省教育廳該省留美公費生黃冠岳應准轉學英國（民國二十六年三月十八日）》，林清芬：《抗戰時期我國留學教育史料──各省考選留學生（一）》，臺北：國史館，1994年，第94頁。

〔註117〕 《中山大學申請赴美留學名單》（1924～1931），廣東省檔案館，檔案號20－2－413。

〔註118〕 《中山大留學美國人事材料（二）》（1945～1949），廣東省檔案館，檔案號20－3－163；《中大資遣陳宗南出洋》，《廣州民國日報》，1932年6月15日；《中山大學申請赴美留學名電》，廣東省檔案館，檔案號20－2－415；《中山大學留學美國人事材料（二）》（1945～1949），廣東省檔案館，檔案號20－3－163。

由於中國教育與美國教育的差距，廣東學生赴美後，常常遇到一定的學業問題。1937 年 1 月，美密西根大學請中山大學查明兩名留學生成績究能否趕上美國的標準。因爲中國校長介紹學生入學，往往憑藉在校成績，而在美國大學看來，中國大學學生成績能否成爲衡量出國留學的標準已成爲一個大問題。

二、戰時及戰後廣東留美學生

抗戰爆發後，國難當頭，一切爲抗戰服務。1938～1942 年間，政府對出國留學加強了限制，並採取措施救濟留學生。進入 1943 年，抗戰局勢開始好轉，教育部調整留學政策，鼓勵留學。抗戰勝利後，教育部統一安排留學生公費和自費考試，派出了大批留美學生。

（一）申請外匯及救濟

1938 年開始，南京國民政府開始限制留學生購買外匯，留學生購買外匯須經政府批准。廣東留學生馬竹楨的父親申請購買外匯獲財政部批准，外匯證書如下：

渝錢江字第 733 號

查左列申請購買外匯案，經本部核定，除分別通知外即希查照本部核定辦法洽辦，計開：

（一）申請人　國立中山大學

（二）申請書字號渝字第三五零號　暨八二四號函各一件

（三）原請購彙人　馬竹根　馬培經

（四）請購幣金額　美金一千四百元

（五）用途　匯寄馬竹楨留美學費

（六）彙往地點　美國

（七）本部核定辦法　查該生係二十四年十一月赴美留學，即將滿三年，准由廣州中央銀行給購美金四百元彙往駐美中國大使館轉文，並限令本年底以前回國。川資可另行申請，請貴校並轉知。

財政部長　孔祥熙〔註119〕

〔註119〕《中山大學申請赴美留學名單》（1939～1949），廣東省檔案館，檔案號 20－2－417。

馬竹幀畢業於中山大學工學院機械工程系，1938 年秋從密西根大學畢業並獲得化學工程碩士，同年 10 月考入哥倫比亞大學讀博士。1939 年 5 月，因廣州失陷，馬竹幀家長再次申請救濟。1941 年 6 月，學生家長馬培經以馬竹楨留美公費不敷爲由，第三次請財政部核發一千美金的外匯通知書，因爲「自歐戰發生後，美國紐約生活程度日益高昂，已逾呈不可支持之勢。」〔註 120〕

　　1938 年 12 月，廣東省政府教育廳公費生劉桂灼、鍾高光、劉鴻呈請駐美大使館轉廣東教育廳彙發留學費用。三人來美留學兩年，學費、膳宿費向來由廣東省按期寄發。自廣州淪陷後，省政府遷址，1938 年 8 月份生活費至今未收到，「生等情同涸轍之魚，難能久活」。1939 年 1 月 10 日，駐美大使館將三人的遭遇函報教育部。〔註 121〕4 月 5 日，教育部電令廣東省教育廳迅速彙發三名留美公費生經費。〔註 122〕

　　1946 年 1 月，廣東省留美學生黃逸塵申請購買回國外匯。黃逸塵，1935 年秋由廣東省教育廳考送赴美國耶魯大學學習建築工程科。爲了增加實習經驗，利用美國齊全的教育設施，他曾請求延緩回國。太平洋戰爭爆發後，因交通堵塞，他繼續留在美國學習。戰事結束後，交通恢復，他申請返國服務，只是川資、旅費需美金二千元，須向教育部申請購買外匯。〔註 123〕1946 年 2 月，教育部回覆廣東教育廳，可逕向辦理外匯之銀行（如中央銀行、中國銀行等）洽辦。〔註 124〕

〔註 120〕 《中山大學申請赴美留學名單》（1939～1949），廣東省檔案館，檔案號 20－2－417。

〔註 121〕 《駐美大使館函教育部廣東公費生劉桂灼等請發費用案請轉行見覆（民國二十八年一月十日）》，林清芬：《抗戰時期我國留學教育史料——各省考選留學生（一）》，臺北：國史館，1994 年，第 157 頁。

〔註 122〕 《教育部電廣東省教育廳爲該省留美公費生劉桂灼鍾高光等請求救濟迅彙發公費（民國二十八年四月五日）》，林清芬：《抗戰時期我國留學教育史料——各省考選留學生（一）》，臺北：國史館，1994 年，第 164 頁。

〔註 123〕 《廣東省教育廳電教育部長據該廳考送美國留學生黃逸塵報請返國電請購買外匯乞電示遵（民國三十五年年一月十八日）》，林清芬：《抗戰時期我國留學教育史料——各省考選留學生（一）》，臺北：國史館，1994 年，第 177 頁。

〔註 124〕 《教育部電廣東教育廳爲給彙結構留美生黃逸塵返國旅費事，民國三十五年二月十五日》，林清芬：《抗戰時期我國留學教育史料——各省考選留學生（一）》，臺北：國史館，1994 年，第 178 頁。

（二）中山大學師生申請自費留美

1938 年，1 名工學院二年級學生申請赴美，其父親在美經商，但因尚未大學畢業而未獲批准。〔註 125〕1939 年，1 名政治系畢業生申請赴美紐約大學或俄亥俄大學學習。1 名化學工程系畢業生申請自費赴美考察實業。2 名教育系畢業生申請赴美留學。1 名工學院三年級學生因學校南遷雲南，申請赴美求學。2 名法律系學生申請赴美深造。〔註 126〕1940 年，1 農學院畢業生、2 名法科四年級學生、1 名經濟系畢業生、1 名英文系畢業生、3 名工學院畢業生、1 名理學院畢業生、1 名教育系畢業生申請赴美留學。1941 年，3 名工學院畢業生、2 名農學院畢業生、2 名法學院畢業生、1 名理學院畢業生申請赴美留學。1942 年，1 名化學系畢業生申請赴美留學。〔註 127〕以上有 26 名師生於 1939 年至 1942 年申請自費留美。抗戰初期，因政府限制留學，能夠被批准留學的學生大都在美國有親屬資助，且無須在國內購買外匯。

1943 年以後，仍有學生申請自費赴美。1943 年，1 名經濟系畢業生申請自費留美。1945 年，1 名農學院畢業生申請赴康奈爾大學研究院研究戰後農業恢復與改進的學問。1948 年，1 名政治系畢業生申請自費赴美。1949 年，1 名化學系三年級學生申請赴美加州大學留學，2 名醫學院畢業生申請赴美。〔註 128〕這一時期，留學教育逐步由教育部統一安排，在省內申請赴美留學的學生相應減少。

除學生外，中山大學一些教師也申請自費赴美。1938 年，1 名助教申請入芝加哥大學研究院研究染料學兩年。因教育部認爲與軍事國防研究科目無關，未獲批准。1940 年，1 名工學院副教授請發赴美自費留學證書，「得美彼士堡市立大學允許，於本年九月免費入該校研究院」，所需費用約一千

〔註 125〕　《中山大學申請赴美留學名單（1937～1938）》，廣東省檔案館，檔案號 20－2－416。

〔註 126〕　《中山大學申請赴美留學名單》（1939～1949）》，廣東省檔案館，檔案號 20－2－417。

〔註 127〕　《中山大學申請赴美留學名單（1924～1931）》，廣東省檔案館，檔案號 20－2－413。

〔註 128〕　《中山大學留學美國人事材料（二）》（1945～1949），廣東省檔案館，檔案號 20－3－163；《中山大學申請赴美留學名單（1939～1949）》，廣東省檔案館，檔案號 20－2－417；《中山大學留學美國人事材料（一）（1945～1949）》，廣東省檔案館，檔案號 20－3－162。

美元及川資三百五十美元，由在美國的兄長籌足，無須外匯。〔註129〕1941年，1名理學院化學系講師申請自費赴美研究藥物化學。1943年，1名藥物研究所助教申請帶職停薪赴美留學兩年，1名文科研究所助教申請自費赴美研究人類民族科學。1947年，1名農學系講師獲僑加拿大家長及僑美戚友資助申請自費赴美，1名化學系教授申請赴美哥倫比亞大學，1名工學院教授應美國藝術作家協會之邀，申請派赴美考察，1名電工系助教獲三藩林肯大學研究院准許入校申請發自費留學證書，1名法學講師申請帶薪出國留學。〔註130〕同樣，抗戰初期獲准赴美留學的教師，也必須是自籌經費，且無須購買外匯。

（三）中山大學師生申請公費留美

（1）申請帶薪留學

1941年，工學院的多名講師、助教被准予帶薪留學。1945年，1名農科研究所土壤學教師申請帶薪赴康奈爾大學留學。1946年，1名理學院教授申請赴美一年以研究研製及工業分析，1名醫學院講師申請留美護照，1名工學院副教授、1名農學院副教授赴美進修後，申請延長一年時間，教育部因「目前外匯拮据兼以國內大學師資缺乏」，未批准。1948年，1名農學講師申請自備外匯帶薪赴美留學深造，1名理學院天文系教授兼天文臺主任申請帶薪出國一年半，1名化學系講師申請帶薪赴美留學，1名醫學院講師獲得美國大學入學許可申請帶薪赴美留學，1名理學院化學系助教申請赴加利福尼亞大學自費留學，1名文學院講師獲德克拉蒙大學全額獎學金申請帶薪留學，1名副教授獲費城大學獎學金申請帶薪出國一年。1949年，醫學院長獲美國醫藥駐華會資助赴美考察，1名助教申請赴美國加利福尼亞大學留學。〔註131〕可見，戰後的1948年是申請赴美人數最多的一年。

〔註129〕《中山大學 留學美國人事材料（二）（1945～1949）》，廣東省檔案館，檔案號20－3－162。

〔註130〕《中山大學留學美國人事材料（二）（1945～1949）》，廣東省檔案館，檔案號20－3－163；《中山大學申請赴美留學名單（1939～1949）》，廣東省檔案館，檔案號20－2－417；《中山大學留學美國人事材料（一）（1945～1949）》，廣東省檔案館，檔案號20－3－162。

〔註131〕《中山大學留學美國人事材料（二）（1945～1949）》，廣東省檔案館，檔案號20－3－163；《中山大學留學美國人事材料（一）（1945～1949）》，廣東省檔案館，檔案號20－3－162。

（2）申請基金資助

1939 年，1 名農林植物研究所副教授獲中美教育文化基金董事會獎學金出國研究。1941 年，1 名理學院副教授獲美國 1940 年薄士堡研究院准許免費入研究院學習，中山大學准許他帶薪留學一年。〔註 132〕

（3）考取軍事公費生

1942 年 6 月，教育部從專科以上學校學生中考選留美空軍第十六期新生。9 月，中山大學二十名學生申請成為留美空軍學生，這些學生都是一年級至四年級二十歲左右的男生。〔註 133〕

（4）申請美國援華聯合會資助

1947 年，4 名教授申請參加美國援華聯合會獎勵赴美進修，2 名助教獲美國援助華聯合會資助赴美留學，3 名醫學院教授獲美國醫藥助華會獎學金赴美進修一年，1 名農學院副教授獲美國明尼蘇大學獎學金後申請赴美一年。〔註 134〕

（5）公費學生請求轉學、延時、救濟及學業彙報

1938 年 4 月，廣東省公費生劉桂灼申請轉學哥倫比亞大學師範院。理由是他赴美後在士丹佛大學研究中等教育問題，但士丹佛大學很少設立關於中等教育的課程，僅涉獵粗淺的教育問題。而美國東部為全美文化重心，教育發達，圖書設備完善。且哥倫比亞大學師範院開設有中等教育專科，學費與士丹佛大學學費相差無幾。〔註 135〕廣東教育廳長向教育部請示後准予該生轉學哥倫比亞大學。〔註 136〕

〔註 132〕　《中山大學留學美國人事材料（二）（1945～1949）》，廣東省檔案館，檔案號 20－3－163；《中山大學申請赴美留學名單》（1939～1949），廣東省檔案館，檔案號 20－2－417。

〔註 133〕　《中山大學申請赴美名冊》，廣東省檔案館，20－2－414；《中山大學申請赴美留學名單（1939～1949）》，廣東省檔案館，檔案號 20－2－417。

〔註 134〕　《中山大學留學美國人事材料（二）（1945～1949）》，廣東省檔案館，檔案號 20－3－163；《中山大學留學美國人事材料（一）（1945～1949）》，廣東省檔案館，檔案號 20－3－162。

〔註 135〕　《廣東省教育廳呈教育部據留美公費生劉桂灼呈請准予撰序也哥倫比亞大學清查核（民國二十七年四月三十日）》，林清芬：《抗戰時期我國留學教育史料──各省考選留學生（一）》，臺北：國史館，1994 年，第 95 頁。

〔註 136〕　《教育部令廣東省教育廳該省留美公費生劉桂灼呈請轉學哥倫比亞大學准予辦理（民國二十七年五月二十五日）》，林清芬：《抗戰時期我國留學教育史料──各省考選留學生（一）》，臺北：國史館，1994 年，第 96 頁。

　　1938 年 9 月，留美公費生劉鴻也申請轉入哥倫比亞大學。他於 1936 年赴美國密西根大學學習化學工程，轉學理由是被派往國外本是爲了學習人造絲專業，而密西根大學化學工程系以研究基本操作聞名，對人造絲專業並不擅長。而哥倫比亞大學工業化學科種類較多，有利於專業學習。〔註 137〕廣東教育廳長許崇清請示教育部後准予劉鴻轉學。〔註 138〕

　　廣東省留美學生趙善歡赴美專攻昆蟲學三年後，因學業尙未完成曾請求延長留學期限一年。教育部頒佈《限制留學暫行辦法》後，廣東省教育廳令他盡快歸國。1938 年 11 月，他向駐美大使胡適求助，希望教育部能准予延長一年留美期限。〔註 139〕教育部認爲昆蟲學與軍事國防無大關係，仍令其遵照限制留學暫行辦法回國。〔註 140〕

　　1941 年 2 月，留美學生何文炯向鄒魯校長彙報學業及赴美情形，抵美後入夏威夷大學研究經濟，開始因英文差，聽課頗感困難，後來逐漸適應。除讀書外，他還在僑立中山中學兼任國文老師。此外，他還積極宣傳中山大學建設，並設法爲母校籌款。〔註 141〕

　　綜上所述，抗戰開始後，特別是 1938 年的限制留學辦法頒佈後，公、自費留學生都減少了很多。外匯管理嚴格，「學校購置儀器請部代購外匯尙不批准，爲代私人請求更無批准之理」。〔註 142〕戰後恢復時期，教育部要求所有公、自費留學生均須按規定參加教育部考試後方可出國，而得有國

〔註 137〕　《廣東省教育廳呈教育部據留美公費生劉鴻呈請准予轉學哥倫比亞大學呈請查核（民國二十七年九月一日）》，林清芬：《抗戰時期我國留學教育史料——各省考選留學生（一）》，臺北：國史館，1994 年，第 97 頁。

〔註 138〕　《教育部令廣東省教育廳該省留美公費生劉鴻應准予轉學（二十七年九月三十日）》，林清芬：《抗戰時期我國留學教育史料——各省考選留學生（一）》，臺北：國史館，1994 年，第 101 頁。

〔註 139〕　《駐美利堅合眾國大使館函教育部據留學生趙善歡請轉飭廣東省教育廳准予延長留學期限一年（民國二十七年十一月三十日）》，林清芬：《抗戰時期我國留學教育史料——各省考選留學生（一）》，臺北：國史館，1994 年，第 101～104 頁。

〔註 140〕　《廣東省教育廳呈覆教育部有關駐美大使館函轉留美公費生趙善歡呈請延長留學期限案加具意見（民國二十八年四月十八日）》，林清芬：《抗戰時期我國留學教育史料——各省考選留學生（一）》，臺北：國史館，1994 年，第 109 頁。

〔註 141〕　《中山大學留學美國人事材料（二）（1945～1949）》，廣東省檔案館，檔案號 20－3－163。

〔註 142〕　《中山大學留學美國人事材料（一）（1945～1949）》，廣東省檔案館，檔案號 20－3－162。

外大學全費獎學金用且不需申請外匯者可呈請外交部核發出國護照。〔註143〕留美自費留學生通常家境殷實，以商人家庭居多，或者有僑居在美國的親友資助。

第三節　南京國民政府時期廣東學生留日

南京政府時期，政局雖然相對穩定，但中日關繫日益惡化。抗日戰爭爆發，中日兩國成為處於戰爭狀態的敵對國，中國留日學生大幅減少。

一、南京國民政府時期廣東留日法規

1928 年 12 月，南京國民政府頒行了《修正管理留日學生事務規程》，規定教育部派監督、各省派經理員，各省經理員管理本省的留學生事務並協助教育部監督的管理。〔註144〕次年 4 月 1 日，廣東省頒佈了《修正廣東駐日留學生經理處事務規程》，這一留學規程長達四十二條，明確了教育廳管轄下的經理員制度，詳細地規定了留學日本教育的各項事宜，是廣東省將教育部法規和地方留學情形相結合的體現。該規程的主要內容如下：

（一）關於經理員制度

經理處應設於東京市內，且為留學生便利地點。經理處設經理員一人，處理本省留日學生一切事務。經理員由廣東教育廳長委任，對教育廳長負責。經理員管理與本省教育廳有關的留日學生。軍事留學生由特定機關管理。

經理員應詳查留學生的留學證書日期，並隨時報告監督處及教育廳備案。經理員應指導留學生初到東京時的就學等事宜。經理員應查明留學生的畢業證書及在學年限，轉繳監督處發給畢業證明書，並彙報教育廳備案。經理處應將公自費生的姓名、年齡、籍貫、學校、學科、年級、成績等事項編製成冊，呈報監督處及教育廳備案。

（二）關於學業管理

公費生留學生在大學本科或高專畢業後，請求到大學院研究科繼續研究或到工場、醫院實習者，應經經理處查證確有成績並已得所願入研究或實習

〔註143〕《中山大學留學美國人事材料（一）（1945～1949）》，廣東省檔案館，檔案號
　　　　　20－3－162。
〔註144〕《教育公報》，第 1 卷第 1 期，1929 年 1 月。

機關負責人許可證明後，呈請教育廳長核准，研究、實習期限為一年至二年。申請實習者僅限學習自然科學者，申請人須上交實習計劃書、實習費預算書及學校教授證明書等件，並呈由經理處轉呈教育廳核准。公費生申請延長留學時限者，須由經理處於期滿前查明確有成績，並呈教育廳長核准。但最長時限不得超過一年。

（三）關於留學生獎懲

留日學生倘有特別研究且成績卓著者，由經理員呈請教育廳廳長給予褒狀，以資鼓勵。如有不守規則或不名譽之行為，履戒不俊，又其它任意滋事或至威迫害公者，由經理員呈請教育廳長處罰，取消其公費或補助費，或勒令回國。

留日公費生，開學後一個月不到校或在一學期內缺席滿一月者，經查證後由經理員扣發缺課期間學費。遇下列情形之一，由經理員呈請教育廳長或監督取消其公費或補助費：第一，學年考試連續兩次以上不及格者；第二，疾病或其它事故，無畢業希望者；第三，每學期無故缺席兩個月以上者。

（四）關於留學經費

留日學費標準為大學生每名每月發給日幣八十元，高專生每名每月發給日幣七十元，按月由教育廳撥彙駐日留學生經理員，再轉發給各留學生。公費生書籍費標準為大學生每名每年日幣一百元，高專生每名每年日幣六十元，分四月、十月兩次發給。

公費生畢業歸國川資為每人日幣一百二十元。經理處經費為每月日幣五百六十元，其中經理員薪費為日幣三百元，辦公費日幣二百六十元。特別支出須由教育廳核准。

（五）關於回國服務

本省公費生及補助費生畢業回國服務，先由經理員報告給教育廳，安排適當的工作。工作年限等於本人所領學費年限的三分之一。未經教育廳許可而到外省工作者，由教育廳追繳其曾領學費之一部份至全部。未經同意而在國外工作者，追繳其曾領學費之全部或二倍。但教育廳若於該生畢業後滿一年內，仍沒有安排工作，該生可自由尋找工作。〔註 145〕

〔註 145〕 《修正廣東留學生駐日經理處事務規程》，廣東省教育廳：《廣東現行教育法令彙編》，廣州：出版者不詳，1932 年，第 532～537 頁。

　　爲了進一步規範留學生的經費管理，1929 年 9 月，廣東省教育廳制定《修正廣東留日公費生補費辦法及各校補費次序表》，規定留日公費生學額暫定爲四十名，每月學費爲港幣四千元，教育廳可因人才之緩急及財政狀況做出調整。留日學生必須按照學校順序補給公費。教育廳還可根據實際需要選送國內有一定學歷者赴日，在必要時特派國外大學專門畢業或有同等程度、曾爲國民黨效力三年以上著有成績者赴日研究。〔註 146〕

表 3.2：廣東留日公費生各校補費次序表〔註 147〕

學級	大學級	補費次序	高專級	補費次序	特預科	補費次序
大學系	帝國大學本科	1	官立各高等學校	7	一高特預	8
	東京工科大學本科	2	東京工大預科	7		
	大阪工科大學本科	2				
	千葉醫科大學本科	3				
	岡山醫科大學本科	3				
	東京文理科大學本科	4	東京高等師範	7	東京高師特預	8
	東京商科大學本科	5	東京商大預科	7		
	日本女子大學本科	6	東京女子高師	7	日本女子預科	8
高專系			廣島高等師範	7		
			奈良女子高師	7		
			名古屋高工本科	7		
			東京商船本科	7		
			東京水產講習所本科	7		

〔註 146〕　《教廳修正廣東留日公費生補助費辦法　飭令駐日留學生經理員遵辦》，《廣州民國日報》，1929 年 9 月 18 日。

〔註 147〕　《修正廣東留學生駐日經理處事務規程》，廣東省教育廳：《廣東現行教育法令彙編》，廣州：出版者不詳，1932 年，第 537～540 頁。

學級	大學級	補費次序	高專級	補費次序	特預科	補費次序
			千葉藥專本科	7		
			上田蠶專本科	7		
			秋田礦專本科	7		
			東京女子醫專	7		
			東京音樂本科	9		
			東京美術本科	9		

　　1930 年 8 月，廣東省教育廳再次修正了《廣東留日省費生補費辦法》，規定省費留日學生名額爲四十名，其中包括二名特費生，教育廳可根據人才需求狀況及財政狀況增減。每名學生每月可領取七十元學費，每年書籍費分別爲：大學院學生二百元，大學本科及高專研究生一百二十元，高專生六十元。此外，教育廳可以在必要時選送優秀學生赴日，學費由省政府核發，從預算學費之內支出。〔註 148〕

　　南京國民政府成立的短短幾年內，廣東省政府對留日法規進行幾次修正，但由於自費留日學生太多，實施效果卻不盡人意。1934 年，據留日學生監督處稱，有的留日學生未領留學證書在日本登陸時被扣送回，還有的公費學生並未入學或本人已經回國仍請人代領公費或補助費。對此，廣東省政府要求以後留日自費生在出國前必須遵章領入學證書，出國後須拿證書向監督處報到，並嚴查冒領公費的行爲。〔註 149〕

二、南京國民政府時期廣東留日學生狀況

（一）廣東留日學生類別

　　公費生：除廣東省政府舉辦的公費留日學生外，廣東一些學校也派遣師生赴日留學考察。1929 年，廣州南越大學派兩名畢業生赴日本學習速成科。〔註

〔註 148〕　《廣東留日省費生補費辦法　教廳昨日修正》，《廣州民國日報》，1930 年 8 月16 日。

〔註 149〕　《留日學生須領證書　冒領公費留學生應查明究辦》，《廣州民國日報》，1934年 2 月 9 日。

〔註 150〕　《南越大學歡送校費留學生》，《廣州民國日報》，1929 年 8 月 1 日。

150〕1930 年，中山大學教育系主任提議選派教授率領四年級學生赴日本考察，因校款支絀未被批准。但校長批准可派教授赴日，每人可津貼毫洋二百五十元。〔註 151〕1934 年，仲愷農工學校選派兩名優秀畢業生赴日留學研究製絲及織造技術。〔註 152〕1935 年，廣州市立美術專門學校遣派該校主任赴日聘任美術專門人才並考察日本美術事業。〔註 153〕

　　自費生：自費申請赴日學生包括中山大學在校學生、畢業學生、預科生、高中部學生以及學校教師等人。預科、高中部學生及在校學生申請赴日者以研究哲學、政治、經濟類科目較多，也有申請學習醫學、農學等專業的學生。有的學生一畢業就申請赴日留學，有的學生則是畢業工作幾年後再申請出國。1935 年，一名教育系學生畢業生，在擔任福建惠安縣立初級中學校長幾年後，因學校缺乏經費而被迫辭職，申請自費赴日繼續深造。此外，廣東各縣中學、大學的青年教師也紛紛自備斧資出國留學，其中以大學的助教居多。〔註 154〕廣東留日學生出國前資格要求並不高，大學在讀學生、預科生甚至高中生都可以自費赴日留學，且文科類學生較多。

（二）廣東留日學生概況

　　1928 年，中國國內基本統一，國家建設需要各科專業人才，赴日留學者增多，連一向閉塞的瓊崖地區風氣也漸漸開通。1929 年，瓊崖留學日本者共40 人，且大都習陸軍。〔註 155〕

　　據留日學生監督處及各省經理員會議統計，1928 年全國留日學生爲 2600多人（軍事學生未計入）。據廣東駐日留學生經理處調查，當年廣東留日學生爲 446 人（除軍事生外），其中男生人數爲 412 人，占 92.38％，女生 34 人，占 7.26％。按進入的學校統計，大學級學生 38 人（男 37 人，女 1 人），占 8.52％；高專級學生 147 人（男 136 人，女 11 人），占 32.95％；預備科學生 217人（男 202 人，女 15 人），占 48.66％。其它未詳者 44 人（男 37 人，女 7 人），占 9.87％。共有 185 名學生進入大學及高專學習，其中進入官立學校者 56 人，

〔註 151〕《派教授出洋考察》，《國立中山大學日報》，1930 年 2 月 13 日。
〔註 152〕《仲愷學校派學生留日 研究蠶絲》，《廣州民國日報》，1934 年 8 月 30 日。
〔註 153〕《市美擬改專門校 派員赴日物色教授》，《廣州民國日報》，1935 年 7 月 18日。
〔註 154〕《中山大學申請赴日本留學名冊（1931～1936 年）》，廣東省檔案館，檔案號20－2－418。
〔註 155〕《瓊崖留日學生共有四十人 大都習陸軍》，《廣州民國日報》，1930 年 11 月12 日。

入私立學校者 129 人。按進入學校的研究科目統計，政經科 80 人，占 40.26％；法科 18 人，占 9.73％；工科 18 人，占 9.73％；醫科 14 人，占 7.57％；商科 13 人，占 7.02％；農科 7 人，占 3.78％；美術 7 人，占 3.78％；文科（哲學、教育、美學）5 人，占 2.70％；理科（理論、化學、地質）2 人，占 1.08％；高等大學或大學預科 21 人，占 11.35％。按費別統計，446 名學生中，省費 36 人，占 8.07％；庚款補助 23 人，占 5.16％；自費 387 人，占 86.77％。按年齡統計，11～15 歲者 1 人；16～20 歲者 104 人；21～25 歲者 251 人；26～30 歲者 74 人；31～35 歲者 11 人，其中男 10 人，女 1 人。36～40 歲者 4 人，都是男性。按留學前國內學歷統計，大學卒業者 16 人，大學預科修業者 62 人，高專及高師卒業者 38 人，高專修業及同等程度者 17 人，高中、舊中、職業、陸軍學校畢業者 148 人，高中、舊中、職業、陸軍學校修業者 48 人，初中畢業者 38 人，初中修業者 38 人，學歷未詳者 14 人。按政治面貌統計，國民黨員 117 人，占 26.24％，非國民黨員者 329 人，占 73.76％。按赴日年期統計，生長於日本者 14 人，1912 年前赴日者 3 人，1912 至 1916 年赴日者 13 人，1917 至 1921 年赴日者 24 人，1922 至 1926 年赴日者 87 人，1927 年赴日者 119 人，1928 年赴日者 186 人。按居住地點統計，居住在東京者 389 人，居住在東京以外者 57 人。〔註 156〕

綜上，南京國民政府初期，廣東留日學生人數最多，約占全國總人數的六分之一，但廣東留日公費學額及留日學費卻比其它各省少。〔註 157〕廣東留日學生人數逐年遞增，年齡大部份在 21 至 25 歲，出國後大多數在高專或預備科學習。此外，進入私立學校者多，官立學校者少；學習文科者多，習理工科者少；自費者多，公費者少；非黨員多，國民黨員相對較少。

廣東的留日學生在日本組織成立中華民國廣東留學生同鄉會，以聯絡感情、敦睦鄉誼、研究學術爲宗旨。該會不設會長，分設評議部、幹事部兩個部門，每年召開一次評議會處理廣東留日學生事務。〔註 158〕據《中華民國廣東留日學生同鄉會會員錄》記載，1930 年初廣東留日學生人數爲 400 人，其中公費 97 人、校費 2 人、自費 301 人。〔註 159〕1930 年 5 月，除軍事學生外

〔註 156〕中華民國廣東駐日留學生經理處：《廣東留日學生調查錄》，1930 年。

〔註 157〕中華民國廣東駐日留學生經理處：《廣東留日學生調查錄》，1930 年。

〔註 158〕《中華民國廣東留日學生同鄉會會員錄》，出版者不詳：《中華民國廣東留日學生同鄉會會員錄》，出版地不詳，1920 年。

〔註 159〕《中華民國廣東留日學生同鄉會會員錄》，出版者不詳：《中華民國廣東留日學生同鄉會會員錄》，出版地不詳，1920 年。

廣東留日學生共 483 人，其中男生 451 人，女生 33 人。省費 39 人，庚款補助公費 22 人，其餘 423 人為自費生。留日學生年齡大多為 20 歲至 30 歲之間，有 166 人研習科目為政治經濟科，人數最多。這些廣東學生分別來自臺山 122 人、梅縣 49 人、新會 29 人、開平 28 人、大埔 27 人、中山 24 人、番禺 17 人、南海 16 人、潮安 13 人、文昌 13 人，其餘地方不到 10 人。〔註 160〕同年 6 月，據日華學會調查，中國留日學生有 3046 人，其中廣東省籍學生有 563 人，居各省之首。〔註 161〕廣東留日學生分別分佈在日本各地的大學，據留日學生監督處 1930 年 5 月統計，具體情況如下：

表 3.3：1930 年廣東留日學生狀況表〔註 162〕

校　名	人數	費　別	學　科
東京帝國大學	9	省費 2 私費 7	地質 1　印度哲學 1 社會學科 1　醫學 5 農學 1
京都帝國大學	2	庚款補助 1　省費 1	哲學 1　考古學 1
九州帝國大學	2	庚款補助 1　省費 1	法科 1　醫學 1
東北帝國大學	2	省費 2	美學 1　經濟學 1
東京商科大學	1	庚款補助 1	本科 1
千葉醫科大學	2	庚款選拔 1　私費 1	醫學 1　藥學 1.
東京工業大學	9	省費 6　私費 3	電氣 3　機械 4 紡織 1　□業科 1
大阪工科大學	1	省費 1	
長崎醫科大學	6	庚款補助 2　私費 4	
慶應大學	11	庚款補助 3　私費 8	保險業 1　法 1 文學 2　經濟學 3 經濟 4　醫學 1

〔註 160〕中華民國廣東駐日留學生經理處：《民國十九年廣東留日學生在學狀況一覽》，1931 年。
〔註 161〕《廣東留日同學會開會歡送各大學畢業同鄉　選舉新任職員共共九人》，《廣州民國日報》，1931 年 5 月 8 日。
〔註 162〕中華民國廣東駐日留學生經理處：《民國十九年廣東留日學生在學狀況一覽》，1931 年。

校　名	人數	費　別	學　科
早稻田大學	49	庚款補助 6　省費 1 私費 42	政治、經濟、法科
明治大學	98	庚款補助 7　省費 1 私費 90	政經、法科、社會、農業、財政
法政大學	21	庚款補助 2　私費 19	
立教大學	1	庚款補助 1	商學 1
中央大學	3	私費 3	
東京農業大學	2	私費 2	
日本大學	18	私費 18	
東京慈惠會醫科大學	3	私費 3	
神戶商科大學	1	私費 1	
上智大學	1	私費 1	
專修大學	3	私費 3	經濟 3
日本女子大學	5	省費 3 私費 2	
第一高等學校	7	省費 2 私費 5	特別預科
第二高等學校	1	省費 1	理科
第三高等學校	2	省費 2	文科
第八高等學校	1	省費 1	文科
水戶高等學校	1	省費 1	文科
東京高等師範學校	11	省費 6 私費 5	
廣島師範學校	3	私費 3	
秋田礦山專門學校	2	省費 1 私費 1	
東京水產講習所	1	省費 1	
東京高等蠶絲學校	1	省費 1	
東京美術學校	4	省費 1　私費 3	

校　　名	人數	費　　別	學　　科
東京女子醫學專門學校	3	省費1　私費2	
東京醫學專門學校	2	私費2	
帝國女子專門學校	1	私費1	
長崎產婆學校	1	私費1	
帝國女子醫專	1	私費1	
東京理科醫學專門學校	1	私費1	
日本美術學校	3	私費3	
武藏野音樂學校	1	私費1	
日本女子體育專門學校	1	私費1	
日本音樂學校	1	私費1	
川端書學校	1	私費1	
東京外國語學校	1	私費1	
長崎高等商業學校	1	私費1	
東京物理學校	1	私費1	
東京商業學校	1	私費1	
東京鐵道局教習所	6	私費6	
岩倉鐵道學校	4	私費4	
日本警察講習所	5	私費5	
東亞預備學校	85	私費85	
成城學校	8	私費7 省費1	
第一外國語學校	9	私費9	
正則英語補習學校	2	私費2	
研數學館	2	私費2	
早稻田高等預備學校	1	私費1	
未入學校而在研究或準備中	50	省費1 私費49	

校　名	人數	費　別	學　科
已畢業仍在研究中	7	省費 2 私費 5	
陸軍士官學校第二十二期	27	私費 27	
陸軍士官學校第二十三期	22	私費 22	
陸軍炮工學校	2	中央官費 2	
陸軍步兵學校	7	自費 3 中央官費 1	
陸軍野戰炮兵學校	2	自費 2	
陸軍戶山學校	3	自費 1 中央官費 2	
立川御國飛行學校	1	自費 1	

以上統計可以看出，廣東留日學生主要爲自費生，而公費生以省費爲主，還有少數中央官費生和庚款補助生。

在國外留學的學生遇到經費困難時首先求助於本省政府。1930 年 3 月，廣東留日陸軍士官學校第二十二期二十八名學生聯名向省政府呈請津貼。這些學生於 1929 年 2 月自費考進日本陸軍士官學校，因經濟困難，無法維持學業，請求給予每人每月津貼。〔註163〕1931 年 2 月，中山大學留日學生因經濟陷入困境，請求教育廳准予發給在中山大學畢業且在日本各大學院研究的粵籍學生公費，理由是廣東爲總理故鄉，又是革命策源地，而中山大學是廣東唯一的國立大學，也是廣東辦理最完備的大學，爲孫總理親自創立，有光榮的革命歷史，在中國革命史上佔有極重要的地位。他們在中山大學畢業仍然堅持東渡留學，是爲了在三民主義立場上，吸收日本文明，以貢獻黨國，故而應給予特別的補助。〔註164〕

〔註163〕 《留日軍官學生請本省津貼 省府飭財教兩廳擬覆》，《廣州民國日報》，1930 年 3 月 1 日。
〔註164〕 《本校留東粵生請轉教廳撥發省費》，《國立中山大學日報》，1931 年 2 月 4 日。

　　中國留日學生人數隨著中日關係的變化而改變。1930 年，教育部廢除中日文化協定，認爲國內各中等以上學校、各學術團體、各教育行政機關赴日本考察，領取日本對支文化事業部補助費用的行爲有辱國體。7 月，廣東省教育廳奉教育部訓令禁止學校接受日本補助費。〔註165〕1931 年 9 月，日本悍然侵略中國東北，留日學生紛紛回國，原計劃赴日留學的學生也改變初衷，中國留日學生人數減少一半。「留日同學，身處敵國，痛祖國之危亡，思自救之決策，一致能罷學歸國，參加反日工作」。〔註166〕這一年，留日學生從 1929 年的 1025 人驟然減至 83 人。〔註167〕10 月，廣東留日學生紛紛歸國。〔註168〕12 月，廣東一些留日歸國學生呈請插班入中山大學上課，獲得中山大學校長的准許。〔註169〕例如，1 名早稻田大學政經系二年學生呈請轉入中山大學學習；〔註170〕留日學生伍錫璋呈請轉入中大法科學習，他憤恨地說：「竊此次暴日窺我國天災人禍之時，顯其禽獸之行，甘冒破壞世界和平之罪魁，淪我東北殺我同胞；凡我國民，聆此凶皓，莫不髮指！生此時正在早稻田法科政治系一年級肄業，但觀祖國之垂危，不忍坐視；況備受日人之冷嘲熱諷，凡有血性，豈能久留！乃於本月初旬束裝歸國，從事於救國運動，而亦藉此以表我國人心未死，促日人之覺悟。但救國不忘讀書，乃總理之遺言；生深恐因救國運動而致曠學業，用敢具文連同留日學生證一紙繳上，懇請研究，免遭失學之苦，而一方亦可從事於救國運動」；〔註171〕留日學生蕭學海擬返校求學，呈請在法學院旁聽：「竊以日特蠻稱兵侵我東北，橫占國土，殘條同胞，凡有血氣，莫不痛心髮指，生留學敵國，既傷國之無日，復苦淫威之壓迫德朝之薇夷齊尚不恥食敵國之蕨，焉能忍啖不歸，故毅然決然不惜重大之犧牲於前月 20 日負笈南還，擬投進貴校繼續求學」。〔註172〕

〔註165〕　《禁止學校受日本補助費》，《廣州民國日報》，1930 年 7 月 26 日。
〔註166〕　《留日歸國學生組織抗日救國會　經市執委會准予備案》，《廣州民國日報》，1932 年 1 月 31 日。
〔註167〕　教育部統計室：《二十二年度全國高等教育統計》，1936 年，第 242～243 頁。
〔註168〕　《留日粵生紛紛歸國》，《廣州民國日報》，1931 年 10 月 20 日。
〔註169〕　《留日學生負笈西還　呈請入中大插班受課　中大准予在法學院旁聽》，《廣州民國日報》，1931 年 12 月 18 日。
〔註170〕　《留日學生呈請轉入本校》，《國立中山大學日報》，1931 年 12 月 17 日。
〔註171〕　《留日歸國生伍錫璋請轉法科肄業》，《國立中山大學日報》，1931 年 12 月 25 日。
〔註172〕　《中山大學申請赴日本留學名冊（1931～1936 年）》，廣東省檔案館，檔案號 20－2－418。

　　1932 年 1 月，117 名廣東留日歸國學生以文明路留東同學會爲會址，正式組建了廣東留日歸國同學抗日救國會。〔註 173〕4 月，廣東省教育廳爲救濟留日返國學生，特舉行留日學生返國轉學登記，以保證他們繼續求學。〔註 174〕1933 年 6 月，留日學生第二批約 210 名青年輟學歸國，於 17 日抵滬，其中三十多名廣東籍學生於 27 日返粵，據他們稱留日華人只剩二三百人。〔註 175〕之後中日匯兌變化，日金低落，留日學生又逐漸增加。「日金大跌，日本物價又平，人民在廣州讀書，反貴於在日本留學，故日本近忽增加中國留學生萬人，打破二十年來之記錄」。〔註 176〕每次赴日輪船中，中國學生必占大多數。至 1935 年初，留日學生激增至 3000 多名，其中帝國大學 260 名，工業大學 100 名，文理大學 160 名，高等學校 100 名，警察講習所 30 名，早稻田大學 150 名，明治大學 170 名，研究科目以理、工、醫、科最多。〔註 177〕廣東省1935 年選派赴日本留學學生共 37 人，其中 8 人習文科者，6 人習理科，5 人習法科，10 人習工科，1 人習農科，1 人習商科，4 人習醫科，1 人習藥科，1人習美術科。〔註 178〕這說明三十年代留學政策的調整，逐漸改變了留日學生的學科分佈狀況，由法政科爲主轉變爲以理工農工醫各科爲主。

　　抗戰全面爆發後，留日學生再次紛紛回國。廣東留日學生回國後在中央政府舉辦的留日訓練班受訓，在 1937 年 9 月入校，1938 年 6 月畢業的留日訓練班的 134 人中，廣東籍學生有 43 人。〔註 179〕此外，爲了解決他們的學業問題，廣州中山大學專門制定了留日學生回國轉學辦法。9 月 18 日，中山大學校長鄒魯簽署了《國外留學生歸國轉學暫行辦法》，主要內容如下：

〔註 173〕　《留日歸國學生組織抗日救國會　經市執委會准予備案》，《廣州民國日報》，
　　　　　　1932 年 1 月 31 日。

〔註 174〕　《教廳舉辦留日生返國轉學登記　註冊期由十一日至二十三日　已轉學之學生
　　　　　　仍須補行註冊》，《廣州民國日報》，1932 年 4 月 16 日。

〔註 175〕　《留日學生第二批返國　粵籍生三十餘昨抵省》，《廣州民國日報》，1933 年 6
　　　　　　月 28 日。

〔註 176〕　謝扶雅：《中國與日本——1935 年 1 月 10 日在廣州青年會》，廣州基督教青
　　　　　　年會：《廣州青年》（第 22 卷合訂本第 47 期），1935 年，第 393 頁。

〔註 177〕　《留日學生近激增　最近增加至三千餘名　研究理工醫科者最多》，《廣州民國
　　　　　　日報》，1935 年 2 月 7 日。

〔註 178〕　《本省公費留學外國學生　赴日本者三十七人　赴歐美者共七人》，《廣州民國
　　　　　　日報》，1935 年 2 月 28 日。

〔註 179〕　劉眞、王煥琛：《留學教育——中國留學教育史料（第四冊）》，臺北：國立編
　　　　　　譯館出版，1980 年，第 1997～2002 頁。

　　（一）國外留學生在本學期因國難請求轉學者，限於本學期開課後兩星期內爲請求時期，逾限不收。轉學生之收容，不限年級。

　　（二）轉學生須具呈陳明轉學理由，並繳驗成績證，或其它證明文件，經校長核准並受編級考試，始得註冊。

　　（三）在國外各大學之大學部、專門部、或高等專攻科學生請求轉學者，得視其學習科目照原級轉入本大學各學院；在國外各高等學校學生請求轉學者，得照原級轉入附中高中部；在國外預備外國文國文而未入大學者，依照該生在國內學歷酌量辦理。

　　（四）轉學生的編級考試，由各學院或附中辦理。註冊後，逾兩星期不到校上課者，即取消其學籍。轉學生須遵照本校學生繳費辦法繳納各費，並須遵守本校一切規則。〔註 180〕

　　抗戰時期，更有廣東留日學生被抓入日本監獄。廣東省第二屆留日公費生黃敦涵，留學期間曾在東京直屬黨支部擔任《留東周報》的編輯委員，並被委任爲駐關東特派員。1937 年蘆溝橋事變前後，他曾協助中央黨務特派員聯絡駐日各埠支部，布置通訊網。9 月 15 日，被敵人跟蹤並逮捕監禁，直至 12 月 21 日才帶病被遣送回國。〔註 181〕抗戰爆發後，赴日留學教育並沒有完全停頓，淪陷區的留日活動仍然延續。1940 年，汪僞國民政府成立後，廣東、湖北等僞省市教育廳、局均先後派遣了留日學生。據抗戰結束時的不完全統計，華中僞政權共有留日官費生 40 名，其中有廣東省 12 名。〔註 182〕

　　縱觀民國時期的留日教育，留學生人數總是隨著中日關係的變化而變化。民國元年，政局逐漸安定，以前爲革命而回國的留日學生大多返日上學。1913 年的二次革命後，革命黨人大多逃難日本。1915 年 5 月，中日簽訂二十一條，留日學生爲表示抗議紛紛輟學歸國。1922 年，中日特約五校協議到期，各省大都停止派遣公費留日學生。1923 年，日本關東大地震，留日學生因此又先後輟學歸國，留學人數減少。1924 年，中日雙方簽訂文化協定，設庚款

〔註 180〕　《大學布告：茲制定國外留學生歸國轉學暫行辦法公佈之》，《國立中山大學日報》，1937 年 9 月 18 日。

〔註 181〕　《教育部令廣東省教育廳據該省第二屆考選六日公費生黃敦涵呈懇將在日被敵監禁期間應領公費令飭該廳核發辦理（民國二十七年四月三日）》，林清芬：《抗戰時期我國留學教育史料——各省考選留學生（一）》，臺北：國史館，1994 年，第 149 頁。

〔註 182〕　國民政府教育部檔案，中國第二歷史檔案館藏，卷宗號 5，案卷 15363。

助學名額三百二十名。1930 年，教育部廢除中日文化協定，停止庚款補助名額。1933 年留日學生共 1417 人，1934 年秋增爲 2347 人，1935 年 3 月爲 3700 餘人。留日生激增的原因有以下幾個：第一，大學畢業生「走投無路」，畢業即失業的狀態促使他們出國留學。第二，窮苦青年「無書可讀」。許多翻譯本被禁，不僅價格也比原版貴一二十倍。而在日本花少量的錢就可以到最大的圖書館坐一日，許多青年大批來日鍍金。第三，日金低落，日本大學僅三年畢業，以國內二三年換國外學士文憑，費用與國內同或反可節省。父兄稍有安定職業者，留日學生便不會發生經濟困難。〔註 183〕1937 年，盧溝橋事變，八年抗戰時期，各省留日教育基本停止。

廣東留日學生人數多，自費生占主體。留日學生研究科目一向以政法科居多，三十年代開始開始偏重實科。廣東留日學生人數也隨著中日兩國關係變化而變化。隨著日本不斷地入侵中國，廣東留日學生相繼輟學返國。廣東的女子留日學生人數較多，所習專業主要集中於美術、醫學。1903 年至 1946 年，日本女子美術學校的中國女留學生共 267 名，廣東學生最多，占 65 名。〔註 184〕1908 年至 1948 年，東京女子醫學專門學校的中國女留學生共 161 人，廣東學生人數仍是各省最多，占 25 名。〔註 185〕據 1940 年出版的《日本留學中華民國人名調》一書，截止 1937 年日本女子大學校的中國畢業生有 23 名，其中就有 10 名是廣東學生。〔註 186〕

第四節　南京國民政府時期廣東學生留歐

南京國民政府成立以後，廣東舉辦了三次公費留學生考試，派遣的學生以赴歐美爲主，而自費赴歐學生並不多。抗戰爆發初期，廣東省設法準時匯

〔註 183〕 陳業勳：《關於留學問題》，《留東學報》，第一卷第一期，1935 年，第 98～101
頁；陳業勳：《再談「關於留學教育問題」》，《留東學報》，第一卷第二期，1935
年，第 124 頁。

〔註 184〕 《私立女子美術學校（女子美術學校、女子美術專門學校）中國留學生出身
地統計表（1903～1946 年）》周一川：《近代中國女性日本留學史（1872～1945
年）》，北京：社會科學文獻出版社，2007 年，第 175～176 頁。

〔註 185〕 《東京女子醫學專門學校（東京女醫學校）中國留學生出身地統計表（1908
～1942 年）》，周一川：《近代中國女性日本留學史（1872～1945 年）》，北京：
社會科學文獻出版社，2007 年，第 189～190 頁。

〔註 186〕 周一川：《近代中國女性日本留學史（1872～1945 年）》，北京：社會科學文
獻出版社，2007 年，第 203 頁。

寄留歐學生學費。1938 年 1 月，廣東省教育廳及時匯寄了廣東留學歐美各公費生一、二、三月份生活費及半年的學費。〔註 187〕6 月，廣東省教育廳遵照實施《限制留學暫行辦法》，仍繼續發給 6 名學習工科學生的學費，並延長他們的一年留學期限。對於不符合留學辦法的學生，則飭令回國。隨著戰爭的推進，廣州淪陷，廣東留歐學生不得不還按照政府政策申請救濟。

表 3.4：1938 年廣東省留學歐美公費生一覽表〔註 188〕

姓　　名	留學國別	所在學校	研習專業	備　　　註
陳伯齊	德國	柏林大學	建築學	該生全學業共分八學期，已達第七學期，明年九月可畢業，已繳有大使館及學校證明書
唐玉書	英國	曼徹斯特	棉織	該生已畢業，本年七月核准入工廠實習一年
林士鄂	美國	麻省理工大學	飛機製造	該生二十六年度學業成績已呈繳，據報明年九、十月間可畢業，已繳有大使館及學校證明書
劉福康	英國	利物浦大學	造船	該生二十六年度上學期成績已呈繳，本學期除實習研究外開始預備博士論文
黃逸塵	美國	耶魯大學	學校建築工程	該生二十六年度學業成績已呈繳，明年夏間可畢業，已繳有學校證明書
符迪才	瑞士	聯邦高等工業學校	水電	
以上六名經准予延長留學期限一年				
黃冠岳	英國	倫敦大學	造紙	該生在美國密西根大學畢業後轉入倫敦大學，去年十一月歸國

〔註 187〕 《廣東省教育廳電覆教育部已遵將該省留歐美各公費生一二三月份生活費及半年學費核發（民國二十七年一月二十日）》，林清芬：《抗戰時期我國留學教育史料——各省考選留學生（一）》，臺北：國史館，1994 年，第 148 頁。

〔註 188〕 《廣東省教育廳呈教育部該省留學歐美公費生遵照限制留學暫行辦法跟別去留（民國二十七年十二月三十一日）》，附件：廣東省留學歐美公費生一覽表，林清芬：《抗戰時期我國留學教育史料——各省考選留學生（一）》，臺北：國史館，1994 年，第 35～37 頁。

姓　　名	留學國別	所在學校	研習專業	備　　　　註
盧文	法國	里昂大學	絲織	該生留學期限已滿三年，已令飭歸國
趙善歡	美國	康奈爾大學	昆蟲學	該生留學期限已滿三年，已令飭歸國
以上三名已令飭歸國				
鍾高光	美國	麻省工業大學	機械	
劉鴻	美國	美芝加哥大學	人造絲	
劉桂灼	美國	斯丹福大學	中等教育	
盧森建	英國	利物浦大學	造船	
以上四名留學期限未滿三年應准繼續留學				

一、里昂中法大學與廣東留法學生

縱觀整個南京國民政府時期，廣東學生留學法國較其它國家更便利，這主要是由於里昂中法大學的建立。里昂中法大學（1921～1946 年）雖然建立於二十年代初期，但在它存在的二十餘年中，大部份時間處於南京國民政府時期，爲了保持整個論述的連貫性，將里昂中法大學與廣東留學生的關係放在這一部份介紹。

（一）里昂中法大學廣東學生的選派和管理

里昂中法大學是 1921 年 10 月在法國里昂專門爲中國留法學子建立的一所學校，最初的學生大部份是在中國國內選送的。提起里昂中法大學，除了與北京中法大學有密切關係外，它與當時廣東教育界也有非常密切的關係。事實上，里昂中法大學裏有大量的廣東籍學生，廣東大學及後來的中山大學更視里昂中法大學爲它們在法國的海外部，每年按章程選送學生到這所學校留學。

1919 年巴黎和會召開，中國代表團爭取法國退回庚子賠款，教育界倡議將退回的賠款用於興辦教育事業。1919 年底，吳稚暉在《時報》上發表《海外中國大學末議》，倡導在法國設立一所中國大學以方便中國學子到國

外學習。這引起了蔡元培、張靜江、李石曾等人的注意，他們爲此積極努力。經過吳稚暉等人在國內的爭取，廣東軍政府決定從正在籌設的西南大學開辦費中劃出一部份費用資助里昂中法大學，除支付開辦費二十萬元外，還答應每年給予常年費二十萬元。廣東最初將昂中法大學視爲西南大學的海外部，並擬定了海外部大綱。陳炯明也給海外部捐贈了五萬元經費。〔註 189〕

　　1921 年，里昂中法大學開始在國內招收第一批學生。廣東省教育會會長汪精衛負責在廣東招生，招考要求包括以下幾點：（一）資格：第一，廣東籍貫。第二，已經在大學或專門學校畢業或具備同等學力的學生，或正在大學或專門學校修業的學生。（二）待遇：免學膳費；每年津貼零用費 200 元；提供出發時的廉價艙位。（三）考試：考試科目爲高等國文、高等算術、高等外國文（英文或法文）。算學、外國文的考試題目由北京寄來，算學出題者爲顧夢漁，英文出題者爲胡適之，法文出題者爲法國人鐸而孟，國文題目則由汪精衛擬定。試卷採用糊名製，聘請高師教授評閱。這次考試共有 64 人報名參加考試，錄取 45 人。〔註 190〕在粵的招考費用及學生護照費、船費等全部由廣東省政府負責。〔註 191〕

　　由於廣東軍政府倡設的西南大學沒有辦成，而廣東政局也不穩，致使本應彙給里昂中法大學的經費常常拖欠。至 1924 年 1 月，廣東省已拖欠學生經費九萬七千五百元，在里昂就學的廣東學子甚至面臨因經費短缺而被學校當局勒令停學的困境。2 月，法國里昂廣東大學海外部全體學生發出《留法粵生學生之呼籲》，呼籲廣東省政府迅速匯款接濟。〔註 192〕1925 年，因學款仍然積欠未交，15 名廣東學生被里昂中法大學的主管者中法協會威迫回國。廣東學生與學校當局鬧得很凶，留法廣東學生甚至發表宣言要求廣東大學與中法大學協會脫離關係。他們認爲「廣東大學海外部的建立，原是爲了以最經濟的辦法爲學生謀求安全求學的地方，在歐洲最高學府能充分發展學業，以求登峰造極，成爲溝通中西文化的前驅」，中法協會的法國人占多數，不聽華人意見，「藉遣送學生回國爲要挾，向廣東省政府勒索款項，或無以應，則以貨

〔註 189〕陳三井：《勤工儉學運動》，臺北：正中書局，1981 年，第 356 頁。.
〔註 190〕《本會汪會長承託經理招收里昂大學粵生之經過》，《廣東省教育會雜誌》，第 1 卷第 2 號。
〔註 191〕《里昂海外大學招生報告書》，《廣東省教育會雜誌》，第 1 卷第 3 號。
〔註 192〕《留法粵省學生之呼籲》，《廣州民國日報》，1924 年 2 月 25 日。

艙運送學生而歸」。他們認爲這種言論和行爲有辱國體，因此「不得不與協會脫離關係，以謀他日之安全」。〔註 193〕

1924 年 2 月，國立廣東大學成立。1925 年，廣東大學第十九次校務會議制訂並通過了《國立廣東大學海外部遣派留學里昂中法大學學生章程》，將里昂中法大學作爲廣東大學的海外部，開始擔負起資送里昂中法大學學生的責任。至此，里昂中法大學廣東學生經費有了保障。廣東大學首任校長鄒魯回憶說：「前在廣東大學的時候，我就將以前留法勤工儉學的學生，政府不能接濟的時候，全部由校接濟，特設一海外部屬校主持。」〔註 194〕

《國立廣東大學海外部遣派留學里昂中法大學學生章程》的主要內容如下〔註 195〕：

（一）名額：六十名。〔註 196〕

（二）資格：廣東大學本科畢業生。

（三）選派：先在海外部辦事處報名、填寫履歷表，然後到校醫院體檢。體檢合格後，由校務委員會根據報名學生在校時操行及學業成績選定。被選者須先在學校設立的留法預科學習半年以補習法文、法語及瞭解法人習慣。學習期滿後，須偕同兩名殷實保證人到校長室寫志願書和保證書，保證人須具有萬元以上之不動產或殷實商店爲保障。

（四）留學年限：三年至六年。如請求延時，須由校務會議決定。

（五）待遇：

　　1、往返法國郵船三等船位費、治裝費及車費一百元。回國途中零用費及車費五百法郎。

　　2、每名每月發給零用費一百法郎，學費、食宿費、醫藥費均由學校負擔。

　　3、獲博士學位者可得本校津貼印論文費一千五百法郎。

〔註 193〕《中法協會苛待廣州留學生》，《廣州民國日報》，1925 年 5 月 13 日。

〔註 194〕鄒魯：《回顧錄》，臺北：三民書局有限公司，1974 年，第 160 頁。

〔註 195〕國立廣東大學秘書處：《國立廣東大學校務會議紀事錄》，1925 年。

〔註 196〕之所以定爲六十名，可根據鄒魯在《回顧錄》中的描述，「當歐戰結束之後，李石曾、吳稚暉兩先生倡導勤工儉學，青年赴法留學的很多，其中粵籍的亦不少，後來這批學生的經濟情形，日漸拮据，甚至有以借貸度日的。我變承擔了這批學生的費用，計算約有六十人。因此廣大的留學名額，規定爲六十人，俟有空缺時，在陸續補充」。鄒魯：《回顧錄》，臺北：：三民書局有限公司，1974 年，第 120 頁。

（六）管理：

1、留學期間患病四個月尚未痊癒，經校醫證明不能力學者，免其留學資格並酌給回國川資。

2、留學生每月須上交留學日記，每年暑假須彙報一年來的學習情況。違者均以中途退學論，並追繳其留學期內一切費用。未得許可轉學其它學校者，追繳全部留學費用。

3、學生畢業回國後須在校工作，工作年限與留學年限相同，學校按月從工作薪金中提回十分之二以擴充海外部經費。違者須賠償留學期內一切費用。

1926 年 2 月，因生活程度日益提高，廣東大學海外部里昂公費生請求增加津貼費。校務會議議決每人每月增加津貼費 50 法郎，自 1926 年 3 月起匯寄每人每月津貼費 150 法郎。〔註 197〕

1926 年 12 月，廣東大學改爲國立中山大學，任命張雲爲海外部主任，負責對派出的里昂中法大學廣東學生進行管理。〔註 198〕1928 年 6 月，中山大學修改遣派留學里昂中法大學學生章程，主要變化爲：第一，名額改爲四十名。第二，考選方式改爲各系按每年缺額，根據實際需要及畢業生成績推選至多一名學生，還可在畢業留校服務且卓有成績的教務助理員中擇優選送。被選學生赴法後須到指定的學校學習指定的科目，由系教授監督管理其學業狀況。第三，留學生回國後至少須在學校工作三年。〔註 199〕還著重強調留學生須按月彙報學業狀況，三個月不報者則停止供費。〔註 200〕7 月，教務會議討論再次修正將遣派里昂中法大學學生章程，〔註 201〕在選派方式上，規定海外部學生須由各科教授會議按缺額多少從應屆畢業生或畢業留校卓有成績的助理員中推薦，且每系不能超過三人。被推選的學生須經留法學生考試委員會考試國文、外國語及總理遺教三科，擇優選送，國文系學生的國文成績及英文系學生的英文成績標準從嚴。〔註 202〕

〔註 197〕教務處：《國立廣東大學十三年度校務會議紀事錄》，1926 年。

〔註 198〕《本校函里昂大學告以改易名稱及另派主任》，《國立中山大學日報》，1926 年 12 月 1 日。

〔註 199〕《大學布告（第七八號)》，《國立中山大學日報》，1928 年 6 月 4 日。

〔註 200〕《函寄釐定留學章程》，《國立中山大學日報》，1928 年 6 月 15 日。

〔註 201〕《大學布告（第九四號)》，《國立中山大學日報》，1928 年 7 月 5 日。

〔註 202〕《本校遣派留學里昂中法大學學生章程》，《國立中山大學日報》，1928 年 7 月 5 日。

　　這次章程將留學里昂中法大學學生名額減少為四十名，應該與當時中大經費緊張有關。選派方式改為教授會議推薦優秀畢業生或助教參加考試，縮小了應考學生的範圍，使得許多畢業學生無法報名考試，增加了這一留學生選派考試的難度。

　　12 月，里昂中法大學一些廣東學生對遣派章程的修改表示不滿和疑問，針對學生的不滿情形中山大學還專門作了解釋，例如：（一）學生疑問：投考海外部學生須由教授會議推薦後才有考試資格，是壟斷性的考試，應限定資格或程度後公開招考。學校解釋：本校有文、理、法、醫、農等科，較難核定成績為前五名的畢業生，故而由各科教授會議推薦優秀畢業生或畢業留校的助理員，並非壟斷。（二）學生疑問：學業報告內容應該怎樣寫。學校解釋：簡略報告，以明近況。因本校負有供給留法各生學費、津貼費的義務，故有視察學生學業成績的職責。中法協會就近監督，本校駐法代表也會報告將各生學業情形。為縝密管理，學生亦須親自報告。（三）學生疑問：留學生患病過四個月則不能繼續求學的規定不合理，應當延長時日。解釋：四個月時間已經足夠，無修改必要。〔註 203〕

　　1933 年，國立中山大學再次修改了《遣派里昂中法大學學生規則》，要求投考各生於投考前，將黨證或黨部證明書繳驗。留學期間患病六個月尚未痊癒者，確經中法大學校醫證明不能力學，酌給回國川資回國。〔註 204〕明確要求應考學生必須是國民黨黨員。還將留學期間患病四個月即勸送回國改為六個月，說明中大在修改章程時也吸取了以前學生提出的建議。

　　廣東每年按章程考選赴法學生。1925 年，廣東大學校長鄒魯派遣 13 名學生赴里昂中法大學。「十四年時，因有畢業回來，我就補派教授吳康，男學生張農、姚碧澄、彭師勤、劉克平、謝清、謝繼金、龍詹興、鄭彥棻、陳書農，女學生黃綺文、李佩秀等十三人前往補額。」〔註 205〕

　　1927 年 7 月，里昂中法大學廣東學生缺額六名。8 月，中山大學即組織考選學生赴里昂留學，考試科目為總理遺教、國文（作文一篇，理、農、醫科學生以算學、物理、化學或博物代替國文）、外國語（英語、法語、德語任選一門）。經考試後，錄取合格學生三名，分別是李子祥、陳節堅、黃士輝。

〔註 203〕　《郵寄海外部解釋新訂章程意義》，《國立中山大學日報》，1928 年 12 月 8 日。
〔註 204〕　國立中山大學：《國立中山大學二十一年度概覽》，1933 年。
〔註 205〕　鄒魯：《回顧錄》，臺北：三民書局有限公司，1974 年，第 120 頁。

〔註206〕10月，這三名里昂中法大學留學生及中山大學三名自費赴法留學生彭徽柔、鄭志清、鄭可一起搭法國輪船由廣東啓程赴法。〔註207〕

　　1928年6月，廣東留法學生缺額約十名，教務處即通知各學院按章程選派。〔註208〕7月，中山大學決定二十名留法學生歸國期限，〔註209〕並函請里昂中法大學協會查明其它各名留法公費生的成績及留學年限，規定留法四年以上而無成績者應停止其公費。〔註210〕但是在這些學生中，不少人申請延時回國。8月，學生羅振雲赴法留學七年，因久病未痊請求延期回國繼續在法學習，中山大學准予該生延期續學半年。〔註211〕10月，5名學生請求延期回國，中山大學決定考察各生學業成績及班級後再予核准。〔註212〕11月，學生陳紀武留法七年，本應學成歸國。但因補習時間過多，他請求繼續在法學習。經中法協會許可，中山大學亦核准陳紀武延期在法學習一年。〔註213〕學生劉俊賢留法七年，因畢業論文論文尚未完成，懇請延期回國。古文捷於1928年7月畢業於巴黎高等電氣專門學校後，擬到無線電臺實習，申請延期回國。中山大學准予劉俊賢延期一年畢業，准予古文捷延期半年回國。學生王超留法七年，擬在巴黎多藝學校繼續學習二年，申請延期回國。中法協會稱王超應返國，中山大學也不准該生延期回國。〔註214〕

　　1929年6月，中山大學舉行留法學生考試，由各科主任在每系內至多選送五名成績最優的學生應考。〔註215〕7月，教務會議組織臨時委員會評選留法學生。〔註216〕同時，規定考選留法生以黨員爲限，〔註217〕且投考時應先繳驗黨證或黨部證明書。〔註218〕經考試，確定正取生六名、備取生

〔註206〕　《選派大學部高師部專門部畢業生赴里昂留學》，《國立中山大學日報》，1927年8月25日。
〔註207〕　《本校選送留法學生放洋》，《中山大學日報》，1927年10月1日。
〔註208〕　《教務處函各科選派留法學生》，《國立中山大學日報》，1928年6月13日。
〔註209〕　《酌定留法學生歸國期限》，《國立中山大學日報》，1928年7月31日。
〔註210〕　《中山大學關於到法國留學的通知及赴法留學生名單（1927～1931）》，廣東省檔案館，檔案號20－2－420。
〔註211〕　《留學因病准予繼續時期》，《國立中山大學日報》，1928年8月16日。
〔註212〕　《致中法大學及各生函件彙志》，《國立中山大學日報》，1928年10月29日。
〔註213〕　《核覆學生呈請各情摘要彙志》，《國立中山大學日報》，1928年11月3日。
〔註214〕　《寄覆海外部留法生各情彙志》，《國立中山大學日報》，1928年11月10日。
〔註215〕　《考選留法學生訊》，《國立中山大學日報》，1929年6月25日。
〔註216〕　《選派留法學生近訊》，《國立中山大學日報》1929年7月8日。
〔註217〕　《中大布告考選留法生以黨員爲限》，《廣州民國日報》，1929年7月23日。
〔註218〕　《大學布告》，《國立中山大學日報》1929年7月22日。

一名。〔註219〕1930年9月，被選留法生出國。〔註220〕10月，他們到法國後，首先在里昂補習法文一年，然後分別到各大學研究歷史、法律、政治經濟及生物學。〔註221〕12月，五名新生申請准轉學到別的學校補習法文，而里昂中法大學協會不准他們轉學。中山大學則認為「語言之學習與環境有關係，歷屆各生在他處補習成績可觀」，希望中法協會給予便利，准許各生轉學。〔註222〕

中山大學海外部吸引了許多有志於留學法國青年眼球。1928年4月，時任國民革命軍總政治部副主任的陳銘樞要求中山大學將林漢珍送往里昂中法大學留學。中山大學校務會議認為，里昂中法大學名額專為中山大學本校畢業學生設立，且必須進行考試及體檢後才能赴學。而林漢珍是不是本校學生，與章程不符，故不能列入留法學額。〔註223〕1929年10月，國立暨南大學的兩名學生聯合請求到海外部借讀。校務會議做出的議決是如有空位時，准予借讀。〔註224〕

中山大學對留法學生的學業給予充分的支持，同時對違規的學生進行相關處罰。1929年7月，海外部留法學生鄭彥棻申請在巴黎大學繼續研究統計學及農村土地問題三年，里昂中法大學協會及中山大學批准了這一請求。〔註225〕1929年12月，學生羅易乾赴法留學研究普通醫學五年，申請再延期兩年，以完成博士論文後再從事精研微菌及皮膚花柳等學科。中山大學認為「該生對於醫學，銳意研究」，准予延期六個月回國。〔註226〕12月，鄭彥棻、劉克平、劉俊賢未照章每月作一次學業報告，被給予警告處分。〔註227〕次年10月，因仍然沒有彙報學業成績，中山大學停止供給鄭彥棻留學經費。〔註228〕

教授吳康自赴法國巴黎後，便寄迴學業報告書，詳細彙報了他的學習狀況。他先後進入三所學校學習，1926年7月起至10月在巴黎大學暑期班學習，學費每月一百五十法郎，每日聽課三小時。學習的課程有法國文學史、法國

〔註219〕《本屆取錄留法學生揭曉》，《國立中山大學日報》，1929年7月12日。
〔註220〕《中大選派赴法生今晨放洋》，《廣州民國日報》，1930年9月12日。
〔註221〕《新同學到法》，《國立中山大學日報》，1930年2月18日。
〔註222〕《郵寄海外書函》，《國立中山大學日報》1929年12月12日。
〔註223〕《函覆陳總指揮林漢珍未便列入留法學額》，《國立中山大學日報》，1928年4月13日。
〔註224〕國立中山大學教務處：《國立中山大學十七年度教務會議紀事錄》，1929年。
〔註225〕《郵寄海外書函》，《國立中山大學日報》，1929年7月3日。
〔註226〕《郵寄海外書函》，《國立中山大學日報》，1929年12月24日。
〔註227〕《郵寄海外書函》，《國立中山大學日報》，1929年12月23日。
〔註228〕《海外學生鄭彥棻停止供費》，《國立中山大學日報》，1930年10月31日。

史、法國美術史、法文語言學、法國現代哲學史、法國戲劇、法國小說、法國現代詩。1926 年 11 月起至 1927 年 2 月，在西利盎司法文學校學習，學費每月一百五十五法郎，每日聽課平均在四小時以上。學習的課程有名家文選、文法、語文、普通講演、法國美術史、法國之人與物、法國地理、法國史、法國家庭與社會等。1926 年至 1927 年在國立巴黎大學學習，平均每周上課約五小時以上，入學登記費爲每年一百法郎，學習的課程有文科、哲學、哲學史、社會學、美學、教育學、經濟學等。課外還參加各種學術集會，並調查各種政治、社會事業，他還詳細調查了法國的教育制度。〔註229〕1933 年 6 月，巴黎大學聘吳康任專科教授，這是該大學聘任的第一位中國人。〔註230〕理學院講師葉述武在 1936 年赴法之初，除了補習法文外，同時還翻譯普通數學及巴黎大學著名教授著的高等分析法，並將譯稿寄迴學校發表。〔註231〕

　　中山大學不設留法預備班，認爲直接到法國預備學習可事半功倍。〔註232〕1929 年 3 月，里昂中法大學協會會長致函中山大學校長，要求中大開設法文預備班，以便留法學生先在國內預備法語，並建議依照北平中法大學辦法組織中法教育委員會（北京中法教育系統包括幼稚園、小學、中學、大學及海外部，十分齊備）。〔註233〕中山大學認爲，原來廣東大學雖然設有留法預備班，卻沒有取得什麼成效，不如直接到法國學習法語，「且在中國學法語，究不如就學於法事半功倍也」。〔註234〕因而只是要求在每年考試留法學生時加考法文一科，各科成績及法文成績均屬及格始予資送出國，並規定留法學生須能直接用法語談話、聽講、看書及記筆記。中山大學的留法教育沒有形成一個完備的系統，只是從各系中選出優秀的畢業生，經考試後便遣送留法。〔註235〕但據里昂中法大學協會反映，中山大學學生抵法之初完全不識法文，不及北平中法大學學生的法文程度，但他們在赴法後都能用功補習法文。〔註236〕

〔註229〕《留歐報告書》，《中山大學日報》，1927 年 7 月 4 日。
〔註230〕《巴黎大學聘吳院長任專科教授》，《國立中山大學日報》，1933 年 6 月 29 日。
〔註231〕《留法講師葉述武工作近況》，《國立中山大學日報》，1936 年 8 月 6 日。
〔註232〕《覆海外部劉厚君書函》，《國立中山大學日報》，1928 年 11 月 24 日。
〔註233〕國立中山大學教務處：《國立中山大學十七年度教務會議紀事錄》，1929 年。
〔註234〕《函覆中法大學解釋章程意義》，《國立中山大學日報》，1928 年 11 月 28 日。
〔註235〕國立中山大學教務處：《國立中山大學十七年度教務會議紀事錄》，1929 年。
〔註236〕《里昂中法大學協會秘書處報告書 1932 年四月十五日全體會議》，《國立中山大學日報》，1932 年 7 月 12 日。

1927 年至 1931 年，里昂中法大學秘書劉厚負責中山大學與里昂中法大學間的聯絡，中山大學每月彙付劉厚三百元辦公費。1932 年劉厚辭去里昂中法大學秘書長職務回國。12 月，中山大學聘陳桀為中山大學與中法大學間的協議代表。〔註237〕

1922 年至 1926 年間，里昂中法大學畢業歸國學生 49 人，其中廣東學生 25 人。畢業歸國後的廣東學生，大都在教育界工作，還有的在醫院和工廠。1927 年 2 月，廣東留法學生在學人數為 43 人，分別在不同的大學學習：里昂中法大學 24 人，其中 7 人學習法科，5 人學習醫科，7 人學習理科，5 人學習文科；製革學校 1 人；高等工業專門學校 2 人；美術專門學校 1 人；國立獸醫學校 2 人；度愛農業工藝學校 1 人；在中學補習法文者 10 人；還有 1 人在巴黎補習法文，1 人轉學意大利，1 人轉學俄國。〔註238〕1930 年，中山大學赴里昂海外部留學人員共有 24 名，18 人在里昂，其中 4 人習文科，1 人習工程，1 人習法科，4 人習醫科，2 人習理科，1 人習化學工程，5 人在補習法文；4 人在巴黎，其中 1 人習航空，1 人習法科，1 人習理科，1 人習法科；1 人在蒙伯里要習農科；1 人在格勒諾布爾習機電工程。5 月，中山大學赴法學生有 18 人考取各科博士學位。10 月，1 人考得礦物學證書，1 人得理科博士學位，2 人得醫科博士學位，1 人醫科大學第二年級考試及格，1 人在醫科大學第三年級考試及格，1 人考得臨床手術證書，1 人考得尿器官外科補修班證書，1 人考得病理解剖證書，1 人考得國立獸醫專門學校獸醫博士學位，1 人攻讀巴黎高等航空學校三年級，1 人考得巴黎工程專門學校卒業證書。〔註239〕

自三十年代開始，在法國研究九年或十年後，里昂中法大學回國學生日益增加。1931 年歸國學生 15 人，回國後主要分佈在教育界，其中在高等教育及中等教育機關任職者 9 人，在政府機關任職者 3 人，執業醫生 1 人，工程師 2 人。〔註240〕

〔註237〕　《聘陳桀為本校中法大學協議代表》，《國立中山大學日報》，1932 年 12 月 1 日。
〔註238〕　《本校海外部學生最近學業概況》，《國立中山大學日報》，1927 年 2 月 1 日。
〔註239〕　《新同學到法》，《國立中山大學日報》，1930 年 2 月 18 日；《函覆里昂中大收閱各生論文》，《國立中山大學日報》，1930 年 5 月 23 日；《里昂中法大學致本報函》，《國立中山大學日報》，1930 年 10 月 31 日；《里昂中法大學致本報函》，《國立中山大學日報》，1930 年 11 月 4 日。
〔註240〕　《里昂中法大學協會秘書處報告書》，《國立中山大學日報》，1932 年 7 月 12 日。

　　除里昂中法大學以外，中山大學對其它國外的大學並沒有有計劃地派遣留學生。1927 年 5 月，在中山大學第一屆畢業籌備會中，曾子琴等人提出國內各大學爲了提高學術水平，每年都選派畢業生赴國外留學，廣東省也應當制定並早日公佈選送辦法選派學生出洋留學。中山大學認爲經費緊張，不能派遣畢業學生出國留學，「惟職校經費預算，雖核定月撥十三萬餘元，實際由財政按月撥給八萬七千元，校內設備進行，尙多困難」，「對於國外留學之舉，雖與法國里昂大學訂有辦法，以本校經費不敷，已形竭厥，其餘各國留學，均付厥如，似非深造本校畢業生之策」。〔註 241〕

表 3.5：1922～1926 年里昂中法大學學生歸國人數表〔註 242〕

年　　份	廣東學生回國人數	回國總人數
1922 年	2	3
1923 年	2	5
1924 年	10	15
1925 年	6	19
1926 年	5	7

表 3.6：1926 年統計廣東里昂中法大學歸國學生工作狀況〔註 243〕

姓　　名	歸國後工作
黃　植	廣東大學農科教授
伍伯良	廣東漢持醫院院長
黎國昌	廣東大學生物系主任
黃式坤	廣東式坤醫院院長
區　白	廣東大學文科教授
袁振英	廣東大學文科教授
韓　旅	廣東大學農學院教授

〔註 241〕　《呈請政治分會核定本校畢業會請求遣派國外留學生》，《國立中山大學日報》，1927 年 5 月 17 日。

〔註 242〕　《里昂中法大學歷年學生歸國一覽表（1922 年～1926 年）》，《中法教育界》，第 1 期。

〔註 243〕　《里昂中法大學歸國學生在國內服務一覽表》，《中法教育界》，第 1 期。

姓　　名	歸國後工作
趙仰玄	廣州製革廠籌備主任
郭冠傑	廣東大學法科教授
劉懋初	廣大大學教授兼講師
李其蘇	廣東飛機廠廠長
黃涓生	廣東大學文科教授

　　1926 年至 1933 年間，里昂中法大學在校人數及其中的廣東學生人數統計為下列表格：

表 3.7：1926 年里昂中法大學新入校學生一覽表

單位	人數	備　　註
廣東中山大學	11	廣東籍 8 人，湖南籍 3 人
北京中法大學	3	四川、江蘇、江西各 1 人

表 3.8：1927 年里昂中法大學人數統計表

省份	廣東	江蘇	湖南	四川	直隸	浙江	河南	安徽	福建	江西	山東	湖北	奉天	廣西	總計
人數	44	11	10	8	8	3	2	2	2	2	1	1	1	1	96

表 3.9：1929 年里昂中法大學人數統計表

省份	廣東	江蘇	湖南	四川	直隸	浙江	河南	安徽	福建	江西	山東	湖北	山西	總計
人數	30	13	11	9	16	11	4	4	8	5	1	2	1	115

表 3.10：1930 年里昂中法大學人數統計表

省份	廣東	江蘇	湖南	四川	浙江	河南	安徽
人數	26（7）	18	8（1）	9（1）	13	6（1）	5
省份	湖北	山西	河北	江西	福建	山東	總計
人數	1	1	17（1）	1	12	1	118

表 3.11：1930 年里昂中法大學費別表

費　　　別	人　　數
本校特待生	47
北平中法大學津貼生	18
廣州中山大學津貼生	24
浙江大學津貼生	9
福建教育廳津貼生	7
中央大學津貼生	2
自費欠費生	11
總　　　計	118

表 3.12：1931 年里昂中法大學人數統計表

省份	廣東	江蘇	湖南	四川	浙江	河南	安徽	福建	湖北	山西	河北	江西	總計
人數	21（2）	14	5	8	13	5	3	14	1	2	15	1	102

表 3.13：1931 年里昂中法大學費別表

費　　　別	人　　數
本校特待生	35
北平中法大學津貼生	26
廣州中山大學津貼生	20
浙江教育廳津貼生	10
福建教育廳津貼生	7
自費欠費生	4
總　　　計	102

表 3.14：1932 年里昂中法大學分省統計表

省份	廣東	江蘇	湖南	四川	浙江	河南	安徽	福建	山西	河北	江西	甘肅	總計
人數	18 (4)	10 (1)	5	8 (1)	13 (1)	5 (1)	3	10	2	13	1	1	89

表 3.15：1932 年里昂中法大學費別表

費　　　別	人　　數
本校免費生	25
北平中法大學津貼生	33
廣州中山大學津貼生	15
浙江教育廳津貼生	10
福建教育廳津貼生	5
自費欠費生	6
總　　　　計	94

表 3.16：1933 年里昂中法大學人數統計表

省份	廣東	江蘇	湖南	四川	浙江	河南	安徽	福建	山西
人數	23（3）	13（2）	4	5（1）	13	5（1）	4	10	2
省份	河北	江西	甘肅	山東	陝西	雲南	湖北	綏遠	總計
人數	17	1	1	1	1	（1）	（2）	1	103

表 3.17：1933 年里昂中法大學費別表

費　　　別	人　　數
本校免費生	36
北平中法大學津貼生	38
廣州中山大學津貼生	12
浙江教育廳津貼生	10
福建教育廳津貼生	5
湖北教育廳保送生	2

費　　　　別	人　　　　數
雲南教育廳保送生	1
自費欠費生	1
總　　　　計	105

注 1：括號內代表其中的女生人數

注 2：以上表格數據來源主要是《中法教育界》（第一期～第四十五期）、《中法大學月刊》（第一卷～第三卷）

（二）里昂中法大學廣東學生的經費

里昂中法大學初期，經費主要來自於廣東政府、北京政府和法國政府，其開辦費來源於廣東西南大學捐助的 15 萬港元（約 202.5 萬法郎），另外北京政府、僑工局和北京大學各捐助 10 萬法郎，共計 232.5 萬法郎。因政局不穩，1922 年至 1924 年間廣東方面的經費拖欠比較嚴重。自 1927 年開始，里昂中法大學的常年經費由中法教育基金委員會從法國退還的庚款中撥付。詳情如下表：

表 3.18：1921 年至 1926 年里昂中法大學常年經費表〔註 244〕

來源 ＼ 學年度	1921～1922	1922～1923	1923～1924	1924～1925	1925～1926	1926～1927
法國外交部	50000	50000	50000	50000＋墊款230000	50000	50000
法國教育部	250000	250000	250000	250000	250000	250000
羅訥省議會及里昂商會等捐助		500	500		500	500＋5600
里昂市政府補貼			15000		15000	5000
北京政府，1925 年起加北京中法大學補貼	100000	100000	100000	192500	282500	212700
廣東政府，1925 年起改由廣東大學支付	376800	94200	71065	191172	228780	278760
董事會會員會捐	1500	560	1340	1309	1190	1220

〔註 244〕 葛夫平：《關於里昂中法大學的幾個問題》，《近代史研究》，2000 年第 5 期。

來源＼學年度	1921 ～ 1922	1922 ～ 1923	1923 ～ 1924	1924 ～ 1925	1925 ～ 1926	1926 ～ 1927
自費生繳費	44500	7727				
銀行利息、結存及其它		119854	980	5716	163422	349666

　　1927 年開始，廣東赴里昂中法大學學生的學費由中山大學支付，中山大學事務管理處下屬的海外部按月查明里昂中法大學留學生人數後彙付留學經費。〔註245〕例如，1928 年 2 月，中山大學彙給中法大學會長三十名廣東學生的學費，每名四百六十法郎，共一萬三千八百法郎；彙給劉厚十一月辦公費三百法郎；彙給三十名廣東學生津貼費，每名一百五十法郎，共四千五百法郎。〔註246〕1929 年 4 月，彙給中法大學協會雷會長二十七名學生的學費一萬五千四百二十法郎，彙給劉厚辦公費三百法郎，彙給二十七人津貼費四千零五十法郎。〔註247〕10 月，彙給中法協會廣東各生學費一萬零五百八十法郎，彙給羅振英、郭偉棠、黃國祐、陳紀斌、黃明敏、黃偉惠、羅易乾、梁道貞等八名學生回國川資四萬法郎，總計五萬零五百八十法郎。〔註248〕1930 年 3 月，彙給中法協會二十五名廣東學生的學費一萬一千五百法郎，匯出二十五名學生津貼費三千七百五十法郎。〔註249〕4 月，彙給劉厚三個月辦公費九百法郎。〔註250〕

　　中山大學彙付里昂留學生的費用分學費和津貼費兩部份，每名學生每月學費四百六十法郎，津貼費一百五十法郎。學費直接彙給里昂中法大學中法協會，津貼費則彙給其中一名留學生後再轉發給其它學生。還彙給中山大學聘請的秘書辦公費每月三百法郎。此外，還有直接接受學校津貼及學費匯款的留法教師。例如，1929 年 1 月，除彙給黃國祐二十九人十二月份津貼費共四千三百五十法郎、彙劉厚十二月份辦公費三百法郎外，還彙給張文甲十二月份學費六百一十法郎、吳康十二月份學費一千二百二十法郎。〔註251〕中山

〔註245〕　《事務管理處海外部辦事細則》，《國立中山大學日報》，1929 年 6 月 28 日。
〔註246〕　《郵寄海外書函摘要彙志》，《國立中山大學日報》，1928 年 2 月 26 日。
〔註247〕　《郵寄海外書函摘要彙志》，《國立中山大學日報》，1929 年 4 月 25 日。
〔註248〕　《郵寄海外書函彙志》，《國立中山大學日報》，1929 年 10 月 24 日。
〔註249〕　《郵寄海外書函摘要彙志》，《國立中山大學日報》，1930 年 3 月 26 日。
〔註250〕　《郵寄海外書函彙志》，《國立中山大學日報》，1930 年 4 月 9 日。
〔註251〕　《郵寄海外書函摘要彙志》，《國立中山大學日報》，1929 年 1 月 23 日。

大學經費由財政部廣東特派員公署在國稅項下按月撥給，受省軍費緊張及紙幣風潮的影響，學校經費有時會被拖欠。1927 年底，中山大學留歐學生學費支付困難以至積欠數月。次年初，留法教授吳康自海外催發匯款。中山大學函覆，因紙幣低折及代發債券的影響，學校經費支付極度困難，個人學費及津貼將陸續補彙。1934 年 1 月份，中山大學經費積欠達五十餘萬元，乃至各教職員 1933 年 11 月份的薪金尚未清發。〔註 252〕介於這樣經費緊張的情況，留法學生的經費拖欠也是在所難免的了。〔註 253〕

（三）有關里昂中法大學廣東學生的其它狀況

　　里昂中法大學裏設立了專門的國民黨黨支部，負責管理黨員事務。1927 年，中國國民黨駐法總支部執行委員李星輝及里昂支部常務委員彭襄認為，里昂留學中法大學公費生龍詹興、謝清、彭師勤、顏繼金是共產黨員，請求中大停止其留法公費。8 月，中山大學決定開除這四名學生的學籍，並停止供給他們留學費用。〔註 254〕10 月，四名學生為自己訴辯稱，他們始終信仰三民主義，絕對不是共產黨員，希望學校徹底清查並恢復學籍。於是中山大學請中法大學協會會長駐法總支部執行委員會及劉厚秘書對這四人行為進行查證。〔註 255〕直到 1929 年 4 月，經中國國民黨駐法總支部黨務指導員證明，龍詹興、顏繼金「確係本黨忠實黨員」，彭師勤也不是共產黨員，才准予恢復他們的學籍，並留校察看半年。〔註 256〕1930 年 6 月，鑒於彭師勤自恢復學籍後一年以來刻苦學習，行為規範，中山大學准予彙發該生四、五兩個月學費及津貼費共一千三百二十法郎。〔註 257〕類似的事情還發生在 1935 年 10 月，駐法總支部組織幹事兼巴黎支部常委陳責被人攻擊，以致廣西省政府停彙其學費，該支部常務委員陳傑證明該同志努力求學，對黨忠誠，工作不懈，請鄒魯致函廣西省府各委員早日恢復他的學費。〔註 258〕

　　里昂中法大學的學生還舉行紀念孫中山的活動。1927 年，中山大學海

〔註 252〕　《本校經費積欠至五十餘萬元》，《國立中山大學日報》，1934 年 2 月 2 日。
〔註 253〕　《留學各費緩期補彙》，《國立中山大學日報》，1928 年 3 月 11 日。
〔註 254〕　《開除留法公費生共產分子學籍》，《國立中山大學日報》，1927 年 8 月 25 日。
〔註 255〕　《函查留法公費生龍詹興等行動實情》，《國立中山大學日報》，1927 年 10 月
　　　　　17 日。
〔註 256〕　《恢復海外四生學籍》，《國立中山大學日報》，1929 年 4 月 19 日。
〔註 257〕　《郵寄海外書函彙志》，《國立中山大學日報》，1930 年 6 月 27 日。
〔註 258〕　《中山大學 關於到法國留學的通知及赴法留學生名單（1927～1931）》，廣東
　　　　　省檔案館，檔案號 20－2－420。

外部同學舉行孫總理逝世兩週年紀念，在里昂中法大學大禮堂開紀念會，請中外來賓赴會以作宣傳。「本校海外部同學會爲追念元勳，益加策勵，以求完成革命未竟之功，及他總理四十年的奮鬥精神，與其至大至剛的學說，傳至異域，使歐西社會革命者，亦得領受遺教」。大會先讀總理遺囑，再向國旗、黨旗及總理遺像行三鞠躬禮，然後由主席宣佈開會理由，揭發帝國主義假國際聯盟之名暗中壓迫弱小民族，中國人應共同努力打倒帝國主義。〔註259〕1930年的國慶，照例開會招待里昂各界人士，並在校內開了三天的國書展覽會。〔註260〕

　　中山大學畢業生或教師自費赴法，同樣也可受到中法大學協會的接待。1927年，1名在法自費留學生呈請補助留法膳宿費，中山大學函請中法校長給予他本部生待遇。〔註261〕1928年，4名經濟系畢業自費赴法，申請入里昂中法大學並擬寄宿校內，中山大學請中法協會負責接洽指導。〔註262〕中山大學只介紹畢業於本校的學生赴里昂大學留學，對非本校學生則不予接待。1927年，廣東留法學生林樹繡申請補入里昂中法大學海外部，因不是本校畢業生而被拒絕。〔註263〕

　　廣東教育界也極力加強中法間的教育交流。1932年12月，廣東省教育界組織中法教育會，請中法文化基金會及廣東省政府政府補助經費，以開辦中法學校，推廣中法文化事業，使中國南部的中法文化交流與北部均衡發展。他們倡導由中法文化基金委員會與廣東省政府共同資助組織中法教育會，並設立中法學校。這些致力於促進中法教育交流的廣東教育界人士大部份是留法歸國人員。〔註264〕

　　綜上，里昂中法大學與廣東的關係源於廣東軍政府時期，其後因政局不穩，軍政府之後的留法廣東學生便很快陷入經濟困境。廣東大學及中山

〔註259〕《本校海外部同學舉行孫總理二週年紀念》，《國立中山大學日報》，1927年5月12日。

〔註260〕《郵寄海外書函彙志》，《國立中山大學日報》，1930年11月19日。

〔註261〕《中山大學 關於到法國留學的通知及赴法留學生名單（1927～1931）》，廣東省檔案館，檔案號20－2－420。

〔註262〕《留法學生聯袂航行》，《國立中山大學日報》，1928年8月16日。

〔註263〕《中山大學 關於到法國留學的通知及赴法留學生名單（1927～1931）》，廣東省檔案館，檔案號20－2－420。

〔註264〕《本省教育界發起促進中法文化事業》，《廣州民國日報》，1932年12月28日。

大學負責資送留法里昂學生後，情況有所好轉。雖然教育界認識到派遣留學生的重要性，但介於教育對政治的依賴性，一旦政局不穩，教育經費便被拖欠，這也是無可奈何的事情。反觀北京中法大學，因為該校設立有完備的留法預備體系，小學、中學、大學自成一套，且有固定的經費來源，支持它的全國教育界人士也較多，故它能持續地往里昂中法大學輸送留學人才。即便是這樣，廣東籍學生在這所在法國里昂設立的中國大學內的人數是最多的。

二、南京國民政府時期廣東留德學生

出於對德國學術的追求，廣東也很注重與德國的教育交流。1927 年，中山大學還到柏林大學聘請了三名德國教授。〔註 265〕特別是在二十年代後期，朱家驊執掌中山大學，將中山大學醫學院全面「德國化」〔註 266〕，先後聘請了趙士卿、翁之龍等多名留德學者擔任醫學院教授。1930 年 8 月，中山大學派助教兼林場技師齊敬鑫赴德國大學研究林學。〔註 267〕1932 年 5 月，中山大學地理系得到德國柏林地理學會贈送的該會 1902 年起至 1919 年出版的地理學雜誌。〔註 268〕

三十年代開始，洪堡基金會開始資助中國學人留學德國，但人數很少，僅有 35 名。受政治影響，1943 年以後沒人再獲得此項資助。獲得此項資助廣東學生包括：常慕詩（音），1935 年 1 月獲資助赴德國漢堡大學兒童醫院研究，專業是兒科學，歸國後在廣州醫學院工作。陳安良，1937 年 1 月受資助赴德國威茨堡大學醫學院研究，專業是普通衛生學。〔註 269〕

1932 年，柏林德國高等教育互助會為獎勵研究學術及溝通中德文化，決定補助一名中山大學法科或醫科專業畢業的學生赴德留學。於是中大決定從獲學士或碩士學位並通曉德語的的法律、經濟學或醫科畢業生中考送學生赴德國留學。1 月，中山大學校長許崇清發出布告，要求符合條件的法科、醫科

〔註 265〕《中山大學聘請德國教授消息》，《廣州民國日報》，1927 年 2 月 8 日。

〔註 266〕黃福慶，近代中國高等教育研究：國立中山大學（1924～1937），臺北：「中央研究院」近代史研究所，1988 年，第 141 頁。

〔註 267〕《派員隨赴德國研究林學》，《國立中山大學日報》，1930 年 8 月 14 日。

〔註 268〕《德國柏林地理學會贈送本校地理系圖書》，《國立中山大學日報》，1932 年 5 月 21 日。

〔註 269〕田正平：《中外教育交流史》，廣州：廣東教育出版社，2004 年，第 711 頁。

畢業生於 2 月 5 日以前報名考選。〔註 270〕經校長布告後，只有一人報名應考，而這名學生還缺考。後經與德國方面商議，准予醫學院助教羅榮勳、李挺二人報名。從中選出最優勝者李挺赴德，李挺還曾在日本留學三年。〔註 271〕10月，李挺獲取資助後抵達德國。〔註 272〕

抵德後，李挺進入柏林霍赫研究所血清學部工作。在霍赫研究所的各國人都有，但只有李挺一名中國人。原來打算在霍赫研究所研究一年，後來覺得時間有限，且柏林生活費用很高，他便在幾個月後離開柏林到漢堡，研究對將來工作極其重要的熱帶病。漢堡是德國第一大港，傳染病尤其是熱帶病容易從別的地方蔓延到這裡來，所以德國政府特地在這裡組織了一所完善的海港檢疫所，並於 1901 年建立熱帶病院，聘請世界著名的熱帶病學者主持。李挺到漢堡去的目的，除了研究熱帶病外，還想去參觀海港檢疫的設施。當時熱帶病研究院院長廢勒保氏為前任中山大學醫學院院長古底克先生的好友，所以李挺很容易進入了熱帶病研究院。〔註 273〕

雖然要做許多動物實驗及三四千個標本，但研究所內一切研究材料應有盡有，經過刻苦努力後，李挺的博士論文進行非常順利。在他離開熱帶病研究院的時候，有許多新聞記者來採訪，要他發表對德國的印象說。這些記者以為他是一名日本學者，報告說這個日本學者在熱帶病研究院怎樣努力，做了什麼學術工作。當這些報告登出來以後，李挺已離開漢堡，回國後經友人告知，才知道國籍給人改過了。他感歎地說，可見德國人心目中，只有日本人，沒有中國人，他們認為比較努力的人就是日本人，不會詳細地問這個人的國籍。有些人甚至以為穿的比較整齊的、舉動比較漂亮的就是日本人。這固然是因為他們特別勢利的緣故，但中國人自己不長進、不爭氣，也要負相當的責任。〔註 274〕

此後還陸續有赴德留學的教師。1933 年，1 名生物系助教派赴德國柏林博物館研究植物標本材料鑒定。〔註 275〕1934 年，兩廣地質調查所 1 名教師受

〔註 270〕 《中大定期考送畢業生赴德留學》，《廣州民國日報》，1932 年 1 月 24 日。
〔註 271〕 《德國教育互助會助送中大留德生二名 定十日前在中大舉行口試》，《廣州民國日報》，1932 年 4 月 1 日；《函醫學會解釋考選留德學生經過》，《國立中山大學日報》，1932 年 5 月 2 日。
〔註 272〕 《醫學院留德助教李挺君近訊》，《國立中山大學日報》，1933 年 2 月 17 日。
〔註 273〕 《我在歐留學的經過》，《國立中山大學日報》，1934 年 6 月 22 日。
〔註 274〕 《我在歐留學的經過》，《國立中山大學日報》，1934 年 6 月 22 日。
〔註 275〕 《中大生物系派員赴德研究職務標本》，《廣州民國日報》，1933 年 12 月 23 日。

中華教育文化基金會贊助赴德留學研究地質學。〔註276〕1935年，2名醫學院助教經核准赴德留學，由學校按月支給學費二百一十元，留學期定為一年，後奉准延長一年，二人留學回國後均受聘為醫學院副教授。〔註277〕

留學生赴德後的學業並非一帆風順。1935年4月，德國駐廣州總領事特意提醒赴德國學習機械科的學生，德國各大學規定製造科學生在畢業考試前須在工廠實習十二個月，然後才能獲得畢業證書。而德國各校機械科學生欲實習者為數甚多，適於實習的工廠數量有限，如果中國學生欲往德國學習製造機械，最好先在本國工廠實習，得有證明後再赴德。倘若欲在德國實習者，則宜於入境前向各工科大學實習所提前申請。〔註278〕

中山大學留德師生還成立了留德同學會，以增進彼此間的聯絡。1937年12月，中山大學留德同學會在柏林舉行全體會員大會改選第三屆幹事，吳印禪、羅耀明當選第三屆正、副幹事，陳伯齊為候補幹事。〔註279〕

除了一般的師生留學外，1936年，國立中山大學校長鄒魯等人也赴歐美各國考察教育，並出席海德堡大學五百五十周紀念大會，鄒魯獲贈海德堡大學法學名譽博士學位。他們一行人對德國作為工業發達國家的生活很是感慨，「一入其境即無處不覺其為工業化，亦無處不覺其機械化，如街上所見為汽車、軍車，固不用說，即以電話機而論，街頭路角，隨處設備，但皆為自動裝置，不須管理，用電話者，只將十分尼（德輔幣約值大洋一毫）置入一定之孔隙，即可應用，又如日常應用者，如車票、報紙、煙仔，甚至飯菜，皆有自動機之裝置，陳設於店前，或路旁，任人自動選擇，自動置相當之錢，即得價值若干之物，蓋德國政府，規定每日營業時間，只由上午七時起至下午七時止，過此時間，營業者須受重罰，有此等自動機售賣日常用品，亦足以濟其窮矣，德國普通生活程度甚高，尤以德京柏林為最」。〔註280〕

廣東留德學生並不算多，專業也側重於理工科。1936年8月，上海寰球

〔註276〕　《本校兩廣地質調查所樂技正奉派赴德留學》，《國立中山大學日報》，1934年4月17日。

〔註277〕　《中大教師出國留學、調查、加薪、津貼、購置設備、省通志館經費等文書材料》，廣東省檔案館，檔案號20-1-208。

〔註278〕　《學生赴德國習機械科者注意》，《廣州民國日報》，1935年4月4日。

〔註279〕　《本校留德同學會改選第三屆幹事》，《國立中山大學日報》，1937年12月2日。

〔註280〕　《蕭冠英函告　在德國之近況》，《廣州民國日報》，1936年8月17日；《德國漢特堡大學授　鄒魯名譽法學博士》，《廣州民國日報》，1936年7月7日。

中國學生會統計全國最近一年留德學生共 98 人，其中廣東 7 人，學習科目爲化學、地質、醫科、航空測量、土木工程。〔註 281〕

　　抗日戰爭是留德教育由勝而衰的轉折點，不少留德學生輟學歸國，赴德者廖廖無幾。德國發動二戰後，赴德留學完全終止，當時滯留德國的中國留學生約 200 餘人。〔註 282〕抗戰爆發後，根據南京國民政府的限制留學生方案，在外國留學三年以上的學生一律於 1938 年 9 月以前回國，有特殊成績確需繼續在國外研究或其所習學科爲軍工各科、軍事國防者經肄業學校及駐外各大公使館證明後得予通融延長。1938 年 7 月，廣東留德學生陳伯齊呈請延長留學時間並請廣東省教育廳繼續發給公費。陳伯齊的呈請理由爲：（1）在柏林工業大學已經學習七個學期，按學校規定在第八學期之後仍需三、四個月時間完成畢業製作，此後便可參加學位考試，離畢業時間尚差一年，若輟學歸國將導致功虧一簣。（2）所學科目爲土木工程學系的建築科，將來可從事防空建築研究如地下防空洞、防空壕、兵營與機場等關於都市防控設計的隱蔽工事。9 月，教育部令廣東省教育廳審查陳伯齊呈請延期歸國案。〔註 283〕12 月，廣東省教育廳向教育部呈複調查結果：陳柏齊原是廣東省留日東京工業大學公費生，1933 年因參加愛國運動被日本拘禁並勒迫回國，後來據留日省費各校學友聯合會呈請並經呈奉廣東省政府核准改派赴德留學，每月發給津貼國幣二百元，留學期限爲三年，該生 1935 年進柏林大學，至 1937 年 9 月留學期滿。1937 年 7 月，該生以柏林大學入學須學習及實習共五年才能畢業，呈請准予延長留學期限二年，並附有駐德大使館及學校證明書，與限制留學暫行辦法第三條規定相符，准予延期。〔註 284〕1939 年 2 月，教育部批准留德公費生陳伯齊延期回國，「准如該廳所擬辦理」。〔註 285〕

〔註 281〕　《最近一年留德學生調查　自費者八十八人　公費生僅有十人》，《廣州民國日報》，1936 年 8 月 14 日。

〔註 282〕　國民政府行政院檔案，中國第二歷史檔案館藏一（1）－393。轉自王奇生：《中國留學生的歷史軌跡》，湖北教育出版社，1992 年，第 84 頁。

〔註 283〕　《教育部令廣東省教育廳該省公費生陳伯齊呈請准予延期歸國案應審查加具意見查覆核辦（民國二十七年九月十三日）》，林清芬：《抗戰時期我國留學教育史料——各省考選留學生（一）》，臺北：國史館，1994 年，第 98～100 頁。

〔註 284〕　《廣東省教育廳呈覆教育部奉部令發留德公費生陳伯齊請准予延期歸國原呈及附件請審查加具意見等情（民國二十七年十二月三十一日）》，林清芬：《抗戰時期我國留學教育史料——各省考選留學生（一）》，臺北：國史館，1994 年，第 105～106 頁。

〔註 285〕　《教育部令廣東省教育廳關於該省留德公費生陳伯齊情延長留學期限案（民國二十八年二月二日）》，林清芬：《抗戰時期我國留學教育史料——各省考選留學生（一）》，臺北：國史館，1994 年，第 107 頁。

　　廣州失陷後，留德學生學費只領至 1938 年 8 月份，之後的生活費及學費難以維持。1939 年 2 月初，廣東教育廳才將 1938 年 9 月份至 12 月份學費發出。因交通阻隔，1939 年 3 月開始將學費轉彙至香港。〔註 286〕

三、南京國民政府時期廣東留英學生

　　南京國民政府時期的中國留英學生，大部份在倫敦，而倫敦的中國學生又大約分爲三派：北方派、南方派、華僑派。北方派包含北方各省來的學生，南方派多數來自廣東，而華僑派則大半是南洋各英屬華僑的子弟。這三派的學生大都各行其是，互不來往，平時缺乏共同合作的精神。大概是由於「我國的方言太複雜了，普通的說，北方學生說的是國語，南方學生說的是廣東話，而華僑派的學生說的又另是一種混合的土語。因此他們見面接洽，要藉重英語來傳達意見；一切表情自不免要受一層的隔膜，而間接影響到他們的交情了」。〔註 287〕廣東自費留英學生潘紹棠，在倫敦與水手苦工爲伍，不辭辛苦，組織華工商會，「以代人覓工，改良惡習爲務」。他爲維護華僑利益不遺餘力，雖受駐法公使施肇基阻撓，仍堅持不懈。〔註 288〕

　　愛丁堡大學也是中國學生集中的地方。1930 年，中國留英學生有 60 多名，「其中來自西印度同南洋群島的華僑佔有半數，廣東學生佔有十名左右，別省約二十人。華僑和廣東學生多讀醫科，別省學生多攻商科，文科有三人，法科一人而已。」〔註 289〕

　　廣東留英學生中不乏海軍學員。1929 年 11 月，南京國民政府海軍部派遣了二十名海軍生到英國留學，其中包括原任廣東艦隊副官陳香圃和原任魚雷艦副長的鄧兆祥，這是國民政府第一次派遣海軍留學生。1935 年 4 月，海軍部特派廣東江防司令部上尉副官鄧萃功和第一魚雷艦艦長鄭民光赴英學習海軍，時間爲半年。經駐英大使郭泰祺與英當局商洽，確定了二人的學習安排：「1 槍炮科五月十七至八月四日在 Devonport 軍港皇家槍炮學校。2 魚雷及水雷科八月十六日至十二月三日在 Devonport 軍港 H.M.S.Deflance 軍艦上。3 潛

〔註 286〕　《廣東省公費留德生陳伯齊呈教育部爲請發給外匯證以維在德生活及學業
　　　　　（民國二十八年四月四日）》，林清芬：《抗戰時期我國留學教育史料——各省
　　　　　考選留學生（一）》，臺北：國史館，1994 年，第 162～164 頁。
〔註 287〕　《留英雜感》，《留英學報》，1929 年第 4 期。
〔註 288〕　《記事》，《旅歐雜誌》，第 9 期。
〔註 289〕　《愛丁堡大學》，《留英學報》，1930 年第 6 期。

水艇科十二月六日至九日在 Fort Blockhouse 炮臺附近 Gosport（軍港）
H.M.S.Deflance 軍艦上」。〔註 290〕

　　此外，受庚款留美的啓示，英國於 1930 年與南京國民政府換文，以中英
庚款息金的 15% 舉辦庚款留英事宜，從 1933 年到 1947 年共選派 9 屆 193 人
赴英留學。中英庚款留學生學科側重於理工農醫類。據汪一駒對庚款留英學
生省籍的研究：「廿二年至廿六年庚款留英，蘇浙粵合計占總數百分之五十七
點一」。〔註 291〕在對已知 166 名庚款留英學生的統計中，來自江蘇、浙江、廣
東、福建的人數分別是 58 人、30 人、18 人、13 人，其餘省份的學生人數不
及 10 人。〔註 292〕廣東、福建等地區與外洋接觸較早，留學教育開展得最早。
江蘇、浙江地區則在經濟上逐漸成爲中國經濟最發達的區域，整體的教育文
化水平也較高，良好的教育環境吸引了全國各地優秀的學生到這裡學習，使
得這些地區的留學教育後來居上。

　　受戰爭影響，留英學生的經費也一度困難。1938 年 10 月，廣州失陷，廣
東留英學生經費告絕，經濟極度困難。1939 年 1 月，廣東省第三屆公費留英
學生盧森建懇請教育部准予在香港中國銀行購買外匯英金八十鎊。〔註 293〕2
月，教育部函覆，該生係廣東省留英公費生，不得自請購外匯。嗣後如有留
英學生請購外匯，請填寫留學生購買外匯申請書，由駐英大使館轉核本部核
辦，並令廣東省教育廳迅速匯寄該生留學費用。〔註 294〕4 月，廣東省教育廳
許崇清呈覆教育部，盧森建本年六月底以前留學費用，已先後交由廣東省銀
行彙發。〔註 295〕

　　總的來講，廣東留英的學生不是很多。1936 年，廣東省只有 6 名留英學

〔註 290〕《海軍公報》，第 96 期，1937 年 9 月。

〔註 291〕汪一駒：《中國知識分子與西方──留學生與近代中國（1872～1949）》，臺灣：
　　　　楓城出版社，1978 年，第 161 頁。

〔註 292〕劉曉琴：《中英庚款留學生研究》，《南開學報》，2000 年第 5 期。

〔註 293〕《駐利物浦領事官函教育部檢送留英生盧森建請外匯原呈請核辦（民國二十
　　　　八年一月二十七日）》，林清芬：《抗戰時期我國留學教育史料──各省考選留
　　　　學生（一）》，臺北：國史館，1994 年，第 158～159 頁。

〔註 294〕《教育部函駐利物浦領事館關於留英學生盧森建請購外匯（民國二十八年二
　　　　月二十七日）》，林清芬：《抗戰時期我國留學教育史料──各省考選留學生
　　　　（一）》，臺北：國史館，1994 年，第 160～161 頁。

〔註 295〕《廣東省教育廳呈覆教育部留英公費生盧森建學費已彙至二十八年六月底
　　　　（民國二十八年四月二十九日）》，林清芬：《抗戰時期我國留學教育史料──
　　　　各省考選留學生（一）》，臺北：國史館，1994 年，第 169 頁。

生，分別學習政治學、國際法、醫學、經濟學、物理學。〔註296〕廣東留英學生留學歸國後仍回本省謀職，又均集中於廣州，職業選擇主要是銀行業、學界和政界等。〔註297〕

小　結

　　在 1928 年至 1949 年的二十年間，受國內國際形勢變化的影響，南京國民政府對留學教育不斷進行調整。這一時期的留學政策基本上以 1933 年的《國外留學規程》為指導，逐步加強了中央對留學教育的管理和控制。留學生派遣初期以省派為主，但須教育部復試。抗戰爆發後留學教育進入停滯狀態。抗日戰爭後期及戰後又取消了省派留學生的辦法，改歸教育部統一選派。

　　廣東這一時期的留學教育狀況，基本上符合全國留學教育變化的趨勢。但作為地方省份，選派留學生具有較大的自主性，特別是陳濟棠時期廣東的半獨立狀態，使廣東的留學教育也具有一些屬於自己的特點。三十年代初期，廣東省制定了新的建設計劃，急需專門的技術人才，於是當局者把目光投到國外，舉辦留學考試，選送學生出國學習以滿足本省的建設需要。因而，這一時期對留學生資格、學習專業及回國服務年限都有了明確的規定，實業科留學佔據主導地位。三十年代的廣東留學生往往不需要到教育部領取留學證書，而只需領取西南政務委員會發放的留學證書便可順利留學。

　　抗日戰爭爆發後，廣東留學生經費無著，經濟陷入困境。根據南京國民政府的限制留學條例，大部份學生選擇了回國，少數繼續在國外學習。抗戰後期，留學教育開始恢復，但所有的留學人員均須中央統一考選，廣東省作為一個地方政權喪失了派遣留學生的權力。

〔註296〕《最近一年留英學生調查　統計一百零七人　自費生計七十八人》，《廣州民國日報》，1936 年 8 月 20 日。
〔註297〕劉曉琴：《中國近代留英教育史》，天津：南開大學出版社，2005 年，第 415 頁。

結　語

　　晚清民國時期廣東留學教育經歷了一個從無序到有序、從不規範到逐漸規範並漸呈體系的探索過程。縱觀其演變軌跡，可以管窺近代中國留學教育發展變化的幾個階段。

　　第一階段是 19 世紀 70 年代至 19 世紀末，這是中國留學教育的發軔期。這一時期的留學生主要包括 120 名留美幼童和 80 餘名留歐海軍學生，以學習西方科技、製造為主。

　　第二階段是 20 世紀初期。清政府鼓勵向海外尋求救國之路，爆發了留日熱潮。這一時期的留日學生政治參與意識強，所習專業集中於政治、經濟、法律等科目。

　　第三階段是 20 世紀 20、30 年代，留日、留美、留歐均有發展。主要包括庚款留美熱潮、五四時期留法熱潮及二十年代留蘇熱潮。30 年代以來，中國留學教育進入一個比較成熟的階段。國內新式教育的發展使出國前學生的文化程度有了很大提高，學生出國後多數能直接到外國的大學研究，並獲得相應的專業學位，學成歸國後多數進入高校及科研機構從事專業研究。

　　第四階段是抗日戰爭時期及戰後恢復時期。抗戰爆發後，中國的留學教育進入戰時狀態，許多國外留學生選擇回國，少數滯留海外。抗戰後期，留學教育開始緩慢復蘇。抗戰勝利後，鑒於美國經濟的恢復及中美親密的關係，大批學子負笈美國，爆發了留美熱潮。

　　留學教育不是孤立的社會現象，它來自社會的需要，同時又反作用於社會，影響社會的發展。自清末至二十世紀三四十年代，派遣留學生一直被視為國家求存圖強的重要途徑，政府和社會予留學教育以厚望。留學教育促進

了中西文化交流及教育觀念更新，推動了學術、學科的發展，造就了高層次的創造人才。

留學生成為新時代的弄潮兒，他們最直接地領略了歐風美雨的洗禮，其中許多人是當時先進知識傳播的信息載體。在近代中國由封閉走向開放的歷史過程中，留學生在各個領域都做出了傑出的貢獻。以教育體系為例，近代中國新式高等教育的發展及教育體制的演進和形成，幾乎都與留學生的活動有關。

一、留學生對廣東近代教育、文化發展的影響

（一）留學生是高等教育教學、科研的重要力量

留學教育造就了大批優秀教育人才，他們成為近代廣東高等教育的重要師資來源。不少歸國留學生在學術造詣、科研能力、思想方法上獨具特色，開拓了高校學科建設的發展道路。許多留學生回國後擔任廣東各高校校長、教師以及教育機構中的官員，如林士諤、林雲陔、趙善歡、鍾榮光、謝申、簡浩然、譚卓垣、丁穎、馬采、鄒魯、林礪儒、范其務、馮鋼百、胡根天、吳康、吳尚時、張雲、鄭彥棻、崔載陽、謝鴻等人，為廣東高等教育的發展輸入了新鮮的教育理論與實踐。正如舒新城在二十年代所說，「高等教育界之人員亦十分之九以上……高等以上學校之科學教師，更無一非留學生。」[註1]據統計，1921年，廣東全省70所中學校長中，有10名是國外大學畢業生。[註2]1924年，廣東省中等學校校長中，國外大學本、專科畢業生占19.67%；廣東各縣市教育局長中，國外大學本、專科畢業生佔了9.28%。[註3]此外，民國時期廣東省政府主要教育行政長官大部份有留學經歷，如葉夏聲、吳鼎新、陳獨秀、許崇清、金曾澄、黃麟書、姚寶猷曾留學日本，鍾榮光曾留學美國，謝瀛洲和張建分別留學法國和德國。

不少留學生在國外大學刻苦鑽研，回國後對中國的學科建設做出了不可估量的貢獻。中山大學農學院教授趙善歡是著名的昆蟲學家、中國科學院院士。他是廣東高要人，中學畢業後進入中山大學農學院學習。1933年8月，

[註1] 舒新城：《近代中國留學史》，上海：上海文化出版社，1989年，第212～213頁。

[註2] 《廣東省教育會雜誌》，第一卷第一號。

[註3] 廣東省教育廳：《廣東省教育廳旬刊》，第六期。

從農業專門部畢業後，留校擔任昆蟲學助教。1935 年，他以優異的成績考入美國俄勒岡農業大學。1936 年 9 月，他轉入康乃爾大學研究院深造。在國外的大學裏，趙善歡對知識的渴求簡直到達了廢寢忘食的境界。他利用大學裏先進的儀器設備條件和浩如煙海的文獻資料，忘我地研究和學習，取得了碩士和博士學位。他的博士論文《惰性物質的毒理及其對昆蟲作用研究》，在美國有影響的學術刊物上發表，許多教授對他評價頗高。1939 年 8 月，趙善歡學成歸國。回國後，他對西南地區的殺蟲植物資源進行調查、採集和研究，先後寫成《雲南澄江蠶豆田的昆蟲相》《植物性殺蟲研究》等多篇論文，奠定我國植物質殺蟲劑研究的基礎。他提出的「昆蟲田間毒理學」觀點，把生態學和昆蟲學二者緊密地結合起來，爲新型無公害農藥的研發開闢了廣闊的道路。趙善歡爲我國農業昆蟲學、殺蟲藥劑及昆蟲毒理學的發展作出了卓著的貢獻。〔註4〕

　　中山大學農學院的丁穎教授同樣爲我國農業的發展做出了傑出的貢獻。1910 年，他在高州中學畢業，考取國立廣東高等師範學校博物科。1912 年以優異的成績考取了公費留學日本資格。1912 年 9 月至 1914 年 6 月，他在日本東京第一高等學校預科學習。1914 年 9 月，轉入第五高等學校學習。1919 年6 月，由於日本軍警對中國留日學生遊行請願行爲的血腥鎮壓，他憤然回國。1921 年，33 歲的丁穎再次考取日本東京帝國大學農學部。1924 年 4 月，他學成歸國，在廣東公立農業專門學校（後來的廣東大學農科學院）任教。他先後撰寫了《考察臺灣改良稻作事業紀要》《改良廣東稻作計劃書》《救荒辦法意見書》《廣東野生稻及由野生稻育成之新種》《廣東稻作改良及將來糧食自給之可能性》《廣東野生稻不實現象之觀察》《鹼性沙團水稻耕做法之研究》《中大農學院最近育成的千粒穩》《中國稻作之起源》等五十多篇文章，論述了廣東稻作生產急切需要解決的問題，對當時水稻生產和科學研究產生深刻的影響。丁穎教授爲我國的農業科學和教育事業作出了卓越的貢獻。〔註5〕

　　中國最早的公立美術學校——廣州市立美術學校的創辦和發展也離不開留洋學生的努力。1922 年，西洋畫家馮鋼百從美國學成回國後，籌備成立了

〔註 4〕　孫殿義、盧盛魁主編：《院士成才啓示錄（上冊）》，廣州：廣東科技出版社，
　　　　　2003 年，第 57～60 頁；金善寶：《中國現代農學家傳 第一卷》，長沙：湖南
　　　　　科學技術出版社，1985 年，第 499～502 頁。
〔註 5〕　莊秋興：《優秀農業科學家丁穎》，《廣東文史資料》，第 35 輯，第 131 頁。

廣州市立美術學校。校長由留日歸國的許崇清兼任，東京美術學校畢業的胡根天任教務主任兼繪畫和美術史教師，馮鋼百任總務主任兼繪畫教師。1923年以後，該校陸續聘請從墨西哥美術學校畢業的趙雅庭及從日本東京學畫畢業回來的關良、陳士潔、譚華牧、何三峰等人擔任繪畫、人體解剖學、透視學和色彩學等學科的教師。〔註6〕這些留學生對美術界人才的培養貢獻頗大。

（二）留學生介紹和引進了西方教育理論、方法和制度，推動了新學制的建立

歸國留學生為了探討中國教育的出路，積極創辦教育刊物和教育研究社團，介紹和引進西方教育思想、教育制度和教育模式，拓寬了中國教育界的視野，為中國現代教育的發展提供了有益的借鑒。

國立中山大學教育學研究所是中國近代第一個專門的教育科學研究機構。它的創辦和發展離不開留學生的貢獻。1927年，為了系統深入地研究教育學科，留美哲學博士、國立中山大學教師莊澤宣建議在中大首先創設一個專門的教育研究機構。次年，國立中山大學教育學研究所成立，莊澤宣擔任主任的職務。教研所創刊出版了《教育研究》雜誌，該雜誌分教育通論、心理科學、各國教育、教育行政、普通教育、專門教育、社會教育、學校行政、課程教法、各科教育等 10 大類，「所有稿件均以富有研究性質，或可供研究之材料為限」。〔註7〕1933年8月，留學法國里昂大學的崔載陽繼任教研所主任。抗戰爆發後，留學美國的尚仲衣擔任代主任。為適應戰時需要，他先後開展教育講座、成立教育社團、舉辦教育進修班和特種訓練班等。1939年5月，教研究所改名為師範研究所，崔載陽再次出任所主任兼教育學部主任。1945年抗戰勝利後，留學德國研究心理學的哲學博士郭一岑任所主任。教研所從開創到最初發展的很長一段時間，都是由留學歸國人員擔任所長的。此外，該所的研究人員中也有不少人是留學國外者。鍾魯齋、雷通群畢業於美國斯坦福大學並分別獲得了教育學博士學位和教育學碩士學位；羅廷光除了曾在美國斯坦福大學研究院攻讀教育史和教育行政外，還曾赴英國倫敦大學皇家學院研究教育學；汪敬熙獲美國霍普斯金大學心理學博士學位；還有林

〔註6〕 胡根天：《記全國最早一間公立美術學校的創立和發展過程的風波》，《廣州文史資料》，第 27 輯，第 143 頁。

〔註7〕 國立中山大學教育學研究所編：《國立中山大學研究所概覽》，1933 年，第 141頁。

礪儒、阮鏡清曾留學日本，等等。教育學研究所成爲民國時期中山大學辦的最好、影響力最大的研究所之一。〔註8〕

留學生還推動了 1922 年「壬戌學制」的制定。1921 年，第七屆全國教育聯合會在廣州召開，通過了以廣東省教育會提交的學制提案爲藍本的《學制系統草案》。廣東省教育會的學制系統研究會共有 70 餘名會員，其中 39 名負責具體條文的制定。這 39 人中，有程祖彝、廖奉恩、關恩佐、李應南、羅有節、鄧植儀、程天固、黃希聲、林雲陔、鄧月霞、陳宗岳等 12 人曾留學美國，楊永康、賣應端、汪兆銘、金章、胡漢民、廖仲愷、金曾澄、廖冰筠、許崇清、余超等 11 人留學日本。這些留美歸國生大都獲得了學士、碩士學位，不少人在美國哥倫比亞大學、芝加哥大學等教育學科著名的學校攻讀教育、心理學。留日歸國生則從速成科到研究院不等，多在教育行政機構及教育團體任職。〔註9〕

這些新學制的制定者，收集了有關各國學制的參考資料。日本學制當時正在國內進行改革，它已遭到美國著名教育家杜威的批評，且在「二十一條」之後已無人主張再學。而留學歐洲者甚少，對歐洲的學制很不熟悉。相比之下，此時美國的實用主義教育理論正風靡世界，有許多留美學生在廣東教育界從事教學工作。因此，新學制搜集的材料中關於美國學制的資料較多。廣州培英中學在留美校長關恩佐的領導下，於 1919 年就開始模仿歐美實行分科教學。獲哥倫比亞大學碩士學位、擔任執信中學校長的廖奉恩明確贊成美國的六年綜合制中學。李應南也著文專門介紹了美國的六三三學制。這些留美學生接受過現代教育系統的薰染，以美國教育作爲參照，對中國的舊學制進行全新的改造。1922 年的廣東草案獲得通過後推行至全國，六三三制一直沿用到今天。

（三）留學生促進了嶺南文化的變革和發展

嶺南文化是在與海外各種文化的交流碰撞中融彙昇華而發展形成的。嶺南地處中國南疆邊陲，較少受傳統文化束縛，對近代以來各種外來文化能兼容並蓄，並以探索、進取的精神不斷向前發展。

近代廣東繪畫的變革是在中西文化藝術交匯中形成並獲得發展的，是面

〔註 8〕周興樑、胡耿：《中國教育科學研究與人才培養的開拓者——國立中山大學教育研究所（1927～1949）探析》，《中山大學學報（社會科學版）》，2009 年第 2 期。

〔註 9〕李興韻：《美雨與中土：1922 年學制改革與廣東》，第 24 頁。

對西方文化挑戰的自我蛻變。「若就外來要素而論，先受日本的影響最大，後受法國的影響最大」。〔註10〕20 世紀的前 50 年，廣東留學日本學習美術的人數在全國留日學習美術的總人數中占首位。從 1905 年到 1947 年，東京日本美術學校註冊入學的中國留學生有 133 人，其中廣東學生 30 人，占 22.5%。〔註11〕廣東留日青年李東平、梁錫鴻、趙售、李仲生還是 1934 年在日本成立的「中華獨立美術協會」的骨幹人物。〔註12〕

　　嶺南畫壇最引人注目的「新派」畫家、嶺南畫派的創始人、「嶺南三傑」——高劍父、高奇峰和陳樹人都曾東渡日本留學，在留學期間獲得了變革中國畫的靈感。高劍父，1879 年出生於廣東番禺，14 歲拜清末嶺南著名畫家居廉（1828～1904）為師，學習中國繪畫的以線造型與勾、勒、用墨、賦色、渲染、烘託等藝術技法，為後來的繪畫創作打下堅實的基礎。1906 年，27 歲的高劍父在親友資助下東渡日本。翌年，他 18 歲的胞弟高奇峰亦東渡日本。高劍父在日本先後進入白馬畫會、太平洋畫會、水彩畫研究會研習西洋畫和日本畫。不久他考入東京帝國美術學院系統地學習西洋繪畫，很快掌握了西畫造型法則和「明暗法」、「透視學」、「解剖學」、「色彩學」等繪畫科學理論與方法。1908 年，高劍父在廣州西關倉頡廟舉辦了個人的第一個畫展，他「融合中西」的繪畫形式給沉悶的畫壇吹入一陣清新的風，被成為「新國畫」。爾後他又先後在南京、上海、杭州、香港、東京、神戶、橫濱、朝鮮等地舉辦畫展，把折衷中西、富有開拓精神的新國畫推向全國，並逐漸向世界介紹。「辛亥以前，以國畫家出國學習美術的，他是第一個；辛亥以後，在國外把個人作品開展覽會的，他又是第一個。」〔註13〕簡又文這樣評價嶺南畫派：「畫學自成一派，基於古畫，而兼東洋、西洋、印度、埃及、波斯各種美術之長，時人曾號其為『折衷派（eclecticism）。其實則為』新國畫，開紀元也。」〔註14〕1921 年，高劍父

〔註10〕 姜丹書：《我國五十年來藝術教育史料之一頁》，《姜丹書藝術雜著》，浙江教育出版社，1991 年，第 131 頁。

〔註11〕 吉田千鶴子著，劉曉路整理：《東京美術學校中國留日學生名簿》。轉引自：李偉銘：《圖像與歷史——20 世紀中國美術論稿》，北京：中國人民大學出版社，2005 年，第 3 頁。

〔註12〕 李偉銘：《圖像與歷史——20 世紀中國美術論稿》，北京：中國人民大學出版社，2005 年，第 12 頁。

〔註13〕 李偉銘：《圖像與歷史——20 世紀中國美術論稿》，北京：中國人民大學出版社，2005 年，第 130 頁。

〔註14〕 簡又文：《高劍父畫師苦學成名記》，《逸經》，第 6 期，1936 年。

主持了廣東省第一次美術展覽會。同年，高奇峰在廣州創設了「美學館」，並被聘爲嶺南大學教授。1926 年，高劍父創辦「佛山市立美術學院」並擔任院長，高氏兄弟還爲舉國矚目的中山紀念堂繪製了一批作品。此外，高劍父的「春睡畫院」招收愛好美術的青年學生，學員達到一百二十餘人，畫家方人定、關山月、黎雄才、黃少強、蘇臥農、李撫虹、葉永青、何磊、黃獨峰、司徒奇等都是春睡門人。〔註 15〕丘逢甲曾這樣稱讚高劍父和高奇峰：「嶺南今日論畫手，二高傑出高於時；渡海歸來筆尤變，丹青著手生瑰奇」。〔註 16〕

　　嶺南畫派「折中東西」繪畫思想的根源主要有兩個，一是居廉的繪畫思想對高劍父等人的影響。居廉的繪畫傳統經過「二高一陳」的改造，成爲嶺南畫派的重要內容。二是「二高一陳」的日本留學經歷。作爲嶺南畫派的開創者，高劍父、高奇峰和陳樹人曾多次赴日求學，日本的繪畫狀況及繪畫思想對他們有著重要的影響。此外，他們在日本也受到了在日活動的中國維新派和同盟會等革命家的影響。〔註 17〕

　　嶺南音樂人也較早地留學國外去學習西方的現代音樂，他們回國後致力於中國現代音樂的變革與發展。民國最早的國歌作者蕭友梅是廣東中山人，早年曾留學日本，辛亥革命後又赴德國留學，回國後被聘爲國歌研究會會員。他寫了不少愛國歌曲，還創立了北大音樂傳習所、國立音樂院、國立音樂專科學校等。

　　嶺南音樂界驕子冼星海於 1905 年出生於廣東番禺，1920 年入嶺南大學附中。1924 年考入嶺南大學文科，課餘學習小提琴，兼任學校樂隊指揮。1926 年開始，他在北京大學音樂傳習所、上海國立音樂學院學習小提琴、鋼琴及作曲理論。1929 年，他自費赴法留學，在巴黎半工半讀，師從小提琴家奧別多菲爾和作曲家加隆。他創作的女高音獨唱《風》受到巴黎音樂界讚賞，並因此考入巴黎音樂學院高級作曲班，在法國印象派作曲家杜卡的指導下學習作曲。留法期間，他常常在失業與飢餓狀態中，曾經做過各種各樣辛苦的工作，還到咖啡館、大餐館去演奏。冼星海很喜歡看法國國慶節和「貞德節」

〔註 15〕黃鴻儀：《現代中國畫名家研究論集》，北京：古吳軒出版社，1997 年，第 86～110 頁。

〔註 16〕丘逢甲：《二高行，贈劍父、奇峰兄弟》，丘晨波、黃志萍、李尚行等：《丘逢甲文集》，廣州：花城出版社，1994 年，第 217 頁。

〔註 17〕王嘉：《視野中的時代——20 世紀中國美術史考察》，哈爾濱：黑龍江美術出版社，2007 年，第 244 頁。

的大遊行，法國群眾愛護他們祖國的狂熱和法國國歌的悲壯，猛烈地打動了他。想到自己多難的祖國及幾年以來在巴黎的種種辛酸、無助、悲痛，他曾兩眼充滿淚水地回到家裏偷偷地哭起來。在悲痛裏，他把對祖國的感觸和生活中的痛楚用音樂寫下來，寫成《風》《遊子吟》《中國古詩》等作品。〔註 18〕1935 年，冼星海畢業回國後在上海參加抗日救亡活動，創作了《戰歌》《流民三千萬》《救國軍歌》《黃河之戀》《到敵人後方去》《在太行山上》等抗戰歌曲。1938 年，冼星海任魯迅藝術學院音樂系主任，創作了不朽的《黃河大合唱》。

　　著名的小提琴家、作曲家馬思聰也是嶺南音樂的傑出代表。1912 年 5 月，馬思聰出生於廣東海豐，6 歲入廣州培正中學附小讀書，7 歲自學風琴、口琴、月琴等，11 歲時隨大哥赴法國留學，在楓丹白露和南錫音樂學院進修小提琴。1928 年，他考入巴黎音樂學院奧別多菲爾提琴班，接受了規範的音樂教育。他是第一個考入巴黎音樂學院的中國學生。1929 年，馬思聰回國，先後在香港、廣州、南京、上海、臺北等地舉行獨奏音樂會，並應邀在廣東戲劇研究所附設的樂隊擔任指揮。1930 年，馬思聰再度赴法。1931 年回國。之後他和同樣有留法經歷的陳洪合辦了私立廣州音樂學院，該院設置了專科、選科及師範科，課程有鋼琴、提琴及聲樂等。作曲家林聲翕就曾在這所學校專修鋼琴。〔註 19〕此後，馬思聰還曾任南京中央大學藝術科講師，在各地舉行演奏會。抗日戰爭爆發後，他輾轉於西南各地，先後在廣州、香港創作並指揮抗戰歌曲合唱。1950 年，中央音樂學院建成，38 歲的馬思聰被任命為中央音樂學院首任院長。〔註 20〕馬思聰堅持從民間音樂中尋找創作靈感，力求以新鮮的和現代的音樂語言來構成開放的民族風格，這與他的嶺南文化背景是分不開的。

〔註 18〕 冼星海：《留學巴黎》，汪森、余炳天：《夜鶯之舞：中外音樂家散文隨筆選》，海口：海南出版社，第 276～280 頁。

〔註 19〕 梁茂春：《香港作曲家──三十至九十年代》，香港：三聯書店（香港）有限公司，1999 年，第 35 頁。

〔註 20〕 葉林：《為發展我國音樂藝術奮鬥終生的音樂大師馬思聰》，何釗、呂桓甲：《德藝雙馨的藝術院校名師》，北京：中國廣播電視出版社，2007 年，第 42 頁；孟維平：《神州樂話》（上冊），北京：中國大百科全書出版社，1998 年，第 146 頁；孟維平：《神州樂話》（下冊），北京：中國大百科全書出版社，1998 年，第 223 頁。

二、廣東留學教育的特點

（一）先天地理優勢

廣東省地處我國南部沿海，毗鄰港澳，南面與東南亞各個島國隔海相望，擁有廣闊的海域，大陸海岸線長達 4314 公里，約占全國大陸海岸線的四分之一，是全國大陸海岸線最長的省份。廣東是中國與世界交流的重要窗口。優越的地理環境是廣東省對外交流的最大優勢之一，也爲廣東人出國留學提供了極爲有利的地理條件。

廣東人較早地領略了西方的科技和知識，有著較開放的文化心理。梁啓超曾曰：「廣東人旅居國外者最多，皆見他邦國勢之強，政治之美，相形見絀，義憤自生」，故「廣東言西學最早，其民習於西人遊，故不惡之，亦不畏之」。〔註 21〕此外，廣東省自古就是中國海上貿易和移民出洋最早、最多的省份，廣東華僑眾多，且遍佈世界各地。正是憑藉著這樣的地理優勢，廣東留學教育首先步入了全國的先進行列，留學生總人數居全國前列。

（二）政治變革影響

先天的地理優勢，並不代表著一切。社會政治文化條件的制約以及全國教育佈局，同樣影響著廣東留學教育的發展。廣東留學教育有著曲折前進的發展歷程，一方面受國內政治大環境和留學政策的影響，一方面還受廣東特殊政治變革的推動。

20 世紀初期，受清末新政影響，中國留學教育以留日爲中心，留美、留英、留法、留德等各國的規模遠不能以留日相比。無論中央還是地方，都大力倡導留學日本。廣東政府有計劃地派遣了官紳、學生赴日考察及留學，還設立了專門的遊學預備館爲留學日本做準備。清末廣東留學日本的學生也遠遠多於廣東留學歐美國家的學生。

民國時期，廣東留學教育總是隨著社會的變革在曲折中不斷發展。五四新文化運動時期，中國留學界掀起了新的留學浪潮。爲了追求西方科技文化，在庚款留美的帶動下，中國赴美留學的學生增多了。在「勞工神聖」思想的指導下，大批中國青年赴法勤工儉學。國共合作時期，在政治革命的推動下，留學蘇俄也成爲革命青年的時尚選擇，莫斯科成爲當時學習革

〔註21〕梁啓超：《世界史上廣東之位置》，《飲冰室合集·文集》（第七冊），北京：中華書局，1932 年。

命理論與實踐的重要地方。里昂中法大學及莫斯科中山大學的建立，都反映了廣東作爲國民革命策源地的特點。二十年代後期開始，總理遺教、黨義等科目逐漸成爲廣東公費留法學生的考試內容，留學教育漸漸受到黨化影響。

進入三十年代，國內政局相對穩定，廣東在半獨立的狀態下致力於各方面的建設，留學教育也逐步規範化，考試始終是選拔留學生的主要手段。這一時期，廣東省爲了實現本省的建設計劃，舉辦了三屆留學生考試。留學考試嚴格、留學目標明確是這一時期廣東留學教育的基本特點。然而，日本侵華的暴行，打破了廣東的留學教育持續發展的狀態。

抗戰爆發後，留學生經費無著，經濟陷入困境，大部份選擇回國，少數繼續在國外學習。這一時期，廣東留學教育陷入停滯狀態。抗戰後期及抗戰勝利後，留學教育開始恢復，所有的留學人員均須中央統一考選，廣東省作爲一個地方政權喪失了派遣留學生的權力。

三、廣東留學各國學生的特點

（一）留學生出身

晚清新政之前，中國留學生無論是自費還是公費，大多出身貧寒。自費生多爲外國傳教士資助，或畢業於專爲貧寒子弟而設的教會學校。在靠科舉獲取功名的正統社會裏，即便是公費留學也對富家子沒有吸引力。

二十世紀初期，由於科舉廢除，出國留學成爲出人頭地的捷徑。而留學費用高昂，遠非一般家庭所能負擔。據二十世紀三十年代統計，一名留美學生每年所需費用相當於國內大學生每年所需費用的十二倍，一名留德學生每年所需費用相當於國內大學生每年所需費用的十一倍，一名留學英、法的學生每年所需費用相當於國內大學生每年所需費用的九倍，一名留日學生每年所需費用大約相當於國內大學生每年所需費用的三倍。〔註 22〕相對高昂的留學費用將許多家境貧寒的青年學子拒之門外。據稱，二十年代住在廣州、受過大學教育的中國留美學生，人數有 200 至 300 人，「他們都是廣州名門望族的子女」。〔註 23〕

〔註 22〕 《我國留學生出國留學之費用標準》，《申報》，1936 年 12 月 8 日。
〔註 23〕 （美）丹尼爾·雅各布斯：《鮑羅廷——斯大林派到中國的人》，北京：世界知識出版社，1989 年，第 139～140 頁。

　　廣東的留學生主要集中在華僑比較多的地區，如五邑地區的江門、臺山、新會等地，早期的華僑親屬爲家鄉人提供了國外最新的信息，使得留學生出國後有所依靠。此外，廣東留學生有較強的同鄉觀念，不大與他省的學生相往來，胡適很看不慣這種風格，將之評爲一種惡習，「留美之廣東學生每每自成一黨，不與他處人來往最是惡習」。〔註24〕

（二）留學目的

　　一般來講，按照出國留學的目的不同，留學生可以分成兩類：一類是以尋求救國救民的途徑爲宗旨、服務於中國社會變革需要的政治留學；一類是以學習西方技術文化爲目的、服務於中國經濟建設的學術留學。在特定歷史時期的留日、留法、留俄學生，被刻上了濃厚的政治色彩，而留學美國、英國、德國等歐美國家的留學生則大多數屬於學術留學的類型。

　　留日學生是南方革命黨人的重要力量，是反清的骨幹力量，爲中華民國的建立立下了汗馬功勞。許多學生爲了反清革命而奔赴日本留學。廣東梅縣古亮功在日本早稻田大學學習三年後，回到家鄉辦新學。後來，爲了革命需要到南洋，他在印尼各地向華僑宣傳推翻清朝建立共和的主張。〔註25〕在當時的反清革命運動中，省籍地域仍然是革命志士結合的重要基礎。早期同盟會時期，孫中山在廣東留學生中吸收了革命力量，汪精衛、胡漢民、廖仲愷都是孫中山的同鄉和得力干將，形成一個以廣東人爲主的「孫系」。〔註26〕廣東留學生鄭貫一、王寵惠、馮自由等人還組織了廣東獨立會，以尋求廣東獨立。民國時期，廣東留日學生繼續發揚著積極參與政治的傳統，很多赴日青年留學是爲了學習政治理論，進行革命活動，尋求救國救亡的道路。在日本可以自由看到國內被禁的馬克思主義及左翼作家的作品，很多左翼青年爲了躲避國民黨的鎮壓，都選擇了去日本留學。廣東臺山縣人伍乃茵，1928 年考入廣州女子師範學校，由於參加左翼文化運動和革命運動，1934 年被國民黨政府逮捕。出獄後，東渡日本留學，並成爲「留東婦女會」的負責人之一。〔註27〕許多廣東留日青年都成爲共產黨的高級幹部，如中華人民共和國駐日大使

〔註24〕　《海外送歸人圖》，《胡適留學日記》，長沙：嶽麓書社，2000 年，第 291 頁。
〔註25〕　中國人民政治協商會議廣東梅縣委員會文史資料委員會：《梅縣文史資料》，第 18 輯。
〔註26〕　胡漢民：《胡漢民自傳》，臺北：傳記文學社，1969 年，第 30 頁。
〔註27〕　周一川：《近代中國女性日本留學史（1872～1945 年）》，北京：社會科學文獻出版社。2007 年，第 245 頁。

宋之光、中央文化部司長侯甸和楊克毅、廣東省政治協商委員會主席梁威林、中國人民解放軍總政治部主任鄧楚白等都曾留學日本。〔註28〕

留法勤工儉學運動，則開闢了出國留學的一個新途徑。廣東是居四川、湖南之後勤工儉學生人數是最多的省份。這些學生接觸了法國社會底層的勞動工人，對歐洲的社會矛盾有著切身體會，大多數接受了馬克思主義，為中國共產黨的創立奠定了基礎。而法國里昂中法大學裏的廣東學生有相對穩定的留學經費和學習環境，大多在法國獲取學位後歸國服務，成為相關領域的專業人才。

留學蘇俄則是在特定時期中國革命發展的產物。莫斯科中山大學實質上是旨在為中國革命培養領導人才的黨校，它吸引了眾多廣東的革命青年赴俄就學。1924 年國共合作後的許多中國革命青年前往莫斯科學習革命理論和革命方略，這些學生回國後為中國革命注入了新鮮的血液。

留美學生人數僅次於留日學生。留美生考選嚴格，在太平洋彼岸的美國很少受到國內政治的干擾，他們在留學期間受到了高水平的正規教育，大都能拿到大學學位。回國後，留美學生成為中國自然科學和人文科學的重要領軍人物，如馮鋼百、蘇熊瑞、李曼魂、陳煥鏞、林士諤、林雲陔、趙善歡、鍾榮光、楊簡、簡浩然、謝申、譚卓垣等，都為廣東乃至全國的教育事業作出了傑出的貢獻。

（三）歸國後狀況

縱觀整個民國時期，儘管政局並不平穩，卻沒有出現大批留學生滯留海外的情況，這是因為他們在百廢待舉的祖國能夠比較容易地找到用武之地。然而，在歸國初期，他們往往眼高手低，苦悶於不能找到滿意的工作。當時有報紙這樣評論歸國學生，「吾國留學生，大都抱志不凡，多以領袖自居。故回國之後，無論有無學問，皆以取得領袖為志願。職位小者，則以為『龐士元非百里之才』；無職位者，則怨國人有眼不識『楚璧』。以致身為中國人，而與中國社會格格不入。」〔註29〕也有人認為是國內的環境不利於留學生能力的發揮，認為「我國為一大古井，無論何人，一失足其中，未有能自起者」。〔註30〕

〔註28〕 廣東留東同學會理事會：《廣東留東同學會簡介》，周一川：《近代中國女性日本留學史（1892～1945）》，北京：社會科學文獻出版社，2007 年，第 251 頁。

〔註29〕 《中國留美工程學生之實用問題》，《留美學生季報》，第 12 卷 4 號。

〔註30〕 梁明致：《留學生之危機》，《西風》，第 1 卷第 1 期，廣東西洋留學生聯合會季刊，1919 年 12 月。

　　還有許多從西洋留學回國的學生雖然有專門學識，有致力於服務社會的決心，但由於國內沒有穩定的留學生團體，導致這些學生各居一方，團體渙散。「大抵我們當初回來的時候，未嘗不是雄心勃勃、一往無前。隨後試過種種滋味。看看我國現在情形，知道事務是很不容易幹的。意志薄弱者，因此心灰意冷」。〔註31〕爲了更好適應回國後的生活，廣東一些留學英、德、法、美及澳洲各地的歸國學生還成立了廣東西洋留學生聯合會，以「介紹新思想新智識，以謀組成中華民國爲二十世紀之新國家」爲目的，以「提倡教育，促進實業，闡明學理，聯絡感情」爲宗旨，〔註32〕從而幫助回國學生更好地適應社會，爲國家做貢獻。

　　一些留美回國的廣東學生，「經常感到故鄉和他們格格不入。在國外，女孩子們學會了留短髮、穿短裙、蹬高跟鞋；男孩子們學會了穿白帆布褲和白帆布鞋，學會了賽車賽艇。他們養成了對爵士樂的愛好，他們一小時接一小時地圍著手搖留聲機聽音樂，跳查爾斯登舞。他們難以想像父輩人怎能忍受如此落後的中國。他們議論電影、議論格什溫（美國作曲家）和西方生活，也議論共和制和中國的統一。當然，這其中摻雜著對權力的個人幻想。」〔註33〕

　　即便這樣，大部份留學生在經過歸國初期的失落後，都能找到適當的位置。他們的職業主要集中於廣東教育界和學術界，少數任職於政界和軍界。一些留學生歸國後利用留學優勢，在國內創辦學校，傳播知識。例如，留美理科博士周如立等人就在廣州市設立了英文專修學院，教授英文、算學等科目。〔註34〕

　　一般而言，留學生容易對留學國產生親和感，長期生活在一個國家，不可避免地會受到該國思想文化的薰陶，產生一定的感情。而晚清民國時期中國的留日學生多具愛國反日精神，許多留英美學生則有一種親英美、看不慣中國的現狀而指手畫腳的壞毛病。當時有人評價，「中國到日本的留學生，回國以後，對中國是成功的，對日本卻不成功。中國到英美的留學生回國以後，對中國是

〔註31〕　郭尚賢：《本會發起的原因及經過的情形》，《西風》，第 1 卷第 1 期，廣東西洋留學生聯合會季刊，1919 年 12 月。

〔註32〕　《發刊詞》，《西風》，第 1 卷第 1 期，廣東西洋留學生聯合會季刊，1919 年 12 月。

〔註33〕　（美）丹尼爾‧雅各布斯：《鮑羅廷——斯大林派到中國的人》，北京：世界知識出版社。1989 年，第 139～140 頁。

〔註34〕　《本市留學生設立英文專修學校》，《廣州民國日報》，1929 年 8 月 24 日。

不成功的，而對英美是成功的。」〔註35〕但也有反美的留美學生，陳公博便是一例，他的留學經歷也影響了他的政治傾向。陳公博是廣東南海人，1917 年從廣州法政專門學校畢業後，考入北京大學哲學系。1923 年，出於對馬克思主義的困惑，他赴美國紐約哥倫比亞大學研究生院攻讀經濟學碩士學位。他花費了很大的精力研究馬克思主義，「我一口氣在芝加哥讀了馬克思全部著述，他自己著的資本論和其它小冊子，甚而至他和恩格斯合著的書籍都買完了」。而在第二年，他已「決然擺開馬克思所有著述，而專以研究美國的實際經濟著手」。1925 年，陳公博獲得哥倫比亞大學經濟學碩士學位後回國。陳公博在美國的留學生活是相當拮据的，他白天在校學習，夜間在紐約唐人街的華僑學校做教員，月薪 80 元，藉以維持學費和生活費。在當時，美國華僑的堂鬥是駭人聽聞，夜間去唐人街教書是件很冒險的事。正是由於這些艱難的留學生活經歷，他才有機會直接深入美國社會的下層，瞭解美國社會的各種弊病。歸國後，他曾發表文章說：在美國三年的研究觀察，使他成爲一個絕對的反美派，並多次在美發表反美言論。〔註36〕他的留美生涯對他以後親日反美的政治傾向有一定影響。

經歷過民國時期的曲折發展，留學教育在中華人民共和國成立後邁進了新階段。在最初三十年，留學生主要是公費生。廣東最早派出公費留學人員的時間是 1954 年，截止 1966 年，派出人員總數是 42 名。1966～1976 年文化大革命期間，中國留學教育基本處於停止狀態。1977 年以後，留學教育開始有所發展。1977～1987 年廣東各高校共派出留學人員 1959 人。〔註37〕

隨著留學留學渠道的拓寬，公自費留學人數猛增。2009 年，中國出國留學人員總數達 22.93 萬人，留學回國人員總數爲 10.83 萬人。從 1978 年到 2009 年底，各類出國留學人員總數達 162.07 萬人，留學回國人員總數達 49.74 萬人。〔註38〕隨著留學生人數的增加，留學生的價值追求逐步多元化，不僅僅極限於在國外求知識，還爲了在國外求生存。他們不僅在中國國內求生存，還要到國外去謀發展。總之，在知識經濟與經濟全球化的時代背景下，中國政府實施「支持留學、鼓勵回國、來去自由」的留學工作方針，對中國的社會變革必將會有更加深遠的影響。

〔註35〕 周幼海：《我與日本》，《日本研究》，第 1 卷第 1 期。
〔註36〕 石源華：《亂世能臣陳公博》，北京：團結出版社，2008 年，第 62 頁。
〔註37〕 馬至融、姜清波、裴豔等：《海潮回流：海外華僑與廣東改革開放》，廣州：暨南大學出版社，2008 年，第 193 頁。
〔註38〕 http://www.moe.edu.cn/edoas/website18/08/info1268359803230208.htm

參考文獻

一、檔案類

1. 廣東省檔案館館藏：文教衛。

二、民國期刊

1. 廣東西洋留學生聯合會，西風〔J〕.廣州：該會，1919 年。
2. 廣東省教育會，廣東省教育會雜誌〔J〕.廣州：該會，1921 年。
3. 廣東省教育廳，廣東省教育廳旬刊〔J〕.廣州：廣東省教育廳，1924 年。
4. 商務印書館，教育雜誌〔J〕.上海：教育雜誌社，1909～1948 年。
5. 中法大學，中法大學月刊〔J〕.北京：該大學，1931～1937 年。
6. 中法大學，中法教育界〔J〕.北京：中法教育界社，1926～1931 年。
7. 東方雜誌社，東方雜誌〔J〕.北京：東方雜誌社，1904～1928 年。
8. 留東學會，留東學報〔J〕.東京：該會，1935 年。
9. 汪精衛，旅歐雜誌〔J〕.都爾（法國）：該雜誌社，1916～1917 年。
10. 留英學報社，留英學報〔J〕.上海：留英學報社，1927～1930。
11. 廣州基督教青年會，廣州青年〔J〕.廣州：該會，1935 年。
12. 教育部編纂處月刊社，教育部編纂處月刊〔J〕.北京：該社，1913 年。

三、教育統計、報告資料

1. 廣東省教育廳，廣東省二十四年度教育統計〔M〕.廣州：該廳，1936 年。
2. 廣東大學，國立廣東大學十三年度校務會議紀事錄〔M〕.廣州：該校，1925 年。

3. 中山大學教務處，國立中山大學十七年度教務會議紀事錄〔M〕.廣州：該校，1929年。

4. 中山大學教務處，國立中山大學十六年度教務會議紀事錄〔M〕.廣州：該校，1928年。

5. 中華民國大學院，全國教育會議報告〔M〕.臺北：文海出版社，1977年。

6. 中國留美學生，美洲留學報告〔M〕.上海：開明書店，1904年。

7. 教育部，教育部行政紀要（自民國元年四月至民國四年十二月）〔M〕.臺北：文海出版社，1986年。

8. 國民政府教育部統計室，二十二年度全國高等教育統計〔M〕.北京：商務印書館，1936年。

四、文史資料

1. 全國政協文史資料委員會，中華文史資料文庫〔M〕.北京：中國文史出版社，1996年。

2. 政協廣東省委員會文史資料研究委員會，廣東文史資料〔M〕.廣州：廣東人民出版社。

3. 中國人民政治協商會議全國委員會文史資料委員會，文史資料存稿選編〔M〕.北京：中國文史出版社，2002年。

4. 中國人民政治協商會議廣東梅縣委員會文史資料委員會，梅縣文史資料（第18輯）〔M〕.梅縣：中國人民政治協商會議廣東省梅縣委員會文史資料委會，1990年。

5. 中國革命博物館黨史研究室，黨史研究資料〔M〕.成都：四川人民出版社，1988年。

6. 中共中央黨史資料徵集委員會，中共黨史資料〔M〕.北京：中共黨史資料出版社，1984年。

五、政府公報類

1. 教育部教育公報編審處.教育公報〔N〕.北京：該部，1914～1925年。

2. 廣東教育公報社，廣東教育公報〔N〕.廣州：該刊，1912～1918年。

六、民國報紙

1. 廣州民國日報〔N〕.廣州：廣州民國日報社，1923～1946年。

2. 申報〔N〕.上海：上海申報社，1911～1949年。

3. 民國日報〔N〕.上海：民國日報社，1916～1932年。

4. 國立中山大學日報〔N〕.廣州：國立中山大學，1927～1949年。

5. 嶺東日報社，嶺東日報〔N〕.汕頭：嶺東日報館，1904～1905 年。

七、史料彙編

1. 劉真、王煥琛，留學教育〔M〕.臺北：國立編譯館，1980 年。

2. 張允侯、殷敘彝等，留法勤工儉學運動（一）〔M〕.上海：上海人民出版，1980 年。

3. 中國人民政治協商會議廣東省委員會，廣東近百年教育史料〔M〕.廣州：廣東人民出版社，1983 年。

4. 張允侯、殷敘彝等，留法勤工儉學運動（二）〔M〕.上海：上海人民出版，1986 年。

5. 中國第二歷史檔案館，中華民國史檔案資料彙編（第三輯）〔M〕.南京：江蘇古籍出版社，1991 年。

6. 林清芬，抗戰時期我國留學教育史料——各省考選留學生〔M〕.臺北：國史館，1994 年。

7. 旅歐雜誌社編，陳三井校訂，旅歐教育運動〔M〕.臺北：中央研究院近代史研究所，1996 年。

8. 陳學恂、田正平，中國近代教育史資料彙編——留學教育〔M〕.上海：上海教育出版社，2007 年。

9. 高時良、黃仁賢，中國近代教育史資料彙編——洋務運動時期教育〔M〕.上海：上海教育出版社，2007 年。

10. 璩鑫圭、唐良炎，中國近代教育史資料彙編——學制演變〔M〕.上海：上海教育出版社。

11. 朱有瓛，中國近代學制史料（第三輯 上）〔M〕.上海：華東師範大學出版社，1987 年。

12.（日）多賀秋五郎，近代中國教育史料・民國編〔M〕.臺北：文海出版社，1986 年。

13. 周永珍，留法紀事：20 世紀初中國留法史料輯錄〔M〕.北京：國家圖書館出版社，2008 年。

14. 廣東省檔案館，陳濟棠研究史料（1928～1936）〔M〕.廣州：廣東省檔案館，1985 年。

15. 宋恩榮，中華民國教育法規選編〔M〕.南京：江蘇教育出版社，2005 年。

16. 廣東省教育廳，廣東現行教育法令彙編〔M〕.廣州：出版者不詳，1932 年。

八、文集

1. 許錫揮，許崇清文集〔M〕.廣州：廣東教育出版社，1994 年。

2. 余定邦、牛軍凱，陳序經文集〔M〕.廣州：中山大學出版社，2004 年。

3. 徐文俊，馬采文集〔M〕.廣州：中山大學出版社，2004 年。

4. 黎紅雷，朱謙之文集〔M〕.廣州：中山大學出版社，2004 年。

5. 吳承學、彭玉平，詹安泰文集〔M〕.廣州：中山大學出版社，2004 年。

6. 梁實秋，梁實秋散文集〔M〕.北京：中國社會出版社，2004 年。

7. 孫中山，孫中山選集〔M〕.北京：人民出版社，1981 年。

8. 丘晨波、黃志萍、李尚行等，丘逢甲文集〔M〕.廣州：花城出版社，1994 年。

9. 梁啓超，飲冰室合集‧文集（第七冊）〔M〕.北京：中華書局，1932 年。

九、回憶錄

1. 李璜，學鈍室會議錄〔M〕.香港：明報月刊社，1979 年。

2. 達林（蘇），中國回憶錄（1921～1927）〔M〕.北京：中國社會科學出版社，1981 年。

3. 王覺源，留俄回憶錄〔M〕.臺北：三民書局，1988 年。

4. 鄒魯，回顧錄〔M〕.長沙：嶽麓書社，2000 年。

5. 黃平，往事回憶〔M〕.北京：人民出版社，1981 年。

6. 伍修權，往事滄桑〔M〕.上海：上海文藝出版社，1986 年。

7. 伍修權，我的歷程（1908～1949）〔M〕.北京：解放軍出版社，1984 年。

十、留學同學錄、留學指南從書

1. 中華民國廣東留日學生同鄉錄〔M〕.出版地不詳，出版者不詳，1920 年。

2. 中華民國廣東駐日留學生經理處，廣東留日學生調查錄〔M〕.1929 年。

3. 青年留學指導〔M〕.世界書局發行，1930 年。

4. 中華民國廣東駐日留學生經理處，民國十九年廣東留日學生在校狀況一覽〔M〕.1931 年。

5. 萬建時，留日指南〔M〕.上海：商務印書館，1935 年。

6. 訓練總監部考選歐美留學生暫行辦法，出版者不詳，出版地不詳，1937 年。

7. 留學英美返國後總報告書〔M〕.軍事委員會軍訓部印，1942 年。

8. 劉志宏，赴美留學指導〔M〕.上海：商務印書館，1945 年。

9. 王震輝，留學須知〔M〕.中國文化服務社印，1946 年。

10. 周棉，中國留學生大辭典〔M〕.南京：南京大學出版社，1999 年。

十一、校史資料

1. 梁山，中山大學校史：1924～1949〔M〕.上海：上海教育出版社，1983年。

2. 易漢文，源遠流長・中山大學校史研究文存〔M〕.廣州：中山大學檔案館，2004年。

3. 清華大學校史編寫組，清華大學校史稿〔M〕.北京：中華書局，1981年。

十二、年鑑

1. 教育部，第一次中國教育年鑑〔M〕.上海：開明書局，1934年。

2. 教育部，第二次中國教育年鑑〔M〕.上海：商務印書館，1948年。

3. 蔣致遠，第二次中國教育年鑑〔M〕.臺北：宗青圖書公司，1991年。

十三、著作

1. 曾仲鳴，中國與法國〔M〕.出版地不詳，出版者不詳，出版時間不詳。

2. 王獨清，我在歐洲的生活〔M〕.上海：光華書局出版，1932年。

3. 陶亢德，歐風美雨〔M〕.上海：宇宙風社，1938年。

4. 鄒魯，二十九國遊記〔M〕.重慶：商務印書館，1943年。

5. 楊鍾健，新眼界〔M〕.上海：商務印書館，1947年。

6. 王樹槐，庚子賠款〔M〕.臺北：中央研究院近代史研究所，1974年。

7. 林子勳，中國留學教育史（1874～1975年）〔M〕.臺北：華岡出版社，1976年。

8. 吳相湘.民國人物列傳〔M〕.臺北：傳記文學出版社.1986年。

9. 臺灣留俄同學會，六十年來中國留俄學生之風霜焯屬〔M〕.臺北：中華圖書出版公司，1988年。

10. 陳瓊瑩，清季留學政策初探〔M〕.臺北：文史哲出版社，1989年。

11. 郭爲藩，中華民國開過七十年之教育〔M〕.臺北：廣文書局，1981年。

12. 黃福慶，近代中國高等教育研究——國立中山大學（1924～1937）〔M〕.臺北：中央研究院近代史研究所，1988年。

13. 舒新城，近代中國留學史〔M〕.上海：上海文化出版社，1989年。

14. 汪一駒、梅寅生，中國知識分子與西方——留學生與近代中國（1872～1949）〔M〕.臺北：久大文化股份有限公司，1991年。

15. （日）武田勝彥，橋：本人的一生〔M〕.北京：三聯書店，1992年。

16. 孫耀文，風雨五載——莫斯科中山大學始末〔M〕，北京：中央編譯出版社，1996年。

17. 沈殿成，中國人留學日本百年史 1896～1996〔M〕.瀋陽：遼寧教育出版社，1997 年。

18. 李喜所、劉集林，近代中國的留美教育〔M〕.天津：天津古籍出版社，2000 年。

19. 謝長法，借鑒與融合——留美學生抗戰前教育活動研究〔M〕.石家莊：河北教育出版社，2001 年。

20.（日）深町英夫，近代廣東的政黨·社會·國家——中國國民黨及其黨國體制的形成過程〔M〕.北京：社會科學文獻出版社，2003 年。

21.（澳）費約翰，喚醒中國——國民革命中的政治、文化與階級〔M〕.北京：三聯書店，2004 年。

22.（美）盛岳，莫斯科中山大學和中國革命〔M〕.北京：東方出版社，2004 年。

23. 程新國，庚款留學百年〔M〕.上海：東方出版中心，2005 年。

24. 李喜所，近代留學生與中外文化〔M〕.天津：天津教育出版社，2006 年。

25. 程美寶，地域文化與國家認同：晚清以來「廣東文化觀」的形成〔M〕.北京：三聯書店，2006 年。

26. 李喜所，中國留學史論稿〔M〕.北京：中華書局，2007 年。

27. 周一川，近代中國女性日本留學史（1892～1945）〔M〕，北京：社會科學文獻出版社，2007 年。

28.（美）馬祖聖，歷年出國／回國科技人員總覽（1840～1949）〔M〕.北京：社會科學文獻出版社，2007 年。

29. 王炯華，胡漢民評傳〔M〕.長沙：湖北人民出版社，2008 年。

30. 歐陽哲生，傅斯年全集〔M〕.長沙：湖南教育出版社，2003 年。

31. 鍾叔河，走向世界叢書〔M〕.長沙：嶽麓書社出版，1985 年。

32.（美）勒法吉原著，高宗魯譯注，中國幼童留美史〔M〕.珠海：珠海出版社，2006 年。

33. 高宗魯，中國留美幼童史——現代化的初探〔M〕.臺北：華欣文化事業中心，1982 年。

34. 胡漢民，胡漢民自傳〔M〕.臺北：傳記文學社，1969 年。

35. 謝長法，中國留學教育史〔M〕.太原：山西教育出版社，2006 年。

36. 梁啓超，新大陸游記及其它〔M〕.北京：社會科學文獻出版社，2007 年。

37. 張之洞，勸學篇〔M〕.北京：華夏出版社，2002 年。

38. 何國華，民國時期的教育〔M〕.廣州：廣東人民出版社，1996 年。

39. 人民出版社，革命回憶錄 增刊（一）〔M〕.北京：人民出版社，1983 年。

40. 繆名春、劉巍，老清華的故事〔M〕.南京：江蘇文藝出版社，1998 年。

41.（日）森時彦，留法勤工儉學運動小史〔M〕.河南：河南人民出版社，1985 年。

42. 朱子爽，中國國民黨教育政策〔M〕.臺北：國民圖書出版社，1941 年。

43. 孔慶泰等，國民黨政府政治制度史詞典〔M〕.合肥：安徽教育出版社，2000 年。

44. 陳三井，勤工儉學運動〔M〕.臺北：正中書局，1981 年。

45. 王奇生，中國留學生的歷史軌跡〔M〕.武漢：湖北教育出版社，1992 年。

46. 劉曉琴，中國近代留英教育史〔M〕.天津：南開大學出版社，2005 年。

47. 孫殿義，盧盛魁.院士成才啟示錄〔M〕.廣州：廣東科技出版社，2003 年。

48. 金善寶，中國現代農學家傳（第一卷）〔M〕.長沙：湖南科學技術出版社，1985 年。

49. 姜丹書，姜丹書藝術雜著〔M〕.杭州：浙江教育出版社，1991 年。

50. 李偉銘，圖像與歷史——20 世紀中國美術論稿〔M〕.北京：中國人民大學出版社，2005 年。

51. 黃鴻儀，現代中國畫名家研究論集〔M〕.北京：古吳軒出版社，1997 年。

52. 王嘉，視野中的時代——20 世紀中國美術史考察〔M〕.哈爾濱：黑龍江美術出版社，2007 年。

53. 汪森、余烺天，夜鶯之舞：中外音樂家散文隨筆選〔M〕.海口：海南出版社，1998 年。

54. 梁茂春，香港作曲家——三十至九十年代〔M〕.香港：三聯書店（香港）有限公司，1999 年。

55. 何釗、呂桓甲，德藝雙馨的藝術院校名師〔M〕.北京：中國廣播電視出版社，2007 年。

56. 孟維平，神州樂話〔M〕.北京：中國大百科全書出版社，1998 年。

57. 胡適，胡適留學日記〔M〕.長沙：嶽麓書社，2000 年。

58.（美）丹尼爾·雅各布斯，鮑羅廷——斯大林派到中國的人〔M〕.北京：世界知識出版社，1989 年。

十四、論文

1. 王志梅，留法勤工儉學在河北〔J〕.河北師範大學學報（教育科學版），1999（7）。

2. 元青，民國時期的留學學生與中美文化交流〔J〕.南開學報，2000（5）。

3. 李喜所，深化中國留學史研究的三點思考〔J〕.徐州師範大學學報（哲學社會科學版），2004（1）。

4. 林輝，我國近代留美學生群體研究〔J〕.華東師範大學學報（教育科學版），2004（6）。

5. 孔繁嶺，抗戰時期的中國留學教育〔J〕.抗日戰爭研究，2005（3）。

6. 李喜所，中國留學生研究的歷史考察〔J〕.文史哲，2005（4）。

7. 淩麗珍，民國時期地方政府的助學貸款——1919～1939 年四川自費留學貸款政策探析〔J〕.社會科學研究，2005（4）。

8. 元青，北洋政府統治時期的留學派遣政策〔J〕.廣東社會科學，2005（6）。

9. 劉集林，深化留學史研究所需的知識理論素養與研究視角〔J〕.史學月刊，2005（8）。

10. 王曉秋，中國留學史研究如何向廣度和深度發展〔J〕.史學月刊，2005（8）。

11. 李長莉，近代留學生的西方生活體驗與文化認知〔J〕.史學月刊，2005（8）。

12. 孔繁嶺，南京政府時期的留德教育〔J〕.歷史檔案，2006（2）。

13. 李喜所，百年留學潮與中國現代化〔J〕.河北學刊，2006（3）。

14. 張澤宇，20 世紀 20 年代國民黨員留學蘇聯述論〔J〕.史學月刊，2008（7）。

15. 楊曉，20 世紀 20～30 年代中國留學教育問題的爭論〔J〕.河北師範大學學報（教育科學版），2006（7）。

16. 葛夫平，關於里昂中法大學的幾個問題〔J〕.近代史研究，2000（5）。

17. 周興樑、胡耿，中國教育科學研究與人才培養的開拓者——國立中山大學教育研究所（1927～1949）探析〔J〕，中山大學學報（社會科學版），2009（2）。

18. 摩爾，黃捕軍校是怎樣建立起來的〔J〕.文史月刊，2009（9）。

19. 劉曉琴，中英庚款留學生研究〔J〕.南開學報，2000（5）。

20. 李興韻，美雨與中土：1922 年學制改革與廣東〔J〕，中山大學 2007 年博士論文。

21. 梁爾銘，全國教育聯合會研究〔J〕.華南師範大學 2008 年博士論文。

22. 冉春，南京國民政府留學教育管理研究〔J〕.華中師範大學 2007 年博士論文。

附　錄

附錄一：1872～1875年赴美幼童名單

第一批：同治十一年七月（1872.8）赴美

姓　名	籍　貫	出國年齡	姓　名	籍　貫	出國年齡
曾篤恭	廣東海陽	十六	歐陽庚	廣東香山	十四
黃仲良	廣東番禺	十五	容尚謙	廣東香山	十
梁敦彥	廣東順德	十五	何延梁	廣東順德	十三
陸永泉	廣東香山	十四	陳巨鏞	廣東新會	十三
鄧士聰	廣東香山	十四	黃錫寶	福建同安	十三
蔡紹基	廣東香山	十三	鍾文耀	廣東香山	十三
蔡錦章	廣東香山	十四	詹天祐	安徽徽州	十二
黃開甲	廣東香山	十三	曹吉福	江蘇川沙	十三
張康仁	廣東香山	十三	羅國瑞	廣東博羅	十二
史錦鏞	廣東香山	十五	劉家照	廣東香山	十二
鍾進成	廣東香山	十四	牛尚周	江蘇嘉定	十一
陳榮貴	廣東香山	十四	譚耀勳	廣東香山	十三
石錦堂	山東濟寧	十四	吳仰曾	廣東四會	十一
程大器	廣東香山	十四	鄺榮光	廣東新寧	十
錢文魁	江蘇上海	十四	潘銘鍾	廣東南海	十

第二批：同治十二年五月（1873.6）赴美

姓　名	籍　貫	出國年齡	姓　名	籍　貫	出國年齡
容尚勤	廣東香山	不詳	鄺景垣	廣東南海	十三
王　鳳	浙江慈谿	十四	黃有章	廣東香山	十三
蘇銳釗	廣東南海	十四	鄧桂庭	廣東香山	十三
陳乾生	浙江	十四	梁普照	廣東番禺	十三
丁崇吉	浙江定海	十四	唐元湛	廣東香山	十三
唐國安	廣東香山	十四	李思富	廣東香山	十三
鄺詠鍾	廣東南海	十三	卓仁志	廣東香山	十二
方伯梁	廣東開盤	十三	張祥和	江蘇吳縣	十一
陸錫貴	江蘇上海	十三	梁普時	廣東番禺	十一
曾　溥	廣東朝陽	不詳	王良登	浙江定海	十三
吳應科	廣東四會	十四	蔡廷干	廣東香山	十三
梁金榮	廣東香山	十四	溫秉忠	廣東新寧	十二
吳仲賢	廣東四會	十四	張有恭	廣東香山	十一
李桂攀	廣東香山	十四	陳佩瑚	廣東南海	十一
宋文翔	廣東香山	十三	容揆	廣東新寧	十四

第三批：同治十三年十月（1874.11）赴美

姓　名	籍　貫	出國年齡	姓　名	籍　貫	出國年齡
唐紹儀	廣東香山	十二	祁祖彝	江蘇上海	十二
周長齡	廣東新安	十四	梁如浩	廣東香山	十二
楊兆楠	廣東南海	十三	薛祐福	福建漳浦	十二
唐致堯	廣東香山	十三	沈家樹	江蘇寶山	十一
黃季良	廣東番禺	十三	徐振鵬	廣東香山	十一
康賡齡	江蘇上海	十二	吳敬榮	安徽休寧	十一
林沛泉	廣東番禺	十二	宦維城	江蘇丹徒	十
袁長坤	浙江紹興	十二	朱錫綬	江蘇上海	十
徐芝煊	廣東南海	十二	程大業	安徽	十二

姓　名	籍　貫	出國年齡	姓　名	籍　貫	出國年齡
曹家爵	廣東順德	十二	周萬鵬	江蘇寶山	十一
孫廣明	浙江錢塘	十四	盧祖華	廣東新會	十一
朱寶奎	江蘇常州	十二	曹家祥	廣東順德	十一
鄺景揚	廣東南海	十二	容耀垣	廣東香山	十
鄭廷襄	廣東香山	十三	曹茂祥	江蘇上海	十
鄺　賢	廣東南海	十三	揚昌齡	廣東順德	十二

第四批：光緒元年九月（1875.10）赴美

姓　名	籍　貫	出國年齡	姓　名	籍　貫	出國年齡
林聯輝	廣東南海	十五	鄺炳光	廣東新寧	十三
唐榮俊	廣東香山	十四	梁丕旭	廣東番禺	十二
陳福增	廣東南海	十四	吳其藻	廣東香山	十二
吳煥榮	江蘇武進	十三	馮炳忠	廣東鶴山	十二
黃祖蓮	安徽懷遠	十三	陳金揆	廣東香山	十二
周傳諤	江蘇嘉定	十三	李汝金	江蘇華亭	十一
金大廷	江蘇寶山	十三	沈壽昌	江蘇上海	十一
陸德章	江蘇川沙	十三	周傳諫	江蘇嘉定	十一
沈德耀	浙江慈谿	十四	王仁彬	江蘇吳縣	十二
林聯盛	廣東南海	十四	陶廷賡	廣東南海	十二
唐榮浩	廣東香山	十三	盛文揚	廣東香山	十二
劉玉麟	廣東香山	十三	梁鼇登	廣東南海	十一
陳紹昌	廣東香山	十三	潘斯熾	廣東南海	十一
黃耀昌	廣東香山	十三	譚耀芳	廣東香山	十
鄺國光	廣東新寧	十三	沈德輝	浙江慈谿	十二

附錄二：里昂中法大學的廣東學生〔註1〕

姓　名	籍貫	性別	費別	學科	入校日期	離校日期	備　考
黃式坤	廣東	女	廣東	醫科	1921.10.03	1924.08.14	廣州式坤醫院院長
黃明敏	廣東	女	廣東	法科	1921.10.03	1931.06.19	
黃偉惠	廣東	女	校	文科	1921.10.03	1931.06.19	
劉　梧	廣東	女	校	理科	1921.10.03	1926.10.17	
金紹組	廣東	男	校	實業	1921.10.03	1922.04	
韓旅塵	廣東	男	校	理科	1921.10.03	1924.08.14	蒙彼利埃農業專門學校蠶桑科畢業
吳文安	廣東	男	廣東	獸醫	1921.10.03	1928.10.16	里昂獸醫學校畢業
黃秉禮	四川	男	廣東	法科	1921.10.03	1922.08	
伍伯良	廣東	男	廣東	醫科	1921.10.03	1924.01.24	里昂大學博士
袁振英	廣東	男	廣東	文科	1921.10.04	1924.08.14	
李其蘇	廣東	男	廣東	工科	1921.10.04	1922.04	
譚文瑞	廣東	男	廣東	飛機	1921.10.04	1927.08.30	
黃國祐	廣東	男	廣東	獸醫	1921.10.04	1929.12.29	里昂高等獸醫專門學校博士
袁久址	廣東	男	廣東	理科	1921.10.04	1927.03.25	里昂大學博士
李煦寰	廣東	男	廣東	藥科	1921.10.04	1926.04	里昂大學博士
馬　竹	廣東	男	廣東	化學	1921.10.04	1924.08.14	
楊　潛	廣東	男	廣東	實業	1921.10.04	1927.08.30	
方學芬	廣東	男	廣東	化學	1921.10.04	1926.11.04	里昂化學專門學校畢業
袁擢英	廣東	男	廣東	文科	1921.10.04	1929.11.29	里昂大學博士
陳錦祥	廣東	男	廣東	蠶絲	1921.10.04	1923.10.01	
黃涓生	廣東	男	廣東	文科	1921.10.04	1925.12.20	里昂大學博士
區聲白	廣東	男	廣東	文科	1921.10.04	1924.08.14	
崔載陽	廣東	男	廣東	文科	1921.10.04	1927.03.25	里昂大學博士

〔註1〕 周永珍：《留法紀事：20世紀初中國留法史料輯錄》，北京：國家圖書館出版社，2008年，第87～109頁。

姓　名	籍貫	性別	費別	學科	入校日期	離校日期	備　考
王　超	廣東	男	廣東	飛機	1921.10.04	1931.11.06	
張　云	廣東	男	廣東	理科	1921.10.04	1926.06	里昂大學博士
李定一	廣東	男	廣東	醫科	1921.10.04	1924.01.14	
鄧　鄂	廣東	男	廣東	陸軍	1921.10.04	1926.01	三錫陸軍學校
黃國華	廣東	男	廣東	蠶絲	1921.10.04	1922.07.14	
溫　鎬	廣東	男	廣東	蠶絲	1921.10.04	1923.11.01	
單粹民	河南	男	廣東	理科	1921.10.04	1930.07.31	
郭偉棠	廣東	男	廣東	工科	1921.10.04	1930.08.14	里昂高等工業專門學校、巴黎大學專業卒業
何　衍	廣東	男	廣東	理科	1921.10.04	1925.05.07	里昂大學碩士
陳紀斌	廣東	男	廣東	法科	1921.10.04	1929.12.27	里昂大學速成班畢業
張瑞矩	廣東	男	廣東	化學	1921.10.04	1927.12.16	
劉　初	廣東	男	廣東	法科	1921.10.04	1925.06	里昂大學博士
劉俊賢	廣東	男	廣東	理科	1921.10.04	1930.01.14	里昂大學博士
崔其偉	廣東	男	廣東	文科	1921.10.04	1924.08.14	
張文甲	廣東	男	廣東	理科	1921.10.04	1927.09.30	
陸霞飛	廣東	男	廣東	商科	1921.10.04	1925.11.20	
何熾昌	廣東	男	廣東	醫科	1921.10.04	1927.05.01	里昂大學博士
林寶權	廣東	女	廣東	文科	1921.10.05	1926.06	里昂大學博士
羅振英	廣東	女	廣東	文科	1921.10.05	1931.06.19	里昂大學博士
梁道貞	廣東	女	廣東	醫科	1921.10.05	1932.10.21	里昂大學博士
曾同春	廣東	男	廣東	法科	1921.10.05	1928.02.10	里昂大學博士
曾錦春	廣東	男	廣東	法科	1921.10.05	1929.09.06	里昂大學博士
文華宙	廣東	男	廣東	陸軍	1921.10.05	1925.01.01	
黃　葉	廣東	男	廣東	美術	1921.10.05	1927.12.1	
李眆蓀	廣東	男	校	商科	1921.10.05	1926.05	里昂商業專科學校畢業
黃　□	廣東	男	校	理科	1921.10.05	1926.07.30	里昂大學碩士、里昂高等工業專科學校工程師

姓　名	籍貫	性別	費別	學科	入校日期	離校日期	備　　考
劉石心	廣東	男	校	文科	1921.10.05	1923.12.14	
陳永強	廣東	男	校	文科	1921.10.05	1925.06	
謝振芳	廣東	男	校	文科	1921.10.05	1923.05.20	病故
盧大德	廣東	男	校	化學	1921.10.05	1927.06.17	里昂高等化學專門學校工程師、里昂大學碩士
黎國材	廣東	男	校	法科	1921.10.05	1928.10.01	里昂大學博士
翟俊千	廣東	男	校	法科	1921.10.05	1927.10.27	里昂大學博士
何嘉貽	廣東	男	廣東	文科	1921.10.05	1922.03.24	因病回國
趙仰玄	廣東	男	廣東	法科	1921.10.05	1924.11.06	
王鴻燾	廣東	男	廣東	文科	1921.10.05	1927.09.30	
王作謙	廣東	男	廣東	理科	1921.10.05	1927.09.30	
郭冠傑	廣東	男	廣東	法科	1921.10.05	1925.07.14	
區藻喧	廣東	男	廣東	理科	1921.10.05	1923.07.05	病故
霍啓章	廣東	男	廣東	醫科	1921.10.05	1927.11.27	里昂大學醫科畢業
劉啓頒	廣東	男	廣東	理科	1921.10.05	1927.10.07	里昂大學理科畢業
顧問捷	廣東	男	廣東	理科	1921.10.05	1929.11.29	巴黎電機學校工程師
姚冉秀	廣東	男	廣東	文科	1921.10.06	1922.10.29	病故
黎國昌	廣東	男	廣東	理科	1921.10.06	1924.07.31	里昂大學博士
羅易乾	廣東	男	廣東	醫科	1921.10.06	1931.03.26	里昂大學博士
曾覺之	廣東	男	廣東	文科	1921.10.06	1929.01.01	
蔡時椿	廣東	男	廣東	醫科	1921.10.06	1930.08.28	里昂大學博士
汪屺	廣東	男	廣東	製革	1921.10.06	1926.04.10	
黃植	廣東	男	廣東	農科	1921.10.06	1923.01.12	
黃履健	廣東	男	廣東	商科	1921.10.06	1926.12.01	里昂商業學校畢業
李其玨	廣東	男	廣東	商科	1921.10.24	1926.07	里昂商業學校畢業
何經渠	廣東	男	廣東	理科	1921.10.24	1927.11.27	里昂大學碩士

姓　名	籍貫	性別	費別	學科	入校日期	離校日期	備　考
林克明	廣東	男	校	文科	1922.06.24	不明	里昂大學畢業
熊　佐	廣東	男	校	醫科	1922.125.27	1923.11.01	
李文翔	廣東	男	廣東	化學	1923.03.01	1929.11.29	波爾多大學博士
李樹華	廣東	男	廣東	印業	1923.03.07	1926.12.31	
李佩秀	廣東	女	廣東	文科	1926.04.02	1932.07.01	因病回國
黃綺文	廣東	女	廣東	理科	1926.04.02	1934.07.13	里昂大學碩士
龍詹興	湖北	男	廣東	文科	1926.04.02	1927.09.01	
劉克平	廣東	男	廣東	理科	1926.04.02	1930.12.04	
鄭彥棻	廣東	男	廣東	法科	1926.04.02	1932.10.21	巴黎大學博士
彭師勤	湖南	男	廣東	農科	1926.04.02	1927.089.01	
姚碧澄	廣東	男	廣東	醫科	1926.04.02	1934.07.13	里昂大學博士
顏繼金	廣東	男	校	法科	1926.04.02	1927.09.01	
張　農	湖南	男	廣東	農科	1926.05.14	1930.04.18	
陳書農	湖南	男	廣東	文科	1926.05.14	1929.07.01	
梁天詠	廣東	男	校	文科	1927.06.01	1929.11	
李子詳	廣東	男	廣東	電科	1927.10.29	1934.44.16	里昂大學碩士
陳傑堅	廣東	男	廣東	文科	1927.10.29	1935.06.28	里昂大學碩士
黃士輝	廣東	男	廣東	化學	1927.10.29	1934.07.13	
黎昌仁	廣東	男	廣東	理科	1928.09.16	1932.07.01	
岑磷祥	廣東	男	廣東	文科	1928.09.16	1933.12.15	巴黎大學語音研究所畢業
范會國	廣東	男	校	理科	1928.10.16	1930.01.24	里昂大學博士
符傳缽	廣東	男	校	理科	1928.10.16	1930.08.28	里昂大學博士
陳耀東	福建	男	廣東	法科	1929.09.28	1933.08.11	里昂大學博士
吳尚時	廣東	男	廣東	文科	1929.09.28	1934.07.13	里昂大學博士
盧干東	廣東	男	廣東	法科	1929.09.28	1934.11.16	里昂大學博士
賴國高	廣東	男	廣東	法科	1929.09.28	1934.10.01	
麥德智	廣東	男	北平	文科	1929.10.12	1934.04.20	
李慰慈	廣東	女	北平	美術	1929.10.12	1933.08.11	
李世雄	廣東	男	校	法科	1929.10.16	1931.09.15	

姓　名	籍貫	性別	費別	學科	入校日期	離校日期	備　考
蔡仲文	廣東	男	校	農科	1929.10.16	1931.02.12	
孫宕越	廣東	男	廣東	地理	1930.10.19	1934.07.13	里昂大學博士
譚藻芬	廣東	女	北平	法科	1931.10.31	1936.11.27	
金國光	廣東	男	浙江	文科	1931.10.31	1935.05.17	限期離校
易駿人	廣東	男	校	法科	1932.01.09	1935.10.04	
楊 俶	廣東	男	校	製革	1932.03.16	1933.12.29	
鄭志聲	廣東	男	校	音樂	1932.03.16	1937.07.01	
陳 廩	廣東	男	校	文科	1932.10.16	1939.08.18	里昂大學博士
劉先偉	廣東	男	校	法科	1932.10.16	1942.02.16	里昂大學博士
王士魁	廣東	男	校	理科	1932.10.16	1937	里昂大學博士
吳達元	廣東	男	校	文科	1932.10.16	1934.06.29	里昂大學碩士
蔡仲武	廣東	男	校	理科	1932.10.16	1935.10.01	
卓 烈	廣東	男	北平	法科	1932.11.11	1935.11.01	
郭錦堯	廣東	男	北平	法科	1933.11.17	1938.06.24	
金瓊英	廣東	女	北平	文科	1935.10.10	1941.03.24	
張 申	廣東	女	北平	理科	1935.10.10	1936.08.07	
鄧子若	廣東	男	北平	法科	1936.09.09	1950.01.17	
王振基	廣東	男	北平	法科	1937.10.07	1950.01.17	
龍 吟	廣東	男	北平	法科	1937.11.08	1945.10.21	里昂大學博士
葉述武	廣東	男	校	理科	1938.05.17	1938.09.02	
黃麗華	廣東	女	北平	理科	1938.10.18	1948.04.29	
劉淑芳	廣東	女		美術	1941.11.16	1946.03.12	歐洲避難生
陳燕俠	廣東	女		文科	1941.11.16	1944.09.31	歐洲避難生
姚榮吉	廣東	男		理科	1941.11.16	1948.04.29	歐洲避難生
梁建荣	廣東	男		理科	1941.11.16	1944.09.30	歐洲避難生
林漢長	廣東	男		法科	1941.11.16	1945.09.15	歐洲避難生
陳榮發	廣東	男		化學	1941.11.16	不明	歐洲避難生
何昌熾	廣東	男		法科	1941.11.16	1944.09.30	歐洲避難生
吳恭恒	廣東	男		法科	1941.11.16	1945.04.29	歐洲避難生
楊景梅	廣東	男		文科	1941.11.16	1946.08.11	歐洲避難生

附錄三：1939 年 4 月廣東留學生陳伯齊購買外匯申請書〔註2〕

姓　名	1 中文：陳伯齊 2 西文：Cheng Pao-Chi		留學國別		德　國	
籍　貫	廣東臺山	性別	男	年　齡	31	
留學證書核准發給年月	二十三年九月二十八日（西南發第四十四號）	出國年月	二十三年十月	肄業學校及研習學科	柏林工科大學土木工程學系	預計回國年月　本年九月
研習情形	大學之全部課程已選讀完畢，現做「畢業作業」（Diplomarbeit），預計本年九月可以畢業					
申請購買外匯項目及數量	費用項目　數額 由廣東教育廳每月發給國 200 元×13＝2600 元 幣二百元（學費與生活費一切　約等於英鎊 160 鎊 在內），由去年九月份起至本年　另歸國川資 40 鎊 九月份止，共十三個月　總計　200 英鎊					
申請購買外匯說明	彙至倫敦中國銀行轉					
核准購買外匯通知書請交	本人：Bei godat　姓名：郭民強 地址：（2）代彙人地址：香港深水埔 Beilin-Charlottinbury　長沙灣道 162 號 4 樓 Mommsenstr 53／54. Germany					
駐外使館審查意見	原呈所陳各節屬實，擬請核准分批購彙					
備　考	生之申請外匯理由，詳陳於四月四日呈教育部呈文內					

附錄四：民國期間廣東省政府歷任教育行政長官表〔註3〕

職　名	姓　名	籍　貫	留學經歷	在職年月	任　期
（廣東）教育部長	丘逢甲	廣東蕉嶺		1911.11～1911.12	1 個月

〔註2〕　《駐德意志國大使館函轉教育部程崇道陳伯齊外匯申請書陳伯齊呈文程錫年請求救濟調查表（民國二十八年四月十三日）》，林清芬：《抗戰時期我國留學教育史料——各省考選留學生（一）》，臺北：國史館，1994 年，第 167 頁。
〔註3〕　據何國華：《民國時期的教育》，廣州：廣東人民出版社，1996 年，第 26～27 頁。

職　名	姓　名	籍　貫	留學經歷	在職年月	任　期
（廣東）副部長	葉夏聲	廣東番禺	日本東京法政大學法律科	1911.11～1911.12	1個月
教育司長	饒芙裳	廣東梅縣		1912.1～1912..4	4個月
副司長	楊壽昌	廣東惠陽		1912.1～1912.4	4個月
教育司長	鍾榮光	廣東中山	美國哥倫比亞大學教育學	1912.5～1913.7	1年2個月
教育司長	李翰芬	廣東中山		1913.9～1914.5	9個月
教育科長	吳鼎新	廣東開平	日本東京高等師範學堂	1913.5～1917.8	3年1個月
教育科長	朱念慈	廣東東莞		1917.9～1920.6	2年9個月
教育科長	何文鐸	廣東順德	北京大學法科經濟門畢業，法學士	1920.6～1921.1	1年9個月
教育委員會委員長	陳獨秀	安徽懷寧	東京高等師範學校速成科、日本早稻田大學	1921.1～1921.9	7個月
教育委員會委員長	陳宗岳			1921.9～1923.2	1年5個月
教育科長	陳宗岳			1923.3～1923.9	6個月
教育廳長	許崇清	廣東廣州	日本東京帝國大學研究生院	1923.10～1928.6	4年8個月
教育廳長	黃　節	廣東順德		1928.6.～1929.7	1年1個月
教育廳長	許崇清	廣東廣州	日本東京帝國大學研究生院	1929.7～1930.2	8個月
教育廳長	金曾澄	廣東番禺	日本廣島高等師範學校	1930.2～1932.3	2年1個月
教育廳長	謝瀛洲	廣東從化	法國巴黎里昂大學法學博士	1932.3～1934.8	2年5個月
教育廳長	黃麟書	廣東龍川	日本東京中央大學	1934.8～1936.8	2年
教育廳長	許崇清	廣東廣州	日本東京帝國大學研究生院	1936.8～1940.1	3年5個月
教育廳長	黃麟書	廣東龍川	日本東京中央大學	1940.1～1945.9	5年9個月
教育廳長	姚寶猷	廣東平遠	日本留學生	1945～9～1948.12	3年4個月
教育廳長	張　建	廣東梅縣	德國柏林大學醫學博士	1949.1～1949.10	10個月